武威历史文化访谈录

主　编　赵现海　张国才

副主编　席晓喆　王守荣

上海交通大学出版社
SHANGHAI JIAO TONG UNIVERSITY PRESS

内容提要

　　武威既是古代河西走廊的政治中心,也是丝绸之路的重要节点,历史文化资源、非物质文化遗产十分丰富。本书是武威市第一次对当地文化开展的系统口述整理,被访人都是在武威文化领域内具有代表性的研究专家与传承人。全书共 16 篇,被访者 17 人,通过口述访谈的形式,分别从文物发掘、保护,地方文化的整理、宣传,非遗项目的保护、传承等方面介绍了武威文化的历史、现状,以及在保护、传承方面所做的具体工作、经验教训等,如铜奔马的发现经过、西夏泥活字的复活、甘肃长城的普查、国家级非遗凉州贤孝的传承等故事。本书讲述的内容很多是首次完整披露,弥足珍贵,展现了武威基层文化工作者在艰苦复杂环境中的情怀和坚守,也呈现了河西地区多姿多彩的文化面貌。

图书在版编目(CIP)数据

　　武威历史文化访谈录/赵现海,张国才主编.—上
海:上海交通大学出版社,2023.8
　　ISBN 978 - 7 - 313 - 28603 - 1

　　Ⅰ.①武…　Ⅱ.①赵…②张…　Ⅲ.①文化史-武威
Ⅳ.①K294.23

　　中国国家版本馆 CIP 数据核字(2023)第 070374 号

武威历史文化访谈录
WUWEI LISHI WENHUA FANGTANLU

主　　编:赵现海　张国才
出版发行:上海交通大学出版社　　　　　　　　　地　　址:上海市番禺路 951 号
邮政编码:200030　　　　　　　　　　　　　　　电　　话:021 - 64071208
印　　制:上海万卷印刷股份有限公司　　　　　　经　　销:全国新华书店
开　　本:710mm×1000mm　1/16　　　　　　　印　　张:20.75
字　　数:325 千字
版　　次:2023 年 8 月第 1 版　　　　　　　　　印　　次:2023 年 8 月第 1 次印刷
书　　号:ISBN 978 - 7 - 313 - 28603 - 1
定　　价:98.00 元

编 委 会

主　编

赵现海　张国才

副主编

席晓喆　王守荣

编　委

李元辉　柴多茂　张长宝　赵大泰

杨琴琴　贾海鹏　李文钧　姜清基

目　录

本 书 缘 起

还记得两年前的寒冬,在祁连山的漫天大雪中,我们采访完姚光汉老人。当时已经 94 岁的他,踩着很滑的路面,坚持送我们到大门口。这件事情让我很感动,跟许多朋友说起过。这是热情而朴实的武威人给我留下的典型记忆。

2020 年 10 月 9 日,中国社会科学院甘肃省挂职团一行三人,在院领导的带领下,来到了将要工作一年的城市——武威。对于研究历史的学者,乃至一般人而言,武威都是内心深处的文化记忆。这里是新石器时代齐家文化、马家窑文化、沙井文化的重要发源地;西汉武帝开拓边疆,设立的河西四郡之一;中古时期北方民族南下,先后建立的五凉政权的昔日故都;唐代丝绸之路的核心枢纽,一时繁华不夜的凉州府;西夏统治河西走廊,与银川长期并重的辅郡重地;西藏被正式纳入中央政权管辖的"凉州会盟"的发生地;明清经营河西走廊的起点与核心。佛教东传的早期石窟遗址天梯山石窟、鸠摩罗什翻译经书的鸠摩罗什寺、武则天颁布《大云经》的佛教名刹大云寺、凉州会盟的发生地白塔寺、明清河西最大的文庙凉州文庙,历经千年的洗礼,仍然矗立在那里。

2008 年,我曾经沿着河西走廊,长途穿梭,但由于日程的紧凑安排,只是在武威短暂停留。长期以来,武威之于我,除了短暂的惊鸿一瞥,便一直是深藏心底的历史追忆,遥远而朦胧。

但挂职一年的经历,似乎让我变成了一个武威人,对于那里的山和水,对于那里的人和事,心心念念,无法忘怀。而其中记忆尤深的,便有我和凉州文化研究院的同事们,对当地从事文物保护、历史研究、文化传承的老人们开展口述访谈的点点滴滴。

我在凉州文化研究院挂任的职务是副院长,为了让我尽快熟悉武威、了解武威,张国才院长安排我积极参加各种对外活动,我开始慢慢熟悉这个并不很大的西北边城。挂职约一个月后,我跟随王守荣副院长,前往西夏文化研究所,去拜访当地文化口的老前辈——"老爷爷们"。武威的人们称呼上了年龄的长辈,都习惯用这种充满亲切感的称呼。

西夏文化研究所位于武威酒厂内,是武酒集团出资,西夏文化研究专家、西夏泥活字印刷术非遗传承人孙寿岭先生所建。进到厂里,一股浓烈的酒糟的味飘散过来,沉浸其中,甚至有已然微醺的幻觉。

推开房门,一个学术沙龙式的场景出现在眼前。靠近门口是一个小会客厅,里面坐着五六位老爷爷,正在热闹地聊着。他们看到我们到来,热情起身打招呼。王院长十分隆重地介绍过我后,把我按到中间的一把椅子上,让我很不好意思。他向我介绍的第一位老爷爷,就让我大吃一惊,原来坐在我对面的,就是发现、保护"马踏飞燕"的党寿山先生。党爷已经80多岁了,但气色红润,声若洪钟,身材壮硕。他微笑但很笃定地说自己是党项的后裔,证据是不仅姓党,而且身材也像党项人。我与党爷的话题,自然慢慢转移到了"马踏飞燕"上。虽然以前对这件国宝的发现过程稍有了解,但他惊险刺激的描述,仍然深深吸引了我。

除了党爷,当时在场的还有孙寿岭、冯天民、黎大祥、王其英等几位先生。他们也都热情地向我介绍武威当地文物保护、历史研究、文化传承的情况。孙爷的口才尤其好,他回忆起自己保护文物的经历,娓娓道来,尤其在讲到多年前他为了保护文物历经辛苦时,情绪激昂。一位为了保护文物,敢冒风险的基层文物工作者的形象,展现得淋漓尽致。大约两个小时的交谈中,大家争着讲述,不断插话,一会哄堂大笑,一会唏嘘不已,往日的艰难困苦早已远去,心中的自豪与壮志却再次被唤起。讲完之后,孙爷带着我参观他烧制的仿西夏瓷器,真是琳琅满目,让人赞叹工艺之精巧。

一场文化洗礼后,在回去的路上,我不禁由衷地感慨:"武威竟然有这么多珍贵的宝贝,这么多有奉献精神、有意思的文化人,他们的回忆实在是太重要了,如果能够给他们做一个口述史,整理下来就是一部武威文化创业史啊!"王院长听后十分赞同。一周后的院例行工作会议上,王守荣同志就说起了这个提议。张国才院长十分赞同,当时就表态要大力支持。我建议把这个计划纳入中国社会科学院国情调研专项项目中。长期以来,中国社会科学院十分重视挂职工作,为搭建挂职人员和地方交流的平台,会为每个挂职团提供一个国情调研专项项目。

接下来的事情进展很快。作为挂职团的团长,我起草了申报书,征求了另外两位挂职老师的意见之后,将"武威历史文化遗产保护与研究口述史"作为我们申报的国情调研专项项目的一项子课题。经过人事教育局王永磊、崔雪娟两位老师的努力,项目很快获得了批准。一切进入实施的阶段。我草拟了口述史的方案,建议采访各领域具有代表性的老专家、非遗传承人,在现场访谈、摄制录像的同时,进行录音,开展文字整理。凉州文化研究院的同事们,群策群力,提出了许多很好的建议,共同完善了这个方案。

会议之后,在研究院的部署下,访谈人员分为三个小组,张国才统筹协调,由王守荣、席晓喆和我分别担任一个小组的组长,各带领两位同事,分期进行采访。其他两个小组的访谈,我也全程参加。访谈如火如荼地开展起来。组里的两位同事,一位负责列出采访提纲,现场采访;一位负责录音,整理文字。赵大泰老师长期从事非物质文化遗产的研究工作,有自己的摄像机,全程负责录像。

采访的过程是愉悦而感人的。党爷虽然讲过太多次"马踏飞燕",但仍然精心地准备,整个采访过程持续了将近四个小时,这对于已然高龄,而且低血糖的他来讲,是一次不小的考验。姚光汉老人讲述他六岁时,红西路军攻打大靖城,他躲在屋子里面,听到嗖嗖的枪声,让我们仿佛身临其境。田国治老人访谈时,十分严肃,甚至有些拘谨;他的女儿却唯恐招待不周,不断让我们吃水果,倒白酒,让我们忍俊不禁。王月老人幼年时,因患眼疾,眼睛就慢慢瞎了,只能模模糊糊地看路,他的家在凉州区四坝镇的农村,那里一片片的土坯房,在冬日的阳光下,凝固着历久不变的沧桑。采访李卫善、赵旭峰先生是在祁连山的深处,大雪茫茫,接连天际,滴水成冰,车顺着蜿蜒的山路,一路向南,我才知道,祁连山里有这么广阔而隐秘、几乎与世隔绝的世界。不同访谈者讲述的内容,也会不断照应。冯天民先生讲到他以前搜集凉州贤孝资料,邀请王月老人弹唱,由衷地感慨"那个老汉能吃得很",我们就不禁想到采访王月老人时,他那胖胖的身体,不禁笑出声来。

整理的过程,是艰难而磨人的。老爷爷们都是用武威方言讲述,录音识别软件丝毫派不上用场,只能听一句记一句,整理者为此付出了巨大精力。初稿整理出来后,由采访人进行核对、整理,最后由我统一再次核对、整理,形成最后的定稿。这中间的过程,不断反复,往往围绕时间、地点、人名,多次核对,反复讨论,常常加班至深夜。

需要说明的是,武威市文物考古研究所朱安的那部分,内容是他个人的回忆。我个人从事长城的研究与宣传,经常下去跑长城,深知其中的艰辛与不易。当朱老师告诉我他曾经参与甘肃长城普查时,我就劝他把这段记忆写下来,未来将是难得的史料。从他的记述中,我果然看到了预想中的酸甜苦辣。

我国历史悠久,文化灿烂,虽然经历了现代化的巨大冲击,但传统文化的影响仍然如影随形,无处不在。保护、传承、弘扬中华优秀传统文化,就是守护我们的民族之根、国家之魂、文明之核。历史虽然逐渐逝去,但积淀而成的文化,却成了我们心中的故乡,是我们区别于其他文明的根本。

本次访谈是武威第一次对本地文化领域开展的系统口述,被访人多数都在 70 岁以上,甚至多位在 80 岁以上,都是在本领域内最具代表性的研究专家与非遗传承人。他们讲述的绝大多数内容,都是首次完整地披露,价值弥足珍贵。这次系列访谈为我们描绘了中华人民共和国成立以后,武威的基层文化工作者,如何在艰苦复杂的环境中,长期坚守,不断奋斗,拼搏努力,保护文物,研究历史,传承文化,付出巨大努力,甚至冒着生命危险不懈奋斗的历史长卷。

长期以来,由于各种各样的原因,基层的文化工作者面临的不只是繁重的工作,还有较低的收入,以及各方面的压力乃至风险。但他们大多都选择了坚守,选择了抗争,守护着一位文化人的底线。没有他们,我们所熟知的众多国宝文物都不会留存于世;没有他们,我们所珍惜的许多宝贵史料也早已灰飞烟灭。他们是一群值得崇敬的人,也是一群需要保护的人,还是一群应该大力宣传的人。当前,国家正在全面复兴传统文化,希望本书的出版,能够让人们管中窥豹,了解到我国广大基层文化工作者,默默从事着看似普通却十分伟大的工作,全社会应该对他们多一些关注、多一些保护、多一些支持。

在本次访谈中,我也深刻体会到凉州文化研究院是一个战斗力强又无比团结的集体。院里只有 11 个人,加上我是 12 个人,但 12 个人承担着十分繁重的工作。作为市政府体系中的一个组织,研究院要全面承接市里安排的各项工作,本来工作已经超负荷,又增加了额外的访谈工作。但没有人因此而心生怨言,而是发自内心地渴望参与,从他们的高涨热情中,我看到了文化人的使命感和责任担当。张国才院长整体统筹,多次召开讨论会,提出指导意见,并仔细审阅了最终的成稿。王守荣、席晓喆两位副院长在每次访谈前,都细心准备,精心谋划,妥善安排各项工作。其他的同事们在采访和文字整理中,都付出了巨大的精力,经常加班至深夜,在寂静的凉州之夜,仍然有他们点亮的灯光。

感谢中国社会科学院领导对国情调研项目的迅速批复,感谢科研局、人事教育局各位领导对项目的大力支持。感谢武威市委、市政府在项目开展过程中,给予的大力帮助,并提供专项资金,确保出版。在访谈过程中,武威市摄影家协会副主席刘忠先生为我们拍摄了许多生动的照片,在此向他表示感谢。上海交通大学出版社李阳编辑,很早就参与访谈体例的讨论中,提出了许多很好的建议。她的专业和细心,让人深感敬佩。当然最应该感谢的,还是我们的被访人,他们饱含深情的讲述,为我们复原了一个艰苦的时代,一个奋进的时代,一个每个人都决不辜负、最终百川归海的伟大时代。这个时代的耀眼光芒,正在全方位展现,注定将会镌刻在中国历史,乃至世界历史的荣誉之榜。

赵现海

书于 2022 年 4 月 3 日

赵现海和冯天民先生在一起
(摄影:刘忠)

发现保护铜奔马的党寿山

党寿山

党寿山先生接受媒体采访
（供图：党寿山）

1937 年 6 月 14 日出生。武威文物专家，副研究员，武威市凉州文化研究院名誉研究员，1992 年 10 月经国务院批准享受政府特殊津贴。原武威市博物馆馆长、文化局副局长、文物管理委员会专职副主任兼办公室主任，武威地区五凉文化研究会副会长兼秘书长。自 1956 年以来，从事文物工作 40 余年。在省内外报刊上发表有关文物的述评、介绍、报道、研究文章百余篇。是《中国历史文化名城词典》（续编）编委会委员，为该《词典》及《甘肃古迹名胜辞典》"武威"词条主要撰稿人。曾主编《五凉文化研究》，著有《武威文物考述》等。

党寿山先生是武威市著名文史专家，参与了武威众多文物的发掘工作。作为铜奔马的发现、保护者之一，他详细地介绍了在当时的困难条件下，如何保护这件国宝。此外，党先生还介绍了自己参与发掘皇娘娘台齐家文化遗址、保护武威文庙、发现武威汉简、撰写《凉州御山石佛瑞像因缘记》的经过。

一、齐家文化遗址的发掘与展览

李元辉：党先生，您好！您是挖掘、保护武威文物的历史见证者，今天我们就采用聊天的形式，把您平生经历中，鲜为人知的文物故事给我们讲一下。先请您讲讲皇娘娘台齐家文化遗址发掘的经过。

党寿山：皇娘娘台齐家文化遗址在凉州区金羊镇宋家窑村邱家庄，东西长500米，南北宽250米。在这个范围以内，蕴藏着很丰富的齐家文化遗存。1960年前，省博物馆曾经有过3次发掘。1975年4—5月又进行了第四次发掘，参加的除了省博物馆专家以外，武威地区文教处、文化馆也参与了，我也有幸参加了这次发掘。这四次发掘，发现了齐家文化的房屋遗址、墓葬、窖穴、灰坑，种类比较多，出土的文物也比较丰富，主要是石器、陶器、铜器，还有玉石、木器等。

青年时期的党寿山先生
（供图：党寿山）

武威齐家文化遗址里，特别重要的有两项：一项就是在这里出土了红铜制的小铜器，主要就是刀、锥之类的。这是齐家文化里，武威首次发现的铜器，说明那个时候我们武威的先民已经开始使用铜器了。第二项就是这里发现了三人合葬墓。这个三人合葬墓，它的葬式是中间是男子，仰身直肢，旁边是两个女子，是侧身屈肢，面向男子。男子的身上有象征权力和财富的石币、玉币，一共有 80 多件，数量相当丰富。这一种葬式或这一种随葬器物的摆放，应该反映了当时男子已经是居于统治地位，女子只能屈从依附于男子。大量的石币、玉币都放在男子身上，说明当时贫富已经分化，阶级已经萌芽。所以，发掘简报发表以后，引起了国内史学界的高度重视。我看到有一份杂志说，我们皇娘娘台齐家文化遗址发现的三人合葬墓，已经编进历史学科的教材里，因为它具有里程碑和划时代的意义。

所以，甘肃省博物馆搞历史文物展览的时候，首先就把我们齐家文化的三人合葬墓陈列出来。我们武威市这几年办历史文物展览的时候，曾经征求过我的意见。我提出来，一定要把这个放上，这个非常重要，我们武威发现了4 000 多年前这么重要的、能够说明我们武威历史文化的珍贵的文物，一定要放到展览里。博物馆陈列的时候就放了这三人合葬墓。

李元辉：当初您亲自参加挖掘，这一过程肯定很辛苦吧？

党寿山：辛苦是肯定的，但收获更让人高兴。在这个齐家文化遗址里面，还发现一件石器。这个石器周围有齿轮，中间是圆孔。当时，我觉着这个是很重要的发现，这应该是当时一种半机械化的生产工具。当时负责的是省博物馆的魏怀珩先生，他当时没有表态。之后他写发掘简报的时候，称作多头斧，我觉着这不确切，应该是什么机器上转动的齿轮，安装上以后，也就像纺轮一样，一捻就可以转动，我觉得这个很重要。还有一件，就是在这三人合葬墓里，发现了一件比较大的石币，或者叫玉币，象征权力财富的石币玉币。这件玉币特别大，直径起码有四五十厘米。我记得有一次黎大祥让我看一份报道，说这是世界最大的货币，是世界之最，但这个没有公开在学术刊物上发表过。这个三人合葬墓，整个清理是我一手参加的，包括最后的绘图也是我绘的。我能参加这一次发掘，发现这么重要的三人合葬墓，我也感到很荣幸。

李元辉：我听说齐家文化挖掘之后，在武威文庙进行了一次展览，请您给我们讲一讲这件事情。

党寿山：第四次发掘完之后，我们把所有发掘出土的文物都拿到文庙里，搞了一次展览。展览比较简单，把东西一类一类排列起来，让地、县的领导来参观。按说，省博物馆来发掘，我们武威地区文教局、文化馆只是配合而已。展览期间，我让魏怀珩先生讲解，毕竟人家知识渊博。但他非常谦虚，他非要我给大家介绍。我就根据当时自己的水平和认识，每次来人参观我都给大家讲解。那次简单的陈列展览效果非常好，引起了武威地、县领导对文物工作的高度重视。

二、铜奔马的发现

李元辉：提到铜奔马您肯定是激情澎湃，因为您是铜奔马发现、保护的历史见证者。您能否给我们讲一下，当时发现铜奔马的曲折故事，您当时心里是怎么想的？

党寿山先生在雷台汉墓开展工作
（供图：党寿山）

党寿山：1969 年 9 月，那个时候全国各地都在挖地道，也就是防空洞。武威县新鲜公社新鲜大队十三生产队选择在雷台下面挖防空洞。雷台,原来叫灵钧台,明朝时候,上面修了雷祖观,所以以后人们都叫这里雷台。防空洞挖到10米多深的时候,在右侧发现了墓葬。当时领头的会计,就让其他挖地道的人都出去参加学习班,他安排三名社员继续挖。这三人把那个砖角(jue)子挖开以后,咚的响了一声。他们用电灯泡照下去看里面是啥东西,猛一看是一片绿锈色,仔细一瞧是铜车、铜马、铜人。

这时候有一个叫王明的说,啊,我们挖到雷坛里了(因为上面是雷祖观),这是镇物,赶紧叉(ca,堵)住吧。这个会计不听,说再把洞口往大里挖。王明一听,就说他不黏手(参与)了,借故头疼出去吃药,就走了。另外的几个人就继续往大里挖,洞口挖大以后,那个会计带头下去了,紧接着其他的两个人也下去了。

下去以后,他们发现这个墓很大,有甬道、前室、中室、后室。前室里面有左、右耳室,中室里有右耳室。里面的文物非常丰富,不但有铜车、铜马、铜人,还有大量的铜制用具和陶制用具。他们挨着参观了一下,说就是些坛坛罐罐,再就是车啊、马啊,另外就是些麻钱子(铜钱)。

出来以后,会计把这一重大发现向生产队队长汇报。生产队队长当然也很好奇,在会计的带领下又看了一遍。下午5点钟左右,生产队队长安排几个人发掘这批文物。有个姓蔡的社员说,下午5点左右取这些东西,我就装,会计登记,还有杨发财抇(gan,用铁锹铲物使其挪动)着哩,铜车、铜马、铜人这些大的东西都装上了;马上的鞍子这些东西碎得很,就装到麻袋里,放到库房里去。

当时的保管,原政治指导员,他到后室里,一揭开棺材板,一看下面是一层子灰,用铁锹一抇,说有三个名章子;再一抇,说是手枪一样的东西;再一抇,是簪子;又抇是砖头,挖了两块,又抽了两块,一摸下面是土。他说出去走走,斜里横里地拉了三架子车,就放到生产队的库房里去了。

这些文物放在库房里不是长久之计,第二天,生产队队长就召集队委会开会,商量怎么办。大家在会上提出三种不同的意见,第一种就是我们队里死了两匹马,这是天赐的,死了活马,又给我们送了这么多的铜马,我们可以用这铜马换活马,砸了买马。第二种意见,不要砸,给上面汇报,我们得些奖赏,然后再买马。第三种意见,也不砸也不汇报,放着库房里面,静观其变。如果上面不知道,我们就砸了卖铜买马;上面如果知道了,我们就要奖赏,再买马。大家一致同意第三种意见,说就这么办。但是当时定下了一条纪律,绝对保密,不能走漏风声。

就这样一直过了27天,快一个月了,我在北大街碰上了金羊区的张有同志。张有同志原来是公安局的干部,我是搞文物的,我们应该说是老搭档了。闲聊以后,他突然问我,说雷台发现了金马驹子,你知道不。我当时听了非常惊讶,我是搞文物工作的,这雷台离城又这么近,金马驹子发现了,我竟然毫无风闻啊。出于工作的责任感,当时我就约这个张有,说我们一块去看一下。张有同志非常好,一点推辞都没有,我们两个人就一起去了雷台。

生产队的办公室就在雷台旁边。我们问了队长,又问会计,金马驹子是怎么回事。那时候没有办法,我们只好到外面捡了些废纸,就钻到里面去了。里面漆黑一片,没电灯根本看不清。纸点着以后,我们一看墓里面是一片狼藉,砖也翻了,棺材板子七零八落地扔在一边。墓室那么大,铺地钱那么多,我们蹲下一捧就是一大捧。这么多的铜钱,我搞了10多年文物工作,还没有见过这么大规模的墓葬,没有见过这么多铜钱铺地的,我马上意识到,这绝对不会就这么几件陶器、这么点铺地钱,一定有更重要的文物被转移了。

我们两个商量以后,立即到公社找大队负责人和公社领导。公社里面正好有社革委会的副主任王德喜在,我们把情况汇报以后,王德喜主任非常关心,说这还了得。我们路过大队时又请上大队的书记李民会。有了公社的领导,有了大队的领导,我们就一起找生产队的队长。我们反复动员,说文物归国家所有,不能私藏,这可是国家有规定的。当时我没有拿《文物工作手册》,全凭记忆给他们一条一条地讲这个道理。

这时候队长才让会计接通了电源,陪我们和公社大队的领导一起进到墓室里,仔细地查看。我们之前看的时候,点的是纸,看不清楚,这时候有了电灯就看得很清楚了。之后,会计又领我们开了库房,看到那么多的铜车、铜马、铜人和其他的一些铜制用具,全部挤压到一个压榨食用油的油箱里放着哩。看到这些文物啊,我的惊喜之情是溢于言表,十多年的文物工作中,我没有看到这么多、这么精美、这么丰富的文物在一个墓里同时出土。当时,特别是这个铜奔马,那时候我不知道是这么珍贵,总觉着这个铜奔马在这些马里面比较特殊,蹄子下面有鸟儿,造型又非常优美。铜奔马、铜车马、仪仗俑,我一一做了登记。

武威雷台铜奔马
（供图：党寿山）

　　这时候我提出把这批文物拉到文物收藏地文庙去保管。我当时想得很简单啊，但生产队队长挖了一趟，就这样让你白拿去吗？这是不可能的事情。队长就说，这样吧，社员挖了一趟，也不容易，叫大家看上一眼，然后你再拉，行不行？我觉得这样说也合情合理，大家看一眼，可以趁机向大家宣传党的文物保护政策，这是好机会啊。我说好，那就立即召集社员，叫大家看一下。他说这会儿社员都在地里忙，明天吧，行不行？我说可以。这样我就和公社、大队的人以及区上的张有同志都回去了。

　　实际事情并不这么简单。第二天、第三天，甚至第四天，我反复跑了多次，守候了几天，根本看不见队长的影子，你找谁，谁也不知道。我找不着队长，偶尔碰上队干部，被告诉说保管人员不在，到城里交电费去了。第四天我去以后，仍然还是这个样子，我已经意识到不对，公社、大队的领导不出面，我是根本拉不走的。这时候我骑着自行车到 10 公里以外的金羊区，仍然找到张有同志。张有同志确实非常负责，二话不说，两个人骑上自行车就往公社走。到公社以后仍然找到王德喜副主任，路过大队，书记不在，找到队长梁德，我们一起来到生产队。这时候，生产队队长再没话说了，派了一名社员，我们一块对文物详细地进行登记造册，一式三份，就在那个库房里。哎呀，在那种情况下、那种条件下，造出的文物册子还是比较规范的，编号、名称、规格、数量等项目都有,这个文物册子我一直保管到现在,去年我捐给武威市博物馆。这是最原始的,这个册子上除这些名目以外,最后还有交接人。交付者是生产队队长王红上,接收者就是我,我代表宣传站接收,还有监交人,区上的、公社的、大队的,还有贫下中农代表,这些手续都很齐全。

册子造好以后啊,我就提出把这些东西拉到文庙去保管。当时群众已经围了一大堆,要说看呢大家都看了,我趁着这机会,还拿出铜奔马,举得高高地让大家看,又拿出铜车让大家看多精美。我提出派三名社员、三辆架子车,垫上麦草拉,因为当时再没有现成的包装文物的东西。

大队的队长梁德命令式地说,队长啊,你还不派车子,等什么呢? 这时候队长没有话说了,只好派人派车,麦草也有了。我在大家的帮助下,用麦草衬垫好、装好三辆车,就开始往城里拉。那时候路不像现在这么平整,田间的一些小道弯弯曲曲的,架子车行走时都是拐过来拐过去。尤其麻烦的是,前面堵着一条护城河。护城河虽然早已干枯了,但是河道很深,上下很不方便。这时候社员就牢骚满腹啊,特别是一个社员,扬言要把这些东西倒到护城河里去。我当时没有公社大队的领导撑腰,又一个人,拗不过他们三个人,当然不敢说大话,又是给人家递烟,又是帮着给人家推车子,好说歹说总算拉过了护城河,走到通往进城的大道上。

虽然路是平顺了,但人一多,大家都围着看这些东西。这个很麻烦,当时在那种条件下没有遮盖的东西,我只好催着这三个社员快些走。走到北大街毛泽东思想宣传站驻地,也就是电影院,这时候我就放心了,到库房里取出"破四旧"收来的长袍大褂,拿出来盖在上面。一方面我向宣传站的领导就发掘墓葬的情况做了汇报,并且通过单位电话向省里的文物主管部门汇报。那时候还没有文物保护法,但已有文物保护条例,这个条例规定,如有重大发现,要立即向上级主管部门汇报。这个就是重大发现,我得向上级汇报。

文物遮盖好以后,围观的人没有了,我很快就把文物拉到文庙文昌宫的西廊房保管起来。这时候忙活了几天的各级领导和我总算是松了一口气。文物拉到文庙以后啊,知道的人越来越多,参观的人是络绎不绝,先是地委、行署的领导,紧接着是县委、县政府各部门的。那时候我既是保管员,又是讲解员,我为武威能发现一批这样重要的文物感到很自豪。当时的条件很差,西廊房里也没有方便陈列的柜子,这参观的人多,我害怕文物有损失,顺着柱子拉了一根绳子将其整个围了起来,铜车、铜马、铜人就放在地面上,唯有把铜奔马放在一个柜子里展示。

武威雷台旧貌
(供图:党寿山)

当天下午,我把这个发现的情况又向政治部黄克诚主任做了汇报。黄主任一听我的汇报,非常重视。当时我心里有这么一个想法,这些人是不是把东西全部交出来了,有没有隐瞒?那时候能把这些东西拿出来都不得了了,你还再能追问别的吗?现在我就得继续追问啊。我把这想法向主任一汇报,黄克诚主任马上就决定组织三人工作组,在公社、大队的配合下,到生产队去办学习班,政治部调寇永卓当组长,保卫部调张义生,再就是宣传站我参加。在这个学习班上,一方面就是学政策,谈认识,更重要的是追缴文物。三天学习班结束以后,紧接着,省革委会宣传组派省博物馆的魏怀珩到武威来。魏怀珩到武威后,直接选调了25件比较好的文物拿到省上去给领导汇报,进行再次鉴定。又过了一段时间,省上宣传组写了介绍信,博物馆的魏怀珩、张学正二位先生来到武威,一方面进行墓葬的清理,另外一方面把这批文物全部调走。

那时候,我看到介绍信,不敢做主,就向毛泽东思想宣传站的领导汇报。我们宣传站的革委会主任叫杨志远,虽然只有小学文化程度,但是他通过大家参观文物以后的评论,也意识到这里面是铜奔马最好。他没有别的要求,提出其他的都可以调走,踏鸟儿的那个马给我们留下。这个可能吗?这个不可能,这是主要的东西,能留下吗?我说我可以转达你的意见,能不能留下那还说不准,因为这件事情牵扯比较多。我又拿介绍信找县革委会的主任,这得县上领导决定。姬治国当时正召开会议呢,一看介绍信,也非常果断,下级服从上级,全部调走。然后开始包装。我在印刷厂找了一些废纸,到木工房订制包装箱子,做好以后,一切就包装好了。

魏怀珩、张学正还有一项任务,就是要奖励生产队和生产队的社员。当时召集群众大会,宣布了省革委会宣传组的奖励决定,一户赠送一本《毛主席语录》和一枚毛主席像章。按当时的说法,这就是最高的奖赏啊。我在这件事上也受到当地群众的误解。

有一次省电视台来人,县委宣传部的王文明把我也叫上一块到雷台去录像。这时候要找队长啊,我们好不容易在人家的地里把队长找到。王文明就说了,王队长,这个是省电视台的,把意图给介绍了。这个队长说了个啥话,这个你问文化馆的党寿山去,傢(他)现在是升官了发财了,坐上小轿车了。我一听,简直是有苦难言,怎么说哩!王文明这时候说话了,他指着我说,哎,王队长,你认识这个人吗,他就是你说的文化馆的党寿山,他现在也没有升官也没有发财,也没有坐上小轿车。队长一看我啊,拿着铁锨一夹,撅撅撅(jue,生气而快走的样子),啥话不说就走了。我们又碰到旁边一个土堆上坐的一个社员,正是此前我说的那个拉了铜马车,扬言要倒到护城河里去的那个社员。老乡,你知道雷台出土的文物的情况吗?这个社员是同样的话,你问文化馆的党寿山去,那个不是个好傢(好人)。哎呀,这简直叫我怎么说哩!

三、"马踏飞燕"的命名与受到重视

李元辉:您当时受了委屈,那以后情况有变化吗?

党寿山:我们虽然向省文物局提出过要求,是不是对生产队给些奖励,因

党寿山先生研究铜奔马
（供图：党寿山）

为我自己一直感觉到，在那种情况下，在那个年代，人们对文物的认识并不是那么很清楚。在那种情况下，竟然能把这批东西，虽然位置搞乱了，有些东西遭到了不同程度的破坏，但总体来说，还是保存下来了，应该给予适当的物质奖励。我以县革委会的名义向省文物局报告协商以后，最后的答复是，已经奖励过了，当时那是最高的奖赏啊，再不能二次给奖，给你这边奖了，别处怎么办？所以这个也有难处，就作罢了。

文物拉到省博物馆以后，一直过了两年，到1971年，郭沫若陪着柬埔寨亲王到新疆去考察，路经兰州的时候，郭老提出参观省博物馆。这时候省博物馆得把最重要的文物拿出来让郭老看。当然，雷台出土的铜奔马、仪仗俑，博物馆专家们肯定知道这是非常重要的，都摆出来。郭老一看到铜奔马之后，就大加赞赏。

当然，"马踏飞燕"的命名，也有人说是郭老当时给命名的，其实并不是这样子的。"马踏飞燕"的命名，是当时王毅先生确定的，他是我们省文物处负责文物的领导，当时也是博物馆的领导。根据初世宾馆长的说法，那时候给郭老介绍的时候,已经在标签上写上了"马踏飞燕",郭老当时也没有反对,据说就是默认了。郭老看了这批文物以后,回到北京即大力地宣传,除向周总理汇报以外,还在那些参展单位的同志们面前宣传。因为那时候在北京故宫里办全国"文化大革命"时期出土文物展,当时他们不知道我们甘肃还有这么重要的文物,没有列上。

郭老一去以后啊,就说如果把甘肃的文物拿到这里来啊,能压倒这里展出的一切。你看看,郭老这么一说以后啊,这批文物的身价就相当高,所以初馆长便拿到北京去展览。那时候,展览要求一个省出 10 件展品,10 个省就是 100 件。当时提出雷台出土的这批文物是全部展出,光雷台出土的文物一下子就 230 多件,远远超过了人家一个省 10 件的数量。怎么展呢?别的省都已经摆好了,雷台的文物往哪里放呢?不能放到边角上去吧,得放在中间。但中间已经摆好了,怎么办?据说湖南省的同志风格非常高,把他们展出的地方让出来。

所以这时候,铜奔马的名声一下子就大起来了,特别是出国展览的时候,那更是身价倍增啊。我们没有参加出国展览,但是据参加的同志介绍,盛况空前啊,整个展览的海报就是这个铜奔马。你看中华人民共和国出土文物展览的海报就是铜奔马,铜奔马就是这些文物的代表。在英国展出的时候,人家要对中华人民共和国出土文物展览的名字进行修改,提出要改成"天才的中国"。后来展览名称没改,人家在铜奔马的解说词里就把"天才的中国"整个意思贯穿到里面去了。英国的观众称赞说,简直是艺术作品的最高峰,这是一座灯塔。有人说,"四海盛赞铜奔马,五洲争说金缕衣"是郭老诗里写的,其实不是这样子的,我没有看到郭老写的诗里有这样的话,这出自哪里呢?我当时到国家文物局去,因为文物局要复制铜奔马,要拍铜奔马的照片。国家文物局同志的桌子上堆着一堆报纸,这报纸上哪个国家怎样赞扬的都有记载,都拿出来让我看,这铜奔马是多么了不起。其中有人评价:当时形成了"四海盛赞铜奔马,五洲争说金缕衣"的这么一种热潮,是这样来的。所以说,我们当代著名的诗人臧克家说铜奔马是一条神龙,它以世界为场所,飞奔绝尘,它是中国灿烂文化的精品,它是优美的艺术杰作,它是中国人民的光荣,它为社会主义社会大放异彩,这个评价是真不过分。

那时候不要说是铜奔马的原件到国外展出受到欢迎,就是铜奔马的复制品销量也是很高的。丹麦赛马协会的主席给我们文管会来了一封信。信上是这样说的,他带双亲到我们省博物馆参观,买到了武威县文管会复制的铜奔马,并且还买了好多铜奔马的说明书,赛马协会每次举办赛马大会的时候,把我们的说明书作为奖品奖给优胜者。可想而知他们对铜奔马多么的崇拜。但遗憾的是,你们把这么好的一匹马叫奔马,这个很不合适。世界上有五种马,有行走马,还有什么马、什么马,这奔马是最次的马。但他们的理解和我们的理解是不一样的,我们说的"奔"是飞奔,他说的"奔"是走路时"奔奔奔"的奔,但这个措辞也值得商榷。这奔不是飞,是"奔"啊。他说有些国家买了铜奔马的复制品,每年奖给赛马会的优胜者,所以铜奔马的声誉是越来越高。

2002年国家文物局就决定把铜奔马列入禁止出国展览的名录里。在此之前,1983年铜奔马被确定为国家旅游标志;1986年,我们武威市也把铜奔马作为武威的城标,柳宏克市长还委托我为这个城标写了《武威市城标落成记》。所以以后铜奔马印在邮票上,设计成商标,这个不胜枚举,多得很。还有把铜奔马作为宣传画的,像我们的"天马行空,自在武威"之类的,铜奔马已经是我们中国人民的一种自豪。当然,作为保护了铜奔马的我来说,也感到非常荣耀和自豪。

四、铜奔马所属时代的争议

李元辉:您去年参加了"铜奔马发现50周年"学术研讨会,而且接受中央电视台采访,您当时心情是怎样的?

党寿山:甘肃省博物馆对我们的铜奔马非常重视。去年(2019),在铜奔马发现50周年的时候,省博物馆和武威市联合举办了"铜奔马发现50周年"学术研讨会,我有幸受邀参加了这次会议。当时省博物馆的馆长问我身体怎么样,能不能参加,征求我的意见。我说可以,这样的会议我得参加。我当时提交了两篇文章,一篇就是《铜奔马是如何发现和保护下来的》,另一篇《铜奔马名称之我见》。参加会议时,这些论文已经印成书了,厚厚的一本。研讨会对我们武威很重视,对我的这两篇文章也很重视,第一篇、第二篇都是我的。我

武威雷台的铜车马仪仗队
（供图：党寿山）

是两天会议坚持到底。所以从这件事情上说明全国的学术界对我们的铜奔马都非常的关注，有好多专家都发了言，并且兰州开完会以后，到我们武威来现场进行参观考察。

我这里要附带说一点。对铜奔马的名称、对武威雷台汉墓的年代，我这两年也做过一些思考，我想简单地谈谈我的观点。多数人认为铜奔马是东汉晚期的，雷台墓葬也是东汉晚期的墓。但是，我们甘肃，特别是我们武威，好多人都提出来这座墓葬不是东汉墓，是前凉时候的墓葬，并且还有具体的人名，是前凉的谁谁谁的墓葬。我对这个观点，曾经也有赞同的时候，认为前凉的墓葬可能也是有的。我在《保护利用好武威王宫王陵》这一篇文章里谈到，前凉的王宫当然就在武威，前凉的王陵究竟在哪里，如果说雷台是前凉的王陵的话，这就更加值得研究了。

后来资料逐渐丰富，我觉着我的这看法是站不住脚的。我曾经和省考古所所长岳邦湖交谈过，会不会是前凉的？岳邦湖非常肯定，说不会，原因是啥，出土的器物明显的不是魏晋时期的东西。我就想人家说的也对,不要说别的,拿三件文物来说就不是前凉的。第一就是奔马,雷台1号墓出土的铜奔马多么的精致,多么精神,多么醇厚;相反的,咱们西郊那里出土的魏晋陶奔马,也是奔马,也是三足腾空,右后足踏飞鸟,但非常粗糙,非常简单,明显不同,制作风格完全不一样,有天壤之别。这个墓怎么能成为前凉的墓呢?第二件就是陶楼院,雷台出土的墓里的那个陶雕楼院多么雄伟,多么壮观,而魏晋时期的墓葬里出来的陶楼院,不但周围没有二层角楼,只是放那么一个小小的一层楼房,而且中间的楼层也很矮,也是非常简单,完全不是一个风格。第三个就是出土的釉陶器。这釉陶器啊,反正我是在魏晋墓里没有发现过,都是在两汉时期的墓里才有。雷台出土铜奔马的这个墓里,还出土好多釉陶器,可是我们在其他魏晋墓里没有发现釉陶器。从这些资料来看,肯定铜奔马不是前凉时期的,这个墓葬也不是前凉时期的墓,而是东汉晚期的墓葬,这个没有问题。再往前推,剪边五铢钱是东汉晚期才有的。所以,这一点,起码我们武威本地的研究者应该有这样的认识,多数人没有搞过考古发掘工作,不知道用出土器物进行比较。前凉墓比东汉晚期的更加重要,也正如陈国灿先生讲的,如果是前凉墓的话比东汉的更珍贵,但出土文物无法证明。

关于铜奔马的名称啊,史学界说法比较多,有马踏飞燕,有马踏飞鹰,有马超龙雀,等等,各有各的说法,各有各的道理。大家比较认同的,就是马踏飞燕和铜奔马这两个名字,我觉着这两个虽然很好,但我也提一点个人的想法。应该叫什么马呢?叫鹔鹴马,铜鹔鹴马。我为什么这么说呢?一是,铜鹔鹴马符合作者创作这匹马的立意,他的立意就是要塑造一匹飞奔的马。二是这个鸟呢,资料上介绍像燕子,但燕子是剪刀式的尾巴,这个鸟没有资料说尾巴是剪刀或不是剪刀,像燕子;鸟又比燕子稍大,它平常不落地,居住在林中。

五、智保武威文庙

李元辉:您曾任武威市博物馆馆长,对文庙有特殊的感情。您给我们讲讲文庙以及您保护文庙文物的故事。

党寿山先生在武威文庙开展工作
（供图：党寿山）

党寿山：文庙，建于明正统年间，规模宏大，气势磅礴，在我们全省应该说是规模最大的一处文庙，被称为"陇右学宫之冠"，现在已经列为全国重点文物保护单位。但就是这样一座非常重要的古建筑，差一点毁在我们这一代人手中。

1966年，"文化大革命"开始，要横扫一切"牛鬼蛇神"。哪里找牛鬼蛇神去啊，这文庙里面有的就是"牛鬼蛇神"，一定要把他砸个稀巴烂。大字报、小字报，铺天盖地都来了，当时形势是非常严峻啊！

当时作为文化馆的负责人，又是分管文物的我，怎么办？于是我急中生智。马上提起笔来，写了一封倡议书，前面是引用毛主席的一段语录"中国几千年的封建社会，创造了灿烂的古代文化，梳理古代文化和发展过程，剔除其封建性的糟粕，吸收其民主性的精华，是发展民族新文化，提高民族自信的必要条件"，当然还引用了其他毛主席有关保护文物的几条语录。

因为那时候宣传站也要成立战斗队，当时说起个啥名字呢，这个名字是我提出来的，应该叫"孺子牛战斗队"，这是化用鲁迅的那句话：俯首甘为孺子牛。

大家都同意,单位红旗上写的也是"孺子牛战斗队",所以署名"孺子牛战斗队"。倡议书写了好多份,我和我老婆子(老伴)就住在文庙,四街八巷到处都贴,特别是人集中的地方都贴上。当时贴的目的就是保护文庙中的文物。

我们那些匾牌是怎样保护下来的呢? 新中国成立初期,文庙作为开大会的一个场地,特别是开四级干部会议,人多没处住,就在那里住,大成殿就是会议室。在1956年前,武威成立了文物保管所,文昌宫的桂籍殿就是文物保管所的办公地,当时也是为了保护这些匾额,整个匾下面是用顶棚糊起来的。当然,那时候幸好这桂籍殿的前面安上了门窗,不开门还进不去。当时为了文物的安全,文物都在桂籍殿里面保存,我把外面的门窗都增加了钢筋。原来只有玻璃,很容易进去,这是一个方面。第二个方面,我把感觉到有问题的匾赶紧摘下来,放在僻背的地方,别人看不见。第三个措施,就是外面的那些匾比如"桂篆垂青""斯文主宰""太和元气"等,那时候也可以算是四旧,被砸了怎么办? 当时我就把匾额板上面,全部用白灰刷掉,字儿都看不清楚了。通过这样一些措施,再加上那份倡议书一贴以后啊,文庙文物、匾额就安全地保留下来了。当然包括在库房里面馆藏的四万多件文物。有些文物是非常珍贵的,也安然无恙地保存下来了。

六、武威汉简的发现与研究

李元辉: 下面请您给我们谈谈武威汉代三简出土发现的经过。

党寿山: 我们武威发现的王杖简、医药简、仪礼简,这三种简在出土的简牍里面是比较重要的。先说医药简。1972年,柏树公社下五畦大队之外还有几个大队,要在旱滩坡开一条渠,灌溉那里的良田。那个时候是几个大队分段开凿。有一天,小寨湾大队社员挖出了一座墓葬,出土了陶器和其他器物,而最主要的是出土了一批简。简被发现以后,群众拿出来看,不认识这字,就扔在旁边,有的插到罐罐子里去了。

当天晚上,公社书记吴维文参加县上召开的粮食工作会议后回到公社。他非常关心渠道的工程进展情况,马上找来水利干部王宝田同志,询问工程进展情况。当王宝田谈到挖出了一座墓,吴维文书记很重视,问挖出了啥,王宝田说出了些坛坛罐罐,再就是些木头板板子,上面写的字不认识。吴维文书记说,不认识的字就是西夏文。吴维文书记为啥说这话呢?这有其原因呢。张义小西沟岘群众无意中发现了西夏时期的一些经文和其他的一些文书。那里工作组的一个同志,当时在宣传组工作。他接过一张群众拿的纸,一看是西夏文,问是哪里发现的,(群众)说是哪里哪里发现的。

这件事情啊,引起了我们的注意,我曾经拿上其中一支到北京去找专家辨认这是啥东西。哎呀!这专家一看,这是《音同》书上的一页,这东西很重要。回来后,我把这个情况向政治部主任刘鹏生做了汇报。刘鹏生对文物非常重视,以后每

党寿山先生讲述武威汉简故事
(摄影:刘忠)

次县上召开各种会议,他总要在会上说这件事情,说不要认为不认识的字就不是文物了。因为,吴维文当时参加了这次粮食大会,会上刘主任也讲了这件事情,所以他一听说是不认识的文字,认为这就是西夏文,并问这个东西在哪里。(王宝田)说就在那滩滩子上扔着哩。吴维文马上叫他连夜把这东西取回来。天气比较冷啊,路又不平,就颠颠簸簸地走到那里,一样不差地把那些简全部拿回来了,所以当时我说这件事的题目是"王宝田月下救国宝"。吴维文书记看了这些东西,也非常高兴,把这东西抢救回来了。他包得好好的,就放在办公室的桌子上搁好。

哎,正好不久啊,政治部的刘鹏生主任下乡检查工作来了,吴维文赶紧就把这情况向刘鹏生主任汇报。刘鹏生主任看到这些东西也非常高兴,他立即给政治部宣传组的张桐组长写了一封信,大意就是这批东西很重要,让他一定要交到我的手里保管起来。刘主任派上开小车的马师傅把这批东西送到城里来了,交给宣传组的张桐组长。张桐组长也非常认真,马上派通讯员魏天喜送到文庙交给我,因为我在文庙住着。我一看这些东西非常重要,这是有关医药方面的简牍啊。当时,文庙里有省博物馆发掘磨嘴子汉墓后留下的一些化学

试剂,我用这些化学试剂又对简进行了保护处理。紧接着我把这件事打电话向省文化厅做了汇报,没有几天,省文化厅就派博物馆的人来了。他们来以后对墓葬进行了清理,把医药汉简就带到省博物馆去了,之后又通知我也去整理研究这批文物。我当时就去了,但我想我这水平不行啊,能参加什么研究?我就只是把发现的经过写下来。当时确实我在武威这边有事情呢,就说让省博物馆的专家研究吧,我就先回来了。

以后这批医药简出了一本书——《武威汉代医简》,是由甘肃省博物馆和武威县文化馆合编的。这批医简非常重要,一共是92枚。新中国成立前发现的汉简也不少,但医药简寥寥无几。这92枚医药简,超过了新中国成立前所有发现医药简的总和。况且,以前发现的医药简大多被帝国主义分子盗走了,所以我们的这些简就非常重要。特别是这些简里面,有内、外、妇、儿古代医学方面的各科,记载了30多种治疗疾病的汤头,有百种以上的药名,而且还有医药的禁忌、针灸等方面的内容,非常丰富。当时专家评定说,这是我们中国最原始的医学著作。因为在这之前确实也有不少医学著作如《黄帝内经》《伤寒论》啊这些,但是这些东西都是经过多次转抄,不是原始的,而我们这个就是当时记录的原始(资料),墓主人可能就是个医生,是实践经验的总结,显得非常珍贵。

《武威汉代医简》这本书由文物出版社出版以后,引起了全国的轰动,好多地方就用这里面的各种药方治疗各种疾病。我在杂志上看到,有的疑难杂症就用这里面的药方治好了。特别是古浪的张延昌,是甘肃省中医院的大夫,这个人对我们的医药简非常重视,出了两本书,一本就是《武威汉代医简研究》,(我没有看到这本书)另一本《武威汉代医简注释》,他给我送了一本。我看他写得非常认真。我就想啊,我们武威出的医药简,但我们武威医药方面的专家们还没有这方面的研究文章,张延昌先生就显得非常认真和独特。

孙寿岭:我在这里插一句,张延昌和我关系也很好。这个人啊,他在研究武威医药简的时候,确实吃了苦、费了功。他是学中医的大夫,所以他呢,治好了好多人的风湿病。这风湿病用原来的医药方子不好治,用我们医药简的方子都治好了。

党寿山:我再谈仪礼简,仪礼简是20世纪50年代省博物馆在新华磨嘴子墓葬里发现的。现在这批仪礼简已经定为国宝级的文物。这仪礼简最大的特点就是完整。第一,它有完整的 9 篇仪礼。第二,它不是散乱的简,是完整的一套简。以前发现的简虽然多,但比较散乱。第三,它是我们整个甘肃发现的简里面保存完好的,次序什么都很完整。现在我们看到简比较长,非常完整,字迹也很清晰,这个真是难得,所以说这最大的特点就是完整。

关于王杖诏书令简啊,我想多说两句。王杖诏书令简,那是 1982 年我们文管会征集回来的。那时候文管会刚刚成立不久,经费也非常有限。当时我们在全县范围内开展一次文物征集工作,希望能征集多少是多少,能抢救多少是多少。我们分了三个组,黎大祥他们一个组,还有一个组下乡去了,另外一个组在城里征集居民家里藏的瓷器。我们馆里现在藏的好多瓷器,就是那个时候征集来的。黎大祥他们参加的这个组,到新华去宣传党的文物保护政策,有个叫袁德礼的就把家里收藏的王杖诏书令简交出来了。

这个简是怎么到他手里的呢? 过程我不太清楚,党菊红写《武威文物背后的故事》的时候,我们到现场去采访过。我们找到袁德礼的后代了解情况。袁德礼的小女儿叫袁玉梅,她说当时还是生产队集体劳动,袁德礼开着皮车到旱滩坡去拉土。那里的土比较肥,做煤又好,垫圈又好。袁德礼挖土的时候挖破了一座汉代的墓葬,里面有王杖简。简原本有 17 枚,但中间第 15 枚缺了,他就把这些东西拿到家里了。袁德礼是民办教师,有点文化。他一看这东西很重要,就放在门头上面的一个坑坑子里,一直放着没有管。我们文管会征集文物时,他就把这些东西交出来了,所以我想了个题目是“袁德礼门顶藏汉简”。

这的确不简单,这些好群众把文物保护下来了。王杖简拿回来以后,按以前我就立即向省文物主管部门汇报了。但这一次没有汇报,我想我们自己试着研究一下,看行不行。我们这里参考资料非常缺乏,图书馆哪有这方面的参考资料呢? 非常困难,那时候又没有电脑。就是有电脑,我也不会用,只能手写。好在有黎大祥同志,我边写,黎大祥边给我誊写。省博物馆要编一本《汉简研究文集》,后来他们也知道我们有这批汉简呢。题外话就是,有一次刘毓汉书记到博物馆去,回来说老党,省博物馆说你发现重要文物不汇报,私自收藏。我说,刘书记,这可冤枉我们了,铜奔马发现以后,我没有拉到文庙,就先汇报了,这够及时的了吧;医药汉简拿回来,经过处理以后马上就汇报了。这一次,我们想自己研究它。刘毓汉说,对着哩,他也支持我。

省博编《汉简研究文集》,调全省有关的人去统一编写,把我也调上去了。

去了以后啊,我首先找的是张学正老师,因为几次办学习班,他给我们当老师的,我们很尊重他。他看了以后说,这不行,你放下,我写,泼了一盆凉水。我心里想,不行你给我提出些修改意见,我修改,怎么又你写呢?我又找初世宾馆长,初馆长的态度完全相反。他认真看完后,提出了好多修改意见。我非常感激他。我写完以后,又请他审查,他说写得非常好。

特别是我总结了那几条,他说我总结得非常好。我说是,第一点,当时在汉代,尊老养老制度已经在全国推广开来了,不是当时有些专家说的,汉代的尊老养老完全是一纸空文,是骗人的,尊老养老只能是一些达官贵人,他们回家后受到尊老养老的待遇,或者有亲属在朝里做官的,才能享受这些待遇。我就想王杖诏令简记载,有16个受王杖的老人被人欺辱了,最后欺辱老人的人要被杀头了。这16个老人都是达官贵人吗?都有亲属在朝廷做官吗?并且这些老人被欺辱不是亲属告发的,是老百姓告发的。欺负了老年人了,折断了王杖了。既然老人朝廷有亲属,用得着老百姓来告状吗?这不可能。这一点初馆长非常赞赏,给予了非常的肯定,说尽管别的专家是多么了不起,你提出你的观点。第二点,我总结了汉代尊老养老的三次大改革。第一次是惠帝时期减免老人的刑法,到宣帝时候,光减免刑法这一点还不够,提出给老人赐王杖等好多优待的措施,年八十以上授王杖。到成帝时候,觉着年八十以上授王杖有点太迟了。活到八十的老人太少,改成年七十以上授王杖,这优惠的条件是越来越宽。

初馆长对我总结的几条看法非常赞赏,他在对我的这篇文章的评论中说,我这篇文章是在王杖研究方面最权威的一篇。特别值得一提的是,日本的大庭脩教授对我的这篇文章给予了非常高的评价。这大庭脩何许人也?他是日本东西文化研究所所长,是教授,在世界各地讲学,被称为史学泰斗。他对中国历史文化研究非常深,所以他说我的这篇文章观点是十分正确,见解颇为精当。他说,在我之前,他看到中国在这方面的研究文章以后,对中国的历史研究感到担忧,但他认为之后的研究水平则令人吃惊,党氏的研究就是最好的实例。所以冯天民给我的书写序的时候,说能够改变像大庭脩这样的大学者对中国历史研究的看法,你功不可没。这对我是最好的褒奖。

这个王杖诏书令里有五份皇帝的诏书,是成帝时候提出了三项对老年人的优惠条件,说老年人到了70岁以上,就可以授王杖。王杖啊就是木棍子上面刻一个鸠鸟,鸠鸟是一种不噎之鸟,象征老人是不噎。得到王杖的人,就相当于有一个凭证、一个信物,好像现在的优待证书一样。被授予王杖的人,他们的社会地位提高了。他可以随便出入官府节第,可以在天子道上行走。天子道别的人不能走,有王杖的人可以走,其社会地位大大地提高了。减免老人的刑法,授王杖的老人,如果不是亲手杀了人,其他的罪都不予起诉。你看这多优惠。在经济上也给予优惠,授王杖的老人,干买卖不收税,种田不收租。并且,老年人可以在街上卖酒,当时一般人不能卖酒,只能由官府卖,授王杖的老人才有这个特权。

因此,王杖诏书令简公布以后,有些地方很重视,给我们来信,让我们复制一套。特别是有个省的老龄委员会,要这些东西。但我们那时还没有汉简复制的想法。所以说到这里,我有这样的想法,现在国家对老年人非常尊重,也提出了好多对老年人尊重的措施,我们当地的人,我们凉州文化研究院带头,能不能在这方面也做些研究,把武威国宝级文物大力地宣扬宣扬。

当然,武威汉简在书法这方面的贡献也是非常卓越的。省博物馆的徐祖番先生出了一本汉简书法方面的书。他写道,从这些汉简的书法来看,写了这些汉简的人,都是中国楷书、草书的创始人之一。人家评价这样高,我看也不过分,的确这些都是我们书法创始人之一。我在网上看到兰州大学文化艺术学院书法班明确提出来就是学习武威汉简的。我也同样想到,我们武威也有几个书画研究院,能不能在这方面做些研究?别的地方能研究我们的,我们为什么不能研究自己的?关于汉简的我就谈这些。

七、圣容寺《凉州御山石佛瑞像因缘碑刻》

李元辉: 您最后再给咱们聊聊圣容寺《凉州御山石佛瑞像因缘碑刻》的事吧。

党寿山: 1979 年,十陆医院在原来护城河的地方修家属楼,无意间推土机铲出了半截碑,就放在医院的里院子了。1981 年,武威县政协常委、博物馆的职工于竹山先生在十陆医院住院,无意中发现了这块残碑。他看了以后觉得很重要,马上向我们文管会报告了。我们文管会当时也很重视,就立即把这块碑拉到大云寺保管起来。后来敦煌研究院的孙修身看到了这块碑,提出和我们一起把这块碑介绍出去。因为这块碑非常重要,所以我就写了《凉州御山石佛瑞像因缘记碑》这篇文章,在《敦煌研究》上发表。

这块碑刻记述了当时永昌的圣容寺,包括我们武威大云寺修建的前后经过,并且用大段文字写了一个高僧叫刘萨诃的。他到各地区拜佛,走到永昌县之后停下来了,他说以后这座山上一定会有石佛出现。如果出现完整的,天下就太平了;如果出现残缺的,天下就大乱,生灵就要涂炭。到了北周时候,一阵风雨雷电过后,这山上真的是挺出了一个石像。但是石像没有头,大家就磕上头,请能工巧匠雕刻佛头往上按。但按上就掉下来,再按上还是掉下来,都不行。"凉州以东七里涧,夜有神光照像首",有一天凉州东七里涧天降佛头,大家想到这个头一定是石像的头,就用八抬大轿把佛头抬到永昌县去,还没有到跟前,还有一段距离,这佛头就一下飞到石像上去了,非常合适,这就是后来的凉州御山瑞像。

到隋朝,隋炀帝西巡,来到那里。原来永昌县修了寺院,叫瑞像寺,取名为圣容寺,后由隋炀帝改成感通寺。我们武威大云寺里发现的碑,怎么突然又说起永昌县的瑞像寺了?实际上隋炀帝改名瑞像寺为感通寺后,凉州的大云寺就叫感通下寺,加了"下"字,与永昌县的进行区别。关于寺院有很多的神话传说,这碑上都有记载。宇文邕的时候,要毁这个寺院,放火以后啊,突然天降大雪。寺院虽然烧了,而石佛瑞像还在。因为石佛瑞像就在山体上刻下的,烧不坏,所以这就很神奇。这个石佛瑞像的姿态,在敦煌的好多洞窟里面的画像、塑像都有类似的,是一个手垂着,一个手在腰间放着。

到天宝元年以前,根据我的理解,感通寺已经改名为圣容寺了。为什么这么说呢?如果是天宝元年以前山的前后有唐代的佛塔,天宝元年的这块碑一定会记载这样一件大事情。可是碑文并没有记载,说明这是在天宝元年之后这个地方才修建的塔。这塔上有乾元二年(759)的墨书题记,写在砖上,应该是塔建了没多久就写上了乾元二年,因此我认为,这个塔一定是在天宝元年以后乾元二年之前这段时间修的。一般寺院重修以后,要改名字,这个时候把感通寺改成圣容寺,完全有可能。我们从旁边不远的地方发现西夏千佛阁遗址,佛阁底座上有题记,就有圣容寺的名称,圣容寺之后才是千佛阁,所以到西夏的时候叫圣容寺。圣容寺和凉州的大云寺,同属于一个寺管理。这大云寺的寺僧和圣容寺的寺僧互相可以调换,碑文也有记载。所以西夏时候修大云寺的碑里面护国寺感通塔碑上有记载,就有这既管圣容寺又管大云寺的僧官参加这个盛典,说明当时他两个都管着呢。

　　西夏时候的圣容寺规模更加宏大,塔的题记记有"番僧"1 500人,番僧指的就是党项僧,光党项族一个民族的僧人在那个寺院里面就有1 500人,那么其他汉族、藏族,这些民族加起来,起码在三四千人,这个规模是相当大的。圣容寺旁边一个山上有50多个佛龛,就是高僧圆寂,在那里开个龛,里面存放他们的骨灰,都是一排一排的,可见当时寺院规模之大。所以,永昌县对这方面很重视,打圣容寺的招牌发展旅游业。我想这是很有必要的,如果再能把西夏千佛阁遗址好好地整修一下,意义更大。

党寿山先生参加西夏学国际学术研讨会
(供图:党寿山)

（李元辉、李文钧整理）

复活西夏泥活字印刷术的孙寿岭

孙寿岭

孙寿岭先生和他的泥活字印刷术
（摄影：赵启翔）

1942 年 6 月 25 日出生，2023 年 2 月 6 日逝世。著名西夏学学者，中国社会科学院西夏文化研究中心学术委员，武威市凉州文化研究院名誉研究员。曾供职于古浪县文化馆、武威市博物馆、武威市文化馆。他亲自制作、刻印、烧制泥活字，排印西夏文《维摩诘所说经》，在《中国文物报》《国家图书馆学刊》《中国印刷》《陇右文博》等报刊发表《武威发现国内最早的泥活字版西夏文佛经》《再谈西夏文〈维摩诘所说经〉是泥活字版本》《"薄如钱唇"辨析》等论文，进一步详细论证该经的泥活字版特征，为中国活字印刷术的研究做出了新的贡献。

孙寿岭先生重点讲述了武威亥母洞遗址《维摩诘所说经》的发现、保护、研究过程，他独辟蹊径，通过复活西夏泥活字印刷术，证实了《梦溪笔谈》中中国最早发明了活字印刷术的记载，廓清了相关误解与质疑。在访谈中，孙先生又对武威的西夏瓷窑、酿酒术、武庙、佛教历史进行了深入揭示，并对文物保护工作提出了由衷的期望。

一、亥母洞遗址西夏文书的发现

李元辉：孙先生，您好，武威亥母洞遗址出土了很多珍贵的西夏文物，有力地推动了西夏文化研究的进展。请您为我们讲一下发现经过。今天您给我们先聊一下武威亥母洞遗址。它里面出土了很多西夏文物，它是怎样发现的？

孙寿岭：好的。这要从 1987 年说起。有一天晚上，突然胡宗秘馆长拿着一页纸说，孙馆长，刚才公安局的徐历祖拿来了一页纸，说是从亥母洞拿来的，这一页纸上的字我认不得，是不是西夏文？你看一下。

我一看，哎呀，好啊，正是西夏文。我问是哪里的，他说，这是亥母洞的。我说，我很想到那里去。文物普查的时候，市里的文博部门已经去过了，那时候我还不在武威市。我说这次正好是个机会，明天我们去看一看。他说他没时间，让我明天自己去。

黎大祥那时候下乡去了，正好我看党先生（党寿山）房子里的灯亮着呢，就隔着窗子敲，告诉他说亥母洞发现了文物，明天我们去看一下。党爷说明天他有事。我说发现的是西夏文的一些经文，党爷一听是西夏文马上决定明天和我一起去。

第二天早上，我还没吃饭，党先生就已经来了，等着我。我们坐的是博物馆的客货车。到了亥母洞，一看那里拆得乱七八糟的，我们就赶紧找人询问管理人员在哪里。正好来了一个老汉，姓乔，人们都叫他老乔爷。我问老乔爷这儿最近是不是发现了些东西。他说，确实发现了些，并问我们从哪里来。我说我们是博物馆的，搞文物的。他就请我们到大殿（临时盖得大殿）里坐。

进到大殿里，又进来一个人，姓张，叫张发林。老乔爷说，张发林都知道，让他说一下。张发林就说开了，说这个洞子里发现了好多番文，叫番经，这番经多得很，一弄就是两麻袋，就是那种蛇皮袋，瓷实（东西挤压得很紧）地装了两蛇皮袋。

张发林又接着说，当时正好开展扫黄工作，公安局的工作人员一天到晚缠绕（纠缠）着我们，我们最后没有办法，只好把两麻袋番经烧掉了。临烧之前，我看（文字）整齐的、比较好的，就偷着拾了些，塞到窑洞的石缝里了。

张发林把保护下来残存的番经拿过来，我们一看，非常惊喜，太珍贵了。其中一本非常完整，还有其他零散的几十页，都是西夏时候印刷的各种版本的经文。张发林说像这样厚的一沓一沓的，共有两麻袋都烧掉了，就留下了这些。接着，张发林又拿来一些烧着剩下的。我们一看，这是唐卡啊！我们只好把没有烧掉而保存下来的一些唐卡和经文都拿到博物馆保存。

第二天，我和党先生又去了。果然又有收获，一些老奶奶们说，你看我们悄悄藏下的这些东西，有用没用？我们一看，是西夏时候的绣花鞋，就是专门敬献佛爷的供品，仅有三寸金莲那么大的绣花鞋，特别漂亮。还有其他的一些文物，如经文、账单、石雕佛头等，我们就都收拾好。一些老鼠洞里塞着成堆的西夏文纸屑、瓷片、壁画残片，我们也一并带回。就这样又收拾了一袋子。

我们走了以后，老乔爷又给我们编了个"保护文物"的故事，说我和党爷两个文物工作者，确实"饿"极了，把那个纸头渣渣子、瓦片渣渣子、石头块块子、石头疙瘩子（实际是石佛像）都拾上，如获珍宝地拿走了。老乔爷把我们文物工作者比喻成饿极了的人（意思是文物的"物"与武威方言"饿"同音），这就说明，当时在亥母洞流传出了一则故事，就是我们保护文物的故事。

我们回来以后，赶快把收集到的各种文物拿出来初步整理，有石质的、木质的、绘画的，还有各种印刷版本的，有雕版印刷的、木活字版的、泥活字版的，等等。那时，我自己也稍微认识一些西夏文字，每天一边学习西夏文，一边翻译。经过翻译，我发现是一本叫作《维摩诘所说经》的佛经。

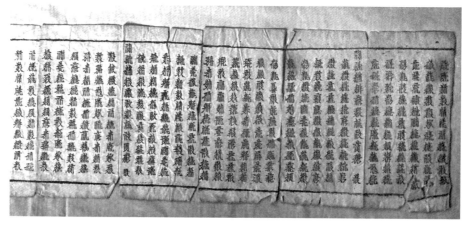

西夏文《维摩诘所说经》残卷
（供图：孙寿岭）

　　我和党先生商量,发现的文物这么多、经文这么多,我们必须让地区、市里的领导知道。最后我们商量,搞一个小展览,把所有亥母洞出土的这些东西都陈列展览出去,把地区、市里的(原县级武威市)领导请来看一下,让他们知道亥母洞出土了这么多珍贵的东西,然后请求领导拨给些经费,我们再清理、挖掘、修复洞窟。

　　地区、市里的领导们一看,亥母洞还出土了这么多珍贵的西夏文物。通过我们现场的讲解,领导们非常高兴,当场拍板拨给我们5 000块钱进行清理。过了几天,5 000块钱已到,黎大祥也回来了,就负责在亥母洞清理。一清理,寺院的建筑地基等都清理出来,又发现了好多的文物。最后经过清理发掘才知道一号洞口向南一直通向远方,根据老百姓的说法,这个洞非常长,从这里进去以后,沿着这个洞一直走,就能走到青海,和青海的塔尔寺相通。

　　有一个传说故事,说青海塔尔寺的一个和尚,知道凉州亥母洞是亥母娘娘的出生地,一直想到凉州来看一看亥母洞。他从塔尔寺出发,一路步行化缘,云游天下,在路过的各个寺院讲经说法,一直走到凉州的亥母洞,大概用了半年多的时间。和尚到凉州亥母洞以后,发现这个寺院依山洞而建,建筑宏伟,僧人众多。这个和尚一进亥母寺院,门口一条小白狗摇着尾巴向他跑来。他一看,这狗竟然和自己在塔尔寺养的那条狗一模一样,于是高兴极了。一问亥母洞寺院的僧人,僧人说这狗在三个月以前从亥母洞里钻出来的。这个和尚一听,说这个亥母洞和我们塔尔寺的那个洞相通啊。我离开后,养的狗也待不住了,顺着洞就先到来了。人们这才知道这个洞和青海塔尔寺相通。

　　我刚才说的张发林,他也是对文物保护、寺院保护有贡献的人。当时他听人说,这个亥母洞据说和塔尔寺相通,就想进去走一走,看看能走到哪里。最后他带了两个人,拿了几支蜡烛、手电筒,就进到洞里。一直沿着洞走啊走,走着走着一支蜡烛熄灭了,又点亮了一支,继续走。走着走着第二支蜡烛又灭了,一看这洞深得还没尽头呢,他们害怕如果第三支蜡烛熄灭以后还出不去了咋办?留下一支回头出洞吧。最后他们点着第三支蜡烛就往回走了。走到半路,蜡烛又熄灭了,就打开手电。不知怎的,在洞里手电光只能照亮一团团地方,其他看不清楚,反而是蜡烛更清楚一点。他们就顺着手电筒的一点微弱的亮光慢慢摸着走啊走啊,不知走了多长时间,突然看见前面有了亮光了,看见洞口了,他们就出来了。

张发林说,洞深得很,我们走了那么长时间,还是洞。所以说这个洞和塔尔寺相通也有道理。那么洞里还有没有其他东西?他们说走一段,就有一个挖开的空间较大的洞窟,也没有细细看,也不敢看,因为拿的蜡烛就快燃完了。

我们听了以后,就说把后面的洞窟再清理一下,因为当时我们有5 000块钱,相当于现在的五六万呢。结果把最后的那个洞子(四号洞窟)也清理了。就在清理二号洞子的时候,发生了一件大事情。当时杨晓喜带领人清理洞窟,到中午要休息一下,出来吃晌午饭。喊了几次,他们就出来了,多数人出来后,有一个人还在里面收拾东西。他们就喊,快出来,吃晌午饭了,再不要干了。那个人刚出来,还没有走出洞口,听到"轰"的一声,刚才他们清理的地方,上面塌了下来,把刚才干活的地方全都埋掉了。他们吓了一跳,说,哎呀,如果不是要吃晌午饭,今天一班子人就都埋掉了,这就了不得了。老奶奶们就都说,这是佛爷保佑着呢,不是佛爷保佑,他们就埋掉了。当然,这是老人的一种观念而已。

从这以后,我们一到亥母洞清理,亥母洞附近村子里的老人们就把自己家里放的一些文物都交了出来。我和党先生就对他们说,以后公安局人再来,你们就说,孙馆长和党主任说了,这是有文物地方,你们收藏了文物,是保护文物,不但不追责,而且要记功奖赏,但不能私藏。

我和党先生回到城里,就申请市里给收藏文物的村民们奖励。老乔爷很感激。后来,时间不长,老乔爷就去世了。

从那以后,我们一到亥母洞,老百姓纷纷夸我们,说他们告诉公安局的同志,党主任、孙馆长说,这是有文物的地方,是他们保护了文物,不但无罪,而且有功。公安局的同志一听,说党主任、孙馆长我们熟悉,就按保护文物对待。所以,那里的老百姓更加爱护文物了,一旦发现文物,就收拾着藏下了,再不烧再不扔,把佛塔都保护得好好的。

二、《维摩诘所说经》是中国发明活字印刷的珍贵证据

李元辉:孙先生,亥母洞发现的这些经文,它们的内容是什么啊?请给我们谈谈吧。

孙寿岭:亥母洞发现的经文带回去以后,每一页我都细细看了,有多少种

类型、有什么经文，一页一页地看。其中那本完整的经文，我一翻译，是《维摩诘所说经》。最后我又细细和其他版本对比，看有多少个版本。当初一看，大大小小一共有24个版本，有大的版本，有小的版本，经页比较多；后来又细细一看，没有这么多，也就十多个版本。

在十多个版本中，比较完整的这本宽28厘米左右，长32厘米左右；竖排，每页7行字，每行17个字，有些是18个字，个别的一行19个字。我一看这个与众不同，就是活字版本了。因为雕版是每一个版本先做好木头板子，然后画格子，多少个字就画多少格子，每一竖行字数都是一样的，横排每一行字也是整齐的，竖行每一行行距笔直，而且宽窄一致。而这个版本行距歪斜不一致，因为这是活字版本。

既然是活字版本，又是哪种活字版本呢？我细细一看，木活字吧，不像。我小的时候也是爱刻名章，爱在黄胶泥上刻，烧着玩。这部经文看着像黄胶泥上刻的字，软软兮兮的（松软的样子），磕磕绊绊的边角不齐，有点像泥活字版本。我就再细细地看，再分析，然后把所看的总结了一下，雕版的多，有几种是活版的，有几种和这个《维摩诘所说经》一样，也是泥活字的。

但是不是属于泥活字版本呢？当时，我就给省博物馆的陈炳应先生（那是我学习西夏文的老师之一）打了个电话，告诉陈老师，最近我们武威亥母洞发现了许多西夏文物和各种文字版本经文，还有唐卡和其他文物，请他来看一看。他问什么时候发现的？我说就是春节前，有一段时间了。他说，那太好了。

那年正月初五，陈炳应先生就来了。他来一看以后，惊讶地说，哎呀，竟然有这么多的东西，这么多的经文。我说我们库房里还有啊，唐卡都在库房里。他非常高兴，看完后，又坐下和我细细研究这些经文。我说这本《维摩诘所说经》是泥活字版本。他问，为什么是泥活字版本？我说，一般而言，雕版印刷都比较规范一点，大小都差不多，横竖行距、字距宽窄一致，行距都是直直的。就算不太规范，也没有这么悬殊。而这个《维摩诘所说经》，多数是17个字一行，但还有18个字的，最多有19个字。这19个字的，它挤一些，小一些，所以排了这么多。

陈老师又问，你说是泥活字，凭什么说是泥活字？我说，我小的时候爱刻泥章玩。泥上刻字，用刀和所刻笔画都不同于木头上刻的字。你看刻下的字，比如说这个一竖，一刀它刻不完整。如果是泥上，一竖要是刻通的话，一烧就断了,所以竖也是分开刻的,不垂直的。如果前面有横,它也是顺着那个横来再刻,所以横不平,竖不垂直,角不成角,方不成方,印出来的字笔画气眼较多,行格更是宽窄不一。你看这个,有时候窄,窄到不足1厘米,只有3毫米,宽处有1厘米多。横呢也是这样。所以我认为,这就是泥活字版本。

陈老师一听以后,说这是个大发现啊。当时美国有一个学者,给中国文化部打电话,说韩国再过三天要开一个《无垢净光大陀罗尼经》的发布会,说这是铜活字印刷的版本,是世界上最早的活字印刷版本,从今以后,不能再说活字印刷是中国发明的,而是韩国发明的。于是,文化部立即在印刷界组织了一个代表团,由印刷博物馆的魏志刚、潘吉星、孙机三人组成。他们去了以后,发现韩国街上挂的标语,上面写的是"热烈祝贺韩国发现了活字版本""活字印刷是韩国发明的"。他们把发明的城市庆州定为他们的历史文化名城。

会议期间,韩国就讲了活字印刷是他们发明的,其铜活字印刷世界第一。我们的专家就发言了,说印刷术的发明,世界各国都知道,是中国最早发明了活字印刷,是我们的毕昇发明了泥活字。发言结束后,韩国大大小小的专家,秩序没有了,礼貌没有了,纪律没有了,一下围上我们的专家,说你们的毕昇发明了泥活字,把你们泥活字证据拿来看,把你们的印刷版本拿来看。我们的专家只能说,《梦溪笔谈》有记载,写得清清楚楚,毕昇发明了泥活字。因为历史太久,这东西就遗失在历史中了,但有文字的记载。韩国的专家就说,《梦溪笔谈》是谎言,我们专家按照《梦溪笔谈》的记载也试着做了,就是做不出来,印不出来。

会议结束后,我们国内也有不少专家持怀疑态度,有人说,毕昇泥活字不能印刷,要跳出《梦溪笔谈》的误解,跳出毕昇发明的束缚。我们的《梦溪笔谈》是由沈括写的,沈括当时才二十岁左右,那么年轻知道什么,记载也许有出入。我们的专家研究了多少次,也说了泥活字不能印刷。

1987年,正好在武威亥母洞出土了这本《维摩诘所说经》。陈老师看后,认为这非常重要的,让我立即写篇文章,先在《文物报》上报道一下。所以我当时写了文章,但可能是由于泥活字印刷术没有证据,《文物报》一直没有刊登。后来到1994年,国家文物局朱启星先生负责文物报社,他发现了我在《文物报》上刊登的一篇关于西夏文及西夏瓷器的文章。他读过以后,给我来信说,这篇文章写得好啊,内容还是很新鲜的,特别那些西夏瓷器的照片太漂亮了,希望能洗几张给他,还有什么文章一起寄来。大概是在三月十几号,我给他打电话说，把这几张照片都寄去了，还希望他再查一查，四年前给文物报社投过一篇关于泥活字版本的文章。他问，有泥活字吗？我说有泥活字版本呢。他说，太好了，我立即查。大约在三月二十几号，他给我就来电话了，我那时候还在博物馆里。他说你的文章我找到了，非常好，准备在 3 月 27 日登报。结果 3 月 27 号这篇文章就刊登了。

当时这篇文章刊登以后，还有些专家学者说这是胡说八道，我根本不懂版本学。有一次开研讨会，我们的黎大祥馆长参加了，回来之后就告诉我会议情况，说某某某先生对你的泥活字不予赞同。后来我连续发表几篇文章，这个老先生也认识到，他专门到武威来，看一下这是不是泥活字版本。他来了，我就给他讲解为啥是泥活字版本，怎么看，怎么认，并且我已做出泥活字版本，现在印刷成功了。我说，你们所谓的做不成泥活字版本，是没有把《梦溪笔谈》中的文章读懂。首先，你们把"薄如钱唇"理解错了。他说"薄如钱唇"不就是字印的高低吗？我说，错就错在这一句，"薄如钱唇"并不是字印的高度，字印就是

孙寿岭先生制作的西夏文泥活字印版
（供图：孙寿岭）

字丁,也就是名章的高度,"薄如钱唇"是字刻的笔画的粗细,细的时候就跟铜钱边缘那样细薄,每个铜钱的边有上下两个楞,就跟楞一样细,边不等于缘。再一个,钱唇,你们也没有理解透。我俩详细辩论以后,他又看了我印好的泥活字版本,请我详细说一下制作过程。我介绍完以后,他说,他要重新写篇文章。最后,他又重新写了一篇文章,在《中国印刷》上发表了,完全把他以前的错误观点纠正过来。中国的许多学者对于这个"薄如钱唇"也是理解不清,所以就做不出泥活字。

我把泥活字版本做出来以后,史金波先生他们听到了,专门来看了一次。接着,印刷博物馆、《中国印刷》杂志社的专家都来看了。他们看了以后才明白,以前把"薄如钱唇"理解错了。印刷博物馆请我去,讲一讲什么是泥活字,怎么做泥活字,并指导他们做泥活字。我就讲了对"薄如钱唇"的理解。当时印刷博物馆和印刷学院的教授也来了。有一个教授说,"薄如钱唇"就是钱边那么高,2.5毫米啊。我问钱边是什么? 他说,钱边者,就是钱的边缘么,就那么薄,2.5毫米厚。我说,错,你们错就错在把钱唇当钱边。钱唇者,正是这个钱边的上棱和下棱,也就是上缘和下缘,这才是《梦溪笔谈》里所说的钱唇啊,也就是上唇和下唇。我这样一说,印刷学院的院长、博物馆馆长都说对。"薄如钱唇"就是说胶泥刻出的字的笔画非常细而薄俏,不是指钱边,而是钱的边之缘。那么印刷刻的字丁"薄如钱唇",不是说字丁的高度,字丁的高度2.5毫米怎么印? 它要放入蜡水中,能放吗? 所以,许多学者都弄错了,就把钱唇当成字丁的高度,所以做不成功。正因为这样,国内的许多专家学者都认为泥活字不可能印刷。还有的学者把"薄如钱唇"认为是刻字的深度。如果我们刻一个1厘米的字,你的深度1毫米就够了,但是我们再放大一些,刻10厘米的一个字,恐怕得刻5毫米到1厘米的深度,刻1米大的字,那就得两三厘米了,能够作为深度吗? 因为胶泥刻字,"薄如钱唇",它并不是固定了那个字,而是说,不管大字小字都是随刻字的大小而决定刻的深浅,字小刻得浅,字大刻得深,所以说"薄如钱唇"不是指刻字的深浅,是指刻字的笔画的粗细。你就刻上一个斗大的字,这个笔画有五六厘米粗,或者有十厘米粗,例如一撇,开头那样粗,到最后收尾的那一点点"薄如钱唇",收尾的那点笔尖,就是所说的"薄如钱唇",就非常薄细了。更不要说刻1厘米大的字。如果要是在这个字中刻四五竖或五六横,材质不好会刻断。细,一笔一画,细到"薄如钱唇",如同钱唇那样细。所以，只有认识了这个问题，才能有正确的答案。正因为这样，许多专家对这个问题认识不清，就不可能做成泥活字。读懂了它的关键词"薄如钱唇"，就能成功制作泥活字。

三、泥活字印刷术的再现于世

李元辉：孙先生，为了证明您的学术观点，接下来请您给我们讲一下您是怎样制作泥活字的。

孙寿岭先生制作的西夏文泥活字
（供图：孙寿岭）

孙寿岭：好！一提起制作泥活字啊，这个也是比较曲折的。我在杂志和报纸上发表文章后，很多专家都知道了。首先，史金波、白冰等社科院的专家知道以后，都来看泥活字版本。我就说白老师、史老师，你们看是不是泥活字版本？他们都说完全就是，并且支持我文章中的观点。宿白先生知道以后，也专门来了，又叫我讲讲泥活字的道理。我就一一介绍了，然后问宿白先生对不对。他说，你讲的这个，应该是泥活字版本；但是不是泥活字版本，泥活字究竟能不能印，我也没见过，我希望你按照毛主席说的，不知道梨子的滋味，亲自尝尝就知道了。我一听以后,说对。他说,你刻上几十个字,看能不能印。后来史金波先生也说,对呀,你亲自动手试一试。史金波是怎么注意这个的呢,因为我的文章一发表以后,史金波先生他们在社会科学院的报纸上大力宣传。社科院把我的研究成果报到国家文物局,他们开了由全国著名专家、版本学者参加的研讨会。

我没有参加这个研讨会。据说,开研讨会的时候,专家们说从来没见过泥活字啊,这个版本就更不认识了。主持会议的是史树青老先生,史树青老先生他认为这就是泥活字版本。当时,会议上有一个国家博物馆的专家插话了,说史老,你说是泥活字版本,你见过泥活字版本么? 见过泥活字吗? 史老哈哈一笑,说没见过,从来没见过。那个专家就说,对啊,既没见过泥活字,又没见过泥活字版本,为啥说是泥活字版本啊? 史老哈哈一笑,说对对对,我收回,让大家说吧。最后会上就只定为活字版本。

史金波先生在会议结束后,立即给我打电话,说大家在会议上都没认定是泥活字版本,只能说是一级文物的活字版本,究竟是木活字、铜活字、泥活字,都没定,不敢定,认不得,你有啥好的办法没,拿出最有理的证据来。我说有啊,宿白先生说了,让我按毛主席的那句话,自己动手制作泥活字。他说,那好,你应当这样做,你就拿出尝梨子的滋味,用科学方法做出有力的验证,对这件事情做个定论。所以从他们说过以后,我就开始吃梨子了,尝尝它的味道。那时候条件也好,让我到文化馆当书记。我到文化馆去以后啊,冯馆长让我一心制作泥活字。所以我回到家里,就是和泥,刻字,烧字。有时候到了星期六星期日,刻下一二十个,放到做饭的蜂窝煤炉子里烧。烧着烧着,人就睡着了,忽然听到"啪、啪、啪"的声音,赶快一看,原来火力太旺,泥活字没有烘干就烧,裂开了;炉子也灭了,字也成了灰了,只能再重刻。

有时候白天烧上,老婆子(老伴)在学校里上班,下班回来以后,泥活字裂开把炉子弄灭了,还得重生火烧炉子,重新收拾做饭。所以老婆子(老伴)也不高兴,说你一天泥了土了的,把屋里弄得这么脏,炉子也经常弄灭,吃不上饭。所以我白天一般不烧,晚上不睡觉,开始烧。有时候一觉睡起来,一炉子泥活字也烧好了。老婆子(老伴)看在眼里,每夜睡不着觉,觉着我孽障(可怜)着,说你快睡觉去,我给你看着烧吧,她也就参与进来了。有时候早上起来,取开炉子盖,先把泥活字收拾掉,再生火做饭。所以在老婆子支持下,在文化馆的支持下,经过了整整三年多的时间,泥活字做成了。

在成功的路上,也获得了许多经验和教训。排版也是按照沈括的记载,用蜡、松香、纸灰。我就买了石蜡和松香,都和上,熔化了以后,再把烧好的泥活字摆上。排版的字一个一个放上以后,这个蜡熔化成水了,都直接落了底了。因为字烧过以后,火力过强的,收缩就厉害;火力不强的,收缩得不厉害,一高一低,高低不平了。再看《梦溪笔谈》原文,原来还有"纸灰冒之",纸灰不用不行。我立即又把纸烧成灰,和到蜡水里面,就成糊浆了,字摆上后不落底了。排好版,它还是软的,然后扶正,用一个平板压下去,压平。一压有些字就歪掉了,排不整齐了,再拿一个补上,再压,再扶,扶直。不论怎样扶,无论怎样压,它还是歪歪斜斜的,所以,印出来以后,有行距宽的,有窄的,所以宽窄相差很多。

通过这一次按照《梦溪笔谈》记载的程序实验,才知道,泥活字是能印刷的。有的专家学者做不出来泥活字,就是没有读懂《梦溪笔谈》中的关键词"薄如钱唇"。清代末年翟金生先生做了泥活字,印了好几本书。他的那个泥活字,不是胶泥刻字,而是胶泥铸字。什么叫胶泥铸字? 就是在木头上或者在石膏板上把所用字正面阴刻好,然后把泥放在上面再按压。压出的字,就是泥铸的字。铜水灌上是铜字,铅水灌上就是铅字,都是金属铸字,而不是胶泥刻字。翟金生的版本,笔画很匀,横是平平的,竖是直直的,基本和木活字差不多。正因为这样,所以它和胶泥刻字也是不同的,《梦溪笔谈》上所谈的,毕昇搞得是胶泥刻字,而不是胶泥铸字。

这一版印出来了,为了节约时间,这一版上的蜡一熔化,下一版再排,不够的字现刻现补,再这样一版一版印。所以我的版本也是这样做的,最后也只剩一版是完整的,别的都拆了。当然现在武威也有仿制我的人。

四、西夏瓷窑的发现

李元辉:请您给我们讲一下您是如何认定古城镇的瓷窑为西夏官窑遗址的?

孙寿岭:古城瓷窑遗址,又称西夏瓷窑遗址(官窑),历史很悠久,我们和党先生、黎大祥馆长,经过多次的清理发掘,特别是省博物馆、省考古所也进行了

孙寿岭先生和他研发的西夏风格瓷器
（摄影：赵启翔）

清理发掘。在那里发现了很多窑，有马厂的、马家窑的、齐家的，出土的东西各个时期、各种类型的都有。从出土文物可以看出，新石器时代这里就开始烧窑了，一直到汉代；魏晋南北朝时期，已开始烧制青瓷了，青瓷片发现了不少。瓷窑那里发现的最大的一个陶器是魏晋时期的一个陶缸。到唐代时候，这里的瓷器发展更进一步了，开始烧制黑瓷、白瓷。

特别是当时出土了一个永隆元年（680）纪年的瓷器碎片，收藏在博物馆的库房里，还有出土的西夏经文。

发展到宋代，我们这里就是西夏时期，瓷窑的规模非常大。根据流传下来的说法，那时期古城就有 48 座窑，都是穹弓顶的窑。当时官府为了管理瓷器烧制，专门筑了一座窑城，有一条河为界，河南为窑城，河北又筑了商贸城，叫作云城。为啥叫云城？因为瓷窑多，烟雾缭绕，在空中久久不散，一直在城头盘绕，人们称之为云城。所以在这个地方出的西夏瓷器多而且销售范围很广，它最远的地方可以达到二沟山。山上老百姓讲过，他们种地时，在山上挖出一个窑，窑里是满满一窑的碗和其他瓷器。当时我从博物馆调到文化馆了，就没去成。张吉林当上文化局局长以后，就和我、黎馆长、冯馆长一同去了。我们到了塔尔庄，正好村里的老队长死了，其他的人都不知道窑的位置，就没有看成。但那次去收获很大，发现了白色黑斑马头和一包西夏钱币。直到现在我还惦记着那个瓷窑，究竟在哪个山的哪个沟里，里面烧了些啥，都不知道。

古城瓷窑出土的东西也是比较多的。距离古城瓷窑中心 5 里路的塔尔湾，有一个西夏时候的寺院遗址，在寺院不远处，随便一挖就有西夏瓷器出土。古城瓷窑出的西夏瓷器有专门的人进行记录，例如光定四年（1214）四月三十日郭善狗家瓮。所以，有纪年的东西也很多。当时我们在地埂上还捡到窑具，上面有凉州府的府字，说明是官府烧的；有的瓷器上面有官窑的"官"字，虽然烧得模模糊糊不太清楚，但"官"字还能看出来。另外，这里出土的西夏的槽瓦和小磁瓦和宁夏灵武窑烧制的西夏帝王陵用的尺寸、大小、型号是一模一样的。所以，这个古城瓷窑是地地道道西夏官窑。西凉就是西夏辅郡，所以，这里是西夏主要的官窑遗址，是无可非议的。我在历次的研讨会上写了好多文章，都认为这里属于西夏官窑，并且规模也很大，根据文物的出土范围、种类、数量以及发现的窑址等，比宁夏灵武官窑遗址要大得多，在方圆五平方公里的地方都有瓷窑遗址，并且不同年代的、不同型号的、不同类型的窑坑很多。所以我们把它认定为西夏瓷窑，属于省级和武威市文物保护单位，国家文物局也有登记。这么大规模大的西夏官窑遗址，放到全国也是首屈一指、独一无二的。

五、凉州美酒甲天下

孙寿岭先生在接受采访
（摄影：赵大泰）

李元辉：孙先生，请您谈谈历史上凉州酿酒业的发展情况。

孙寿岭：在古城瓷窑出土的西夏酒具中，我们发现了酿造瓮。酿造瓮都比较大，底部外侧开一个小洞，蒸馏酒酿制之前要发酵，这个小孔是排废水的，他们叫黄水，废水流掉之后酒曲就不坏。除酿造瓮、酿造坛外，还出土有盛酒的酒坛子、酒杯、酒碗、酒瓶等，现在的坛藏酒瓶就是根据西夏酒具设计的。

正是由于出土了这么多的西夏酿造瓮、酒瓶、酒坛或日用器具，所以证明了凉州的酒文化源远流长，也就是发明地。在西夏时候凉州酿造白酒以后，在元代又传到了爱喝酒的蒙古人那里，元代中后期又传到了全国。现代的酒学家们都说，元代中后期才传来了蒸馏白酒。实际上，蒸馏白酒在西夏时候凉州已出现，以后逐步向内地传播。所以，凉州酒在西夏时很有名，是西夏国酒，进贡给辽国、金国。特别辽朝的辽道宗、辽穆宗时候，他们舍不得喝进贡的凉州酒，给宋朝进贡。说明凉州酒口感好，品位高，是西夏的国酒，进贡给辽、金、宋也是最高档的。所以凉州的酒文化是历史悠久的。

说到酒，我再说说凉州葡萄酒。凉州葡萄酒也很有名啊，早在汉代时候，张骞通西域，凉州已经有了葡萄酒，并且非常有名了，因为凉州是西域的门户，从西面引来了葡萄种植业。所以在汉代，凉州的葡萄酒名传天下。孟佗，一个扶风人，知道凉州的葡萄酒有名的很，拿了一斛，也就现在的一瓶吧，送给朝廷权贵，换了个凉州牧，这个故事引为佳话。在三国时期，魏文帝曹丕给凉州的葡萄酒写了葡萄诏，这是中国历史上第一次也是最后一次，皇帝给酒写诏书。凉州葡萄酒当时是魏国的国酒。一直到隋唐，文人墨客喝着葡萄酒，吟着诗，所以隋唐的诗里葡萄酒写了很多，比如《凉州词》里的"葡萄美酒夜光杯"。到清代，有"过客倾囊质宝刀"之诗句，宝刀换酒盛名远传。这说明凉州酒一直都是非常有名的，源远流长。凉州酒这样有名，从古时候一直到现在，诗词吟唱、历史故事中讲凉州酒的很多。武威酒厂所在地原来是海子，叫灵渊池。我们的冯爷(冯天民，武威文化馆原馆长)还写过灵渊池的故事，写灵渊池的水是如何变为酒的，非常有名的故事。所以我们建议这个地方要建一个酒文化博物馆，因为这里有酒的酿造池，有酒窖，有酿酒的工具，一应俱全。

六、与众不同的武威武庙

武威武庙遗址(现武威十中校内)
(摄影:赵大泰)

李元辉:孙先生给我们讲一下武威武庙,它的规模有多大? 里面供奉的是哪些武将?

孙寿岭:好! 一提起武庙,老人们都知道。年轻人只知道武庙在啥地方,但具体怎么回事、来源都不知道。根据老人的口口相传,以及一些史料的记载,武庙来源比较早。汉武帝建立了河西四郡,凉州当时叫姑臧,其中姑臧设立了武威郡,又在武威郡设立了武庙。为啥要设立武庙? 汉朝的武功军威达到了西部地区,为了纪念就在武威设立了武庙。据老人说,武庙里面供奉的有汉武帝、卫青、霍去病,还有其他一些当时的战将。

李元辉:这是你查阅资料得出的结论,还是考察后得知的?

孙寿岭:这是在 20 世纪 80 年代,大概 1986 年,一个 80 多岁的老先生给我讲的。他说武庙就是代表了汉家王朝的军功武威。

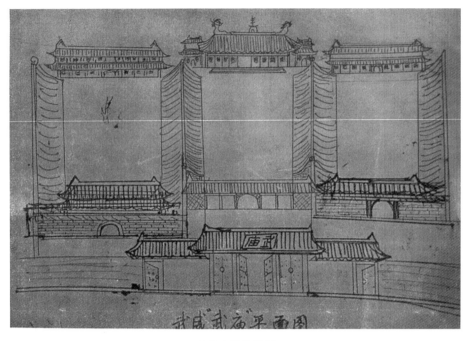

武威武庙复原图

（供图：孙寿岭）

　　李元辉：武威武庙的建筑规模有多大？

　　孙寿岭：武庙一共分为三个院子。当时他简单地给我在笔记本上画了一下，我根据他说的又画了一张图。武庙一进三院，中间有山门，正门进去有过殿，过殿进去两面是廊坊，最后面是大殿。这个大殿是佛殿顶的（歇山顶）。建筑模式上分为佛殿顶，一般是皇家住的才能是佛殿顶。

　　中间的大殿东西两边有角楼，角楼两边开一个角门，角门进去就是东西边配院。那位老人说，两边的配院都是楼院。后来大殿里的一切都拆掉了，成为祁连公司的一个库房了。1927年大地震后，东西两院住进了市民，自然就成了民房，当时的祁连公司还在这里盖了办公室。

　　武庙在全国来说都是很少的，因为并不是全国各地都建有武庙。为什么在武威有武庙？我所知道的是，汉初，为了展示汉朝收复河西四郡的军功武威，才在武威设立了武庙。所以它的规模较大，一进三个院子的。在武威，东有文庙，西有武庙，这是非常完整的。在1987年，武威市上制定了五条规定，武庙划定为文物，由哪个单位使用就由哪个单位管理，不能买卖，不能随意改拆,必须保护它的原貌。

李元辉:有一个重修武庙的碑不知道在哪里?

孙寿岭:下面我说一下重修武庙碑。那时候还没有文物局,我就拓了片,讲为什么这是文物,武庙碑里面是怎么记载的。碑文模糊不清,就是最后的年号还能看得清。所以,武庙是我们武威非常重要的文物,也是汉王朝统一河西的见证。

李元辉:武庙的修建以及规模都是民间口口相传下来的?

孙寿岭:有口口相传,也有文字记载。我们的文庙呢,实际在西夏、元代就有,又因为实在破烂,规模又小,明代正统四年(1439),在原来的基础上重新修了。但武庙呢,可能还保护得比较好。武庙从规模上来说,可能没有文庙这么大,虽然都是三个院子,但文庙的三院子规模比较大。武庙前面有山门,最后面有大殿,两边有配院,在当时来说,规模也是比较大的。

李元辉:这个武庙的平面图您是根据什么画出来的?

孙寿岭:这是根据当时一个姓窦的老爷爷说的,这个老爷爷当时已经是八十多岁的人了。当时我和黎大祥写了多篇有关武庙的文章。那位老爷爷说,保存下来是对的。这个武庙早得很,是汉武帝时期修下的。他们小时候进去玩过,一进三个院子,西面的楼院还都好着哩。1927年地震以后,有的地方破坏掉了,就有人住到里面了。后来修复的也简单。然后,他就简单地在我的笔记本上画了个图,我就把这个记在心里。别的好多庙宇他都给我讲过。这个老先生知道的东西很多,到底是当过老师的。

今年(2022年)的春节疫情防控,我在家里没有其他事,专门把大云寺、武庙和武威古城的十来座庙宇都画了图。

七、武威源远流长的佛教历史

李元辉:最后,请您给我们讲一下大云寺。大云寺是武威最早的寺院,大云寺和前凉的张天锡、唐代武则天、西夏护国寺之间的故事请给我们讲一下。

孙寿岭:对!提起大云寺来,这是唐代的名字,最早它叫佛祖寺。佛祖寺是什么时候建成的?这早得很。传说,那是公元前267年,印度阿育王在各地

北凉造像塔
（供图：孙寿岭）

建立 84 000 座宝塔，用来供奉释迦牟尼的 84 000 颗舍利子。佛祖的眼睛舍利子供奉在凉州，供奉的寺庙叫佛祖寺。当时凉州建有佛祖寺的时候，在中原大地正是战国时期，那时候凉州还这不叫凉州，也不叫姑臧，叫盖臧。盖者，大也，就是大得不得了的意思。臧者，和"藏"是同一意思，就是收藏；再一个意思就是佛的意思，所以有藏经、大藏经，就是大佛经。因此，盖臧就是供奉最大的佛的地方。这姑臧的名字又是怎么来的？传说，"盖臧"是月氏语，意思是佛。公元前 240 年，匈奴把月氏赶跑了，占领了凉州。现在的凉州莲花山上，那时候住着一个姑部落，姑部落里出了一个活佛，叫作姑活佛，姑活佛住的地方叫作姑活佛山，也叫作姑臧山，臧就是佛。当时匈奴就把盖臧更名为姑臧，用的就是莲花山的山名"姑"字，从此"盖臧"为"姑臧"。霍去病西征打败匈奴以后，这里又设立武威郡，武威郡下设武威县，遗址在今民勤县境内。魏黄初二年（221），置凉州。晋朝时候，这里有五凉政权，最早的是前凉。前凉的张天锡在佛祖寺的原址上建了宫殿。但建成之后经常有灵瑞，出现一些神奇的现象。后来人们就说，那是佛祖寺的地方，你建了宫殿，所以才会出现灵瑞。张天锡一听，舍宫建寺，把宫殿舍掉，仍然建了寺，叫宏臧寺。到了唐代，武则天向全国颁发《大云经》，全国各地到处建大云寺，就把武威的宏臧寺改成大云寺。

西夏党项人的祖先就在凉州居住过。西夏认为大云寺对保护西夏国有关系，所以就改大云寺为护国寺。因为党项人的祖先叫红弥人、黑弥人，脸上抹了红土的叫作红弥人；不抹红土、黑头发的，就是黑弥人。西夏碑上也有黔首赤面的说法，黔首者就是黑头发的黑弥人；赤面者，就是红弥人。到元代，人们又把寺庙的名字恢复成大云寺了。明代后期，大云寺分为清应寺和大云寺两部分。当时发现的西夏碑就在护国寺里,当时张澍说发现的时候是叫清应寺。西夏碑竖立的地方就是大云寺。

我那时候爱画画,当时有个高僧元静大师住在这里,他的画非常好。我经常到大云寺台上来找他学画。大云寺台有 72 级台阶。上去以后,正面是平房,两边是廊坊,中间是一个大殿。大殿后面就是大云寺的大塔。大塔的后面有座小房子,元静大师说就是原来立西夏碑的地方。1972 年,大云寺的台子拆成平地了。说到清应寺,现在和平街学校的西墙那边就是清应寺,有 13 层的塔楼和大殿相连。武威历史上的文笔三峰就是大云寺的塔、清应寺的塔和罗什寺的塔。

李元辉:在明代时候,修清应寺的碑特别多,清应寺这寺名是啥时候出现的? 大云寺规模有多大?

孙寿岭:在明代,大云寺分出的一部分就是清应寺。现在的钟楼是大云寺的一个墩角,只占寺院的十分之一。在汉代,寺院规模是比较大的。在还没有城墙之前,它一直连到了现在的雷台那儿,规模很大。

李元辉:钟鼓楼上面的那个铜钟,有些人说是唐代的,有些人说是五凉时期的。您再谈一谈?

孙寿岭:那是唐代的,属于武则天时期的。武则天时期寺庙改成大云寺以后,她还要赐铸造铜钟。关于铜钟的传说故事有很多。铸造铜钟的时候,铸造的工匠历尽多次造不出来。后来算了一卦,说要想造出来,必须得有个童子娃娃献祭,才能造。最后抓了个娃娃,铸钟的时候扔到铜水中,娃娃哭着喊道,我狠心的娘啊。据说后来这个铜钟敲击后发出的声音就是"狠心的娘啊,狠心的娘啊",这是民间故事。凉州大云寺,从佛祖寺,到宏臧寺、大云寺、护国寺,又到大云寺,分成了清应寺,都是悠久的历史,可以说是近 3000 年的历史了。

李元辉:史书记载,大唐高僧玄奘路过凉州,在大云寺讲经说法,是不是真实的?

孙寿岭:是真的。唐玄奘在我们凉州,除了在大云寺讲经说法以外,还到过凉州的百灵寺。古城瓷窑上去有个百灵寺,意思是干什么都非常灵验的,叫百灵。凉州的佛教历史也是非常悠久厚重的。

八、匈奴人在武威的遗迹

孙寿岭先生和他的创意印章
（供图：孙寿岭）

李元辉：上次到河西考察的时候，在山丹、张掖的博物馆里，匈奴的文物还比较多，我们市博物馆里匈奴的就比较少。

孙寿岭：对！匈奴对于凉州的贡献也是很大的，匈奴文化也是我们凉州文化的一部分。

李元辉：现在匈奴休屠王古城遗址，有人说在咱们凉州区四坝镇，也有人说是在民勤县。您谈一谈看法。

孙寿岭：这个我可以解释一下。休屠王占领凉州以后，在凉州城北30公里的四坝修筑了休屠城，作为他的首都。而在首都附近，过了河以后，也就是距离休屠城30公里到40公里的地方，设立了一个大的养马圈，也叫养马城，也就是现在的蔡旗。蔡旗堡是休屠王养马的地方，那里有两个湖，一个叫作饮马湖，专门饮马；另外一个叫作洗马湖，专门洗马的。所以蔡旗铺现在还有饮马湖、洗马湖，规模很大，仅次于休屠城。就在四坝三岔古城。汉朝收复凉州之后，把休屠王的祭天金人以及儿子金日磾也俘虏走了。祭天金人放到甘泉宫里敬拜。

李元辉：我们武威历史上的马神庙里供的就是金日磾？

孙寿岭：对。再说金家人、金姓人。汉武帝抓去了匈奴休屠王的儿子，说既然有祭天金人，"金"字就是你的姓，祭天金人的"金"字就作为休屠王儿子的姓了，所以天下金姓从这时候开始，就从武威匈奴族开始。据说金日磾给汉武帝养马养得好，他去世后，人们把他尊为马神。

（李元辉、李文钧整理）

考古发掘武威文物的黎大祥

黎大祥

黎大祥先生在进行学术讲座
（摄影：赵大泰）

1958年8月13日出生。曾任武威市文化局文管会办公室主任，武威市博物馆馆长，文博副研究员；兼任甘肃省钱币学会理事、学术委员，甘肃省历史学会、博物馆协会常务理事。从事文博工作四十余年，在国家、省级各类刊物上发表考古研究论文百余篇。著有《武威文物研究文集》《武威历史文化丛书·文物精粹》《武威地区西夏遗址调查与研究》等，主编《武威文物精品》《馆藏水陆画》《馆藏名匾》等画册，参与《西夏文物·甘肃卷》《今日武威》《中国历史文化名城旅游大全》等书的编撰工作。曾获甘肃省钱币研究优秀成果一等奖，2009年获国家文物局文物工作30年荣誉奖、甘肃省爱国主义教育工作先进个人。

黎大祥先生主要讲述了武威自1980年以来较大规模、影响较深远的几次大的文物考古发掘，再次向人们揭开武威文物的神秘面纱，向世人还原数次考古发掘中的点滴事迹。

一、武威南营青嘴喇嘛湾弘化公主墓及
唐代吐谷浑王族墓葬的发掘

柴多茂：黎馆长您好，今天我们主要想和您谈谈关于武威文物的故事。在您工作的大半生中，主要从事或参与了武威哪些大的考古发现、重大的文物保护工作？

黎大祥：我是 1978 年从武威师范学校毕业的，当时我被借调到县文教局的落实政策办公室工作。落实政策办公室设在武威文庙文昌宫后面崇圣祠院子的东西两廊房内，武威县文物管理委员会（简称"文管会"）设在文庙内东院，那里经常举办着文物展览，供人们参观游览，特别是在节假日，参观游览的人很多。我在落实政策办公室上班，时常进出，经过文物展览室，久而久之，就对文物及展览产生了极大兴趣。搞了一年多落实政策工作以后，就有不想去学校上课的打算，心想到文物管理单位工作多好啊，能够通过接触文物，学习了解很多历史知识和武威的地方史料，这样多好、多充实、多有意思哩，要比到学校上课有意义得多。

当落实政策工作即将结束时，由于自己对文化文物工作感兴趣，我就提出要求到文管会工作，而且文管会也缺少年轻人，所以 1980 年年初，文教局也同意把我调到武威县文物管理委员会工作。就这样，一干就干了一辈子的文物工作，与文物结下了不解之缘。

那时候，武威县博物馆还没有成立，在文庙文昌宫的桂籍殿陈列历代文物展览，西廊房为石刻展室，东廊房是书画展室。文庙中院孔庙建筑及西面的祠堂建筑为武威县第二招待所使用。大成殿为招待所管理，当时是武威县开大会的礼堂。东西两面的廊坊及西面的三个祠堂院子门窗被拆除，泥着墙，改头换面，都是武威县第二招待所的客房，接待客人。

我刚到县文管会工作的时候，单位才几个人，而且都是年纪大的老人，年纪最小的也是 20 世纪 30 年代出生，年龄老化。所以我到文管会工作以后，全县田野文物的调查保护、一些墓葬的清理发掘工作就落在了我的肩上。下面我就先谈一下参加考古发掘工作的一些情况。

青嘴湾 3 号墓出土的彩绘木俑
（供图：黎大祥）

关于文物的考古发掘，我最早参加是在 1980 年 7 月，同党寿山先生一起去武威南营青嘴喇嘛湾发掘唐代吐谷浑王族的墓葬。在当时，地、县做出决定，准备恢复维修武威文庙、海藏寺及雷台古建筑群、雷台汉墓等文物古迹。行署和县上有关文物保护修复的会议一般就在文庙崇圣祠的会议室召开。武威文庙崇圣祠的会议室非常好，布置有沙发、茶几，环境优雅安静，所以行署的有些会议、县委和政府的一些重要会议都在这个地方开。因此行署和县上领导对文庙的印象非常好，不仅对恢复维修古建筑非常支持，而且对文物的保护和发掘也很重视。领导们在文庙石刻展室看到有 5 块吐谷浑王族即弘化公主、青海国王慕容忠、辅国王慕容宣彻、政乐王慕容宣昌、元王慕容若夫人李深的墓志铭陈列。他们在参观时听了党寿山先生的介绍，知道南营青嘴喇嘛湾那里有唐代吐谷浑王族的墓葬被人盗掘，在墓中有可能还埋藏着文物，因此要求文物部门进行清理发掘，保护好这里的墓葬及文物。按照县领导要求，我们以调查、摸清文物的底子，保护好这里的文物为目的，1980 年下半年开始了考古发掘工作。

那时候武威到南营还没有通客车，也没有柏油路，道路都是砂石路。通往南营的车，就是一个解放牌汽车上搭着钢架子罩着帆布篷的车，乘车的人上车后就站在车篷里，上下很不方便。所以说当时到南营去发掘，就要提前联系车辆，准备东西。我们准备了一个帐篷，我和党先生两个人，准备了两个行军床，就是铁架子的那种，还准备做饭用的煤油烧的炉子，准备了些挂面、面粉、小米之类的吃的东西；还准备了发掘的工具和生活用具等。挖掘用的东西都准备好了，怎么去发掘现场又成了问题。单位里又没有车辆，我们提前就联系好了县水电局组织去南营水库开观摩会的轿车，把我们准备好的发掘东西，放到轿车顶子上,然后我们坐上轿车,来到了南营水库。南营水库大坝车不上去,轿车也上不去,最后由南营乡的乡长通知青嘴村的村民,把我们的发掘用品用人背、架子车拉,然后下水过河,送到了所要发掘的村子就放下了。据村民介绍这个地方最早统称喇嘛湾,因这里有佛教喇嘛寺院而得名。后来到20世纪70年代,从喇嘛湾又分出来了个青嘴湾,我们这次发掘的墓葬都是在青嘴湾,是新起的名字;再顺着冰沟河朝南走不到3公里,就可以到达喇嘛湾,现在合起来叫青嘴喇嘛湾。

到达村子以后,我才知道这个村子是山区,自然条件很差,村民生活非常困难,口粮不够,还吃国家供应的粮食,因此吃饭靠我们自己做了。我们拿了挂面,买了一袋面,拿了小米,发掘工作开始后,既要搞发掘,回来还要自己做饭吃,条件十分艰苦。再加上夏天7月的天气,骄阳似火,天气炎热。我们住在搭建的帐篷里,正午气温很高,帐篷里我们带的蜡烛整个化成了疙瘩。所以,这样的艰苦条件,党先生坚持了十几天以后,痔疮发作了,就回家治病,过几天又回到发掘现场,就这样坚持工作。当时我们雇用的民工,一个民工一天是1.75元的工资,雇了十几个民工,有好几个年纪大一些的人都知道弘化公主的墓葬在哪里。我们总共就挖了7个墓葬,党先生坚持了一段时间,痔疮又犯了,因为条件艰苦,吃的又没有多少油水,所以就回城治病。我在那里坚持着,大约工作了一个多月的时间,弘化公主墓葬清理完后,出土了一大批木俑、动物俑头以及丝织品等文物。我们信心十足,又清理武则天侄孙女武氏的墓葬。这座墓在1978年10月由武威地区博物馆宁笃学和钟长发两位先生发掘。听党先生说,由于时间紧,他们挖出了墓志铭和几件木俑后就没有再深入挖掘。这次我和党先生又把整个墓葬清理了一遍,欣喜的是又清理出了一批文物,其中鎏金银碗、螺钿镶嵌牛角梳、阮咸琵琶、象牙双陆棋子后来被定为国家一级文物,抢救保护了一批国家重要的珍贵文物。从墓葬出土的文物,因地下墓室非常潮湿,出土后必须得装塑料袋,在装之前还要用药棉包住,用棉球蘸点水放在袋子里,保存水分,让其慢慢脱水干燥,这样就可以防止器物干裂,这项工作在文物出墓之前必须做,否则文物出土都干裂了。这些东西我们都提前准备好的。挖了4个主要的墓葬以后,党先生就回来了。之后我也回了一趟家,回来以后休息了几天,我又上去了,共坚持了三个月时间(7月份到10月份),天气冷了,我们的发掘就算告了一段落,回来整理修复发掘出土的文物。

经过一段时间认真的修复整理,弘化公主等 7 座墓葬共发掘出土大批的墓俑、丝织品、漆器、皮革、鎏金银碗、琵琶、牛角梳、陶、瓷、石、骨、象牙等文物 100 多件,仅出土的完好的木俑就有数十件,后被定为国家一级文物的就有几十件,抢救保护了这样一大批珍贵的历史文物,极大地丰富了馆藏文物,反映了盛唐时期武威深厚的历史文化底蕴,提高了武威历史文化名城的知名度。当时县上和地区的领导非常重视,我们把这些墓葬出土的文物进行了分类编排,用很短的时间举办了一个陈列展览,对珍贵文物编写了文字说明,请地、县主要领导及有关部门的领导参观。领导们参观后大为惊喜,非常满意。县上的领导提出要求,对这批文物要保护好、宣传好,以此为契机,保护好全县文物,把重要的文物遗产挖掘出来了,让人民群众参观学习,进行爱国主义教育。

这是我第一次参加考古发掘工作,感到很有意义,特别是对弘化公主墓的发掘,又看了她的墓志铭。墓志明确记载,弘化公主为大唐太宗之女也,实际上是唐王朝的宗室女,以皇帝的公主身份下嫁给吐谷浑王族。弘化公主是唐王朝第一个下嫁给少数民族的公主,她为中华民族的团结贡献了一生,在中华民族史上产生了极大的影响,我们要保护好这批文物,因为这是中华文明发展的历史见证。这是我参加第一次发掘的最大感受。

二、武威五坝山、旱滩坡墓葬的发掘及成果

黎大祥:1983 年下半年至 1984 年上半年,改革开放后不久,武威县社队企业管理局要在韩佐五坝山修建一个砖厂,在那时候农村里刚把土地承包到户,乡镇企业非常少,办一个砖厂就是当时比较大的一个企业了。砖厂准备拓砖坯、挖土的时候发现了好多墓葬。与此同时,武威县水电局林场在武威旱滩坡植树时,也发现了墓葬。县文管会为配合乡镇企业组建砖场、水电局林场在旱滩坡植树的工程,为保护好文物,派我们去现场进行调查了解,将两处工程中发现的墓葬文物情况向县上主管部门和地区文教处汇报,并报告了甘肃省文化厅文物处。当时,甘肃省文物局还没有成立,在省文化厅设文物处管理全省田野文物工作。省文化厅文物处接到报告后,派人到武威实地现场考察,看到

了当时修建砖厂时发现的好多墓葬还有出土的丝织品等；同时，知情人说在修砖窑的时候还挖出了汉简，但被破坏了。在旱滩坡县水电局林场植树时发现墓葬，我和党寿山先生清理发掘了几座，出土魏晋时期的木俑、陶器、丝织物等文物，向地方文教局及省文物处领导也做了详细汇报。省领导回到兰州后，立即派出甘肃省博物馆的专业人员（省考古研究所还没有成立，省博物馆设立有省文物考古工作队）。甘肃省文物工作队队长初世宾及何双全老师来考察，看了五坝山墓群与磨嘴子墓群隔河相望，距离不远，感觉这个地方还是有文物，特别是砖厂在修烟囱时，正好挖出一个墓葬，出土了一件龟形铜灶，造型为乌龟的形状，想象力丰富，具有较高的考古及艺术研究价值，这件文物现在陈列在雷台汉文化博物馆里。他们还看了我们在旱滩坡墓葬群的保护情况以及我们清理的几座墓葬和出土的文物。甘肃省文物工作队的专家经过综合分析之后，决定对武威五坝山墓群和旱滩坡墓群进行考古发掘。为了不影响工程进度，1984年下半年由甘肃省文物考古队先发掘五坝山墓群，后由省文化厅给国家文物局打报告，办理五坝山和旱滩坡墓群的发掘手续。这样甘肃省文物考古队在8月份正式进入武威五坝山考古发掘工地，县文管会派我参加五坝山旱滩坡的发掘工作。

武威出土的王杖鸠鸟
（供图：黎大祥）

考古工作队自带行李,分几个组住在距砖厂较近的韩佐乡宏化村二组村民家中。工作队自己起灶,找两位女同志做饭,自带一辆吉普车办伙食。村上还腾出几间房子存放出土文物,考古发掘工作有条不紊地开展起来。

五坝山墓葬发掘清理开始后,为了使埋藏在地下的文物不受损失,暂时叫停了武威县社队企业管理局的砖厂生产。考古队先发掘砖厂脱坯用土取土断面暴露出来的墓葬,发掘完成后再让砖厂开始生产。为了不影响砖厂的生产,考古队分成几个小组,抓紧时间进行清理。清理完的地方,砖厂即可以动土脱坯生产了;然后向外扩展,依次进行清理发掘工作。五坝山由于墓葬分布密集,最后从砖厂就近的一条山沟划出分界线,在这条沟以下,墓葬发掘完,为砖厂取土用地;沟以上为文物保护区,不能动土。在考古队员们的努力下,从 8 月开始,到 11 月中旬,共清理墓葬 60 多座,沟以下取土范围内的墓葬基本清理完毕,结束了考古发掘工作。

旱滩坡墓群考古发掘工作在第二年(1985)下半年开始。由于旱滩坡的地质与五坝山不同。五坝山是黄土层,黏土质;旱滩坡是破山石,由雨水冲击形成的破山石砂粒型地质,并且这里的墓葬埋葬得比较深,所以这里的考古发掘非常费工。考古队也用了半年多的时间进行考古发掘,一直到 11 月份,共清理墓葬 30 多座。这两次发掘工作,共清理墓葬 100 余座,出土文物 1 000 余件。最重要的发现有以下几个方面:

一是在墓葬中发现了极为精美的马家窑文化彩陶。

马家窑文化于 1923 年首次在甘肃省临洮县马家窑村发现而得名。在黄河中上游才有马家窑文化类型。后来,甘肃省文物考古队在秦安大地湾发掘的遗址属于马家窑文化类型。在此之前,马家窑文化类型的墓葬发现得非常少。因此,研究马家窑文化的专家认为马家窑文化只能在黄河中上游地区才能出现,不可能在河西这边呀,尤其是马家窑类型的墓葬在这里的发现还是第一次。墓葬正好就在砖机脱砖的那个地方。墓葬距地面很浅,葬一人,骨架完整;共出土 6 件彩陶,其中两件保存非常完整,其他虽破,但可以修复。这是这次考古发掘的重点收获:其一发现的彩陶图案极为精美,与黄河中上游发现马家窑文化彩陶的纹饰不同,它代表了马家窑文化在西部地区的新类型;其二,在整个马家窑遗址中,墓葬发现很少,这次发现了墓葬,而且未被扰乱,实属不易,为研究马家窑文化时期的葬俗提供了难得的实物资料。

二是发现了汉代完整的鸠杖及木牍。

王杖也叫鸠杖,高年授王杖,这是我国汉代的一项尊老养老的制度。这种制度在汉代普遍地认真执行过。在武威磨嘴子汉墓发现的王杖十简、王杖诏书令册简、鸠杖,以及旱滩坡汉墓出土的鸠杖便是实物例证。我国其他地区的汉墓中也有鸠杖出土,但都不完整。这次五坝山汉代墓葬密集,在一座老人墓葬中发现了完整的一根鸠杖,完好无缺。像这样保存完整的鸠杖,杖杆上还有握手的痕迹,实属罕见,是研究我国尊老养老制度的珍贵实物资料。

另外,还有一座墓葬,墓底距地表 13 米,出土一件木牍,记载墓主人叫田升宁。这个墓葬比较特殊,为土洞墓,墓道打下去,墓底距地表 13 米,墓室内有两个棺材,保存十分完好。一个比较大的棺材,10 厘米厚的柏木板好好的,就像新的一样;还有一个是小棺材,也是柏木,跟那个棺材比起来又小又矮。按常理来讲,大的那个棺材里面应该葬的就是墓主人,那就是田升宁了。可是,发现在大棺材内葬的是一个女人,很年轻,牙齿都好好的;旁边小的棺材里面却葬着的是一个老头,年纪比较大,牙齿都脱落,按照年龄可能应该在 70 多岁。当时是何双全老师发掘这座墓葬,他估计说,可能是田升宁死了以后,在埋葬之前,妻子因为啥事情自杀了,就又做了一个棺材陪葬了,所以下葬的人把男的就葬到了小棺材,而把女的葬在了大棺材。这座墓葬发现了大量的随葬品,出土的一件木牍记载:"张掖西乡定武里田升宁今归黄(泉),过所,毋留难也。故为□□□(缺三字),今升宁自小妇得绥,取升宁衣履烧祠,皆得所过也。今升宁田地皆当归得孙赵季平所……"简牍学家何双全先生研究:"武威五坝山出土的这块松木削制的木牍,是按照汉简的命名方式,应该被称为'冥间过所',称为'冥间通行证',是我国第一份'冥间通行证',距今大约有 2 000 年的历史。"经过多年的研究探讨,汉简研究专家最终确认了这个惊世发现。另外,木牍上记载的"张掖",并不是今天人们所说的张掖,而是汉代武威郡所管辖的一个县,这对研究武威当时的地理、地名都是非常重要的第一手实物资料。

三是发现了硕大的汉代金花。

在西汉中晚期的一个墓葬里面,出土了好多陶器、铜器,还出土一件硕大的金花,这是用贵金属真金做的一朵含苞怒放的硕大的金花,这样珍贵的文物实属难见。甘肃省文物局编的《甘肃文物精品集》收录了五坝山汉墓出土的金花,实物一般人看不到,可以从《甘肃文物精品集》中去了解他的风采。这件盛开的金花,中间还有一只凤凰,在花中间飞舞,给人以动的感觉,充满生活气息,金光灿灿,实属难得。这一重要的文物,反映了汉代高超的金银制作工艺水平,是研究汉代金银制作工艺的珍贵实物资料,同时也反映出了墓主人身份的高贵,具有很高的研究价值。

四是发现了我国最早的山水画(壁画墓)。

这次发掘中最难能可贵的是发现了一座壁画墓。清理时根据叠压关系及出土器物分析,这座壁画墓是西汉晚期的一个墓葬,后来被东汉晚期的一座墓葬的墓道打破,损坏了西汉墓葬的壁画,所以说一面的壁画就没有了。这座墓门道朝东,北面的壁画就是《山海经》中的故事:开明兽和不死树,就是一棵长得非常直的树,下面画着一个兽,就是一只老虎,老虎的尾巴很长。这是开明兽和不死树的故事,《山海经》中故事的画面,这是一个重要的发现。墓中画幅这壁画具有镇墓的作用,因此叫"驱鬼辟邪画"。

墓后面的一个壁上画的是《山林涉猎图》,画师在壁画的中部和左部先用黑色的粗弧线勾勒出重叠起伏、连绵不断的山峦主体,然后在黑线外侧加绘一道绿线;在黑线内侧先用浅白色渲染,再用宽刷子进行斜向、横向擦,使山体显得宽厚稳重而又有层次、纹理和动感;山上长着树木,用黑线表现挺直的树干和粗细不同的树枝,用黑绿色斑点表现浓密的树叶;在山峦的右下部,绘了一头长角公牛和一匹马(或驴);画的中部下方,有一只四足立地、门牙外露的老虎,左部有一个骑着绿色骏马的猎人,头戴一梁冠,身穿黄袍,腰束系带,正挽弓射箭狩猎;猎人前方有1只拼命逃跑的野鹿、4只愕然站立的野羊和昂首嘶鸣的双峰骆驼。显然,这幅画是墓主人生前休闲狩猎活动的真实写照。因这幅画的内容以山林为主,故是一幅山水画,是迄今为止发现的我国最早的山水画。当时,甘肃省博物馆派人专门对壁画进行了临摹,墓葬被回填保存。

五是在旱滩坡发现了前凉驸马都尉姬瑜夫妇的合葬墓。

前凉从张轨301年任凉州刺史至376年被灭亡,统治凉州76年之久。在1985年旱滩坡发掘墓葬之前,有关前凉的墓葬还没有正式发现过一座。1985年7—8月我有幸参加了甘肃省文物考古队在旱滩坡墓群的发掘工作,特别是参加了前凉驸马都尉姬瑜夫妇合葬墓的发掘,目睹了墓葬保存的景况,1600多年前前凉时期的社会生活情景展现在了眼前,印象深刻。这座墓葬对了解前凉的历史提供了第一手实物资料,是一次重要的发现。此墓葬深 12 米多。旱滩坡的地质是破山石下雨的时形成的冲击型地带,这种地质不好挖,十几米深的墓葬,斜坡墓道下到墓室,墓道的长度也有 20 多米,可想而知工程量之大。正因为如此,这座墓葬没有被盗,墓室没有塌,保存十分完好;墓室随葬器物以及木棺保存得也非常完好,看上去好像似落了一层灰尘。保存这样非常完整的墓葬在我们发掘工作中还不多见。打开棺材盖一看,尸体穿着打扮如初,人的骨架都好好的啊。当时发掘队员认为好像就是干尸。主持发掘的何双全老师打电话向领队初世宾汇报,领队从兰州赶到武威,看了保存情况后决心很大,如果真是干尸,并且又是前凉时期的,决定雇一架直升机运到省博物馆去完整保存。结果尸体看似好好的,人的肉体虽在骨架上,但一揭取骨架就散了,因此就只好作罢。墓中发掘出土彩绘木俑 20 个,每个高约 24 厘米,他们为侍女、驭奴等,有的拱手而立,有的吆马挥鞭,造型生动逼真,木俑上彩绘的服饰清晰,再现了当年的衣着打扮。同时还发现面制花卷,这个干如石块的花卷与今日武威的面食花卷形状无异。与木俑一起出土的还有木雕彩绘马一匹、斗笔一管、彩绘木莲枝灯一架、木牍 4 块以及丝绸衣物等。木雕彩绘马由 9 块部件组成,造型生动。斗笔长 31 厘米,毫长 6 厘米,制作工艺精良,保存完好。莲枝灯高 117 厘米,分 12 枝,分枝上有彩绘镂空龙雀和木雕灯盏及火苗,色泽艳丽如初。4 块木牍记载着墓主人的身份和生平。据木牍记载,此墓为武威厉将军都战帅驸马都尉姬瑜夫妇的合葬墓,死者葬于升平十三年(369)。死者衣服均为丝绸,分刺绣和印花两种。因为三国以后驸马就专指皇帝的女婿,所以这个墓葬是前凉公主和驸马姬瑜的合葬墓。何双全老师专门进行过研究,他认为按年龄推算,公主就是张轨的女儿。真正是不是这样,还有待进一步深入研究。

三、武威亥母洞石窟寺遗址的发掘

20 世纪 80 年代,武威博物馆配合城乡生产和工农业建设,进行了一些重要的发掘工作,武威市亥母洞寺石窟寺遗址的发掘就是其中的一项。它位于武威城南 15 公里处的新华乡缠山村金刚亥母洞石窟寺,属于藏传佛教石窟寺

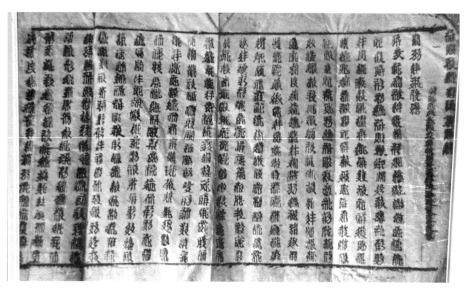

西夏文残卷

（摄影：刘忠）

院,因寺的洞窟内供奉金刚亥母像而得名。1987 年,当地群众因为信奉佛教,需要有一个活动的地方,亥母洞周围的一些老人们,知道原来这个地方是石窟寺院,于是周围的信教群众就在亥母洞寺开挖洞口,目的是有个宗教活动的场所。当时一些信教的老人们组织起来,一年多的时间就把亥母洞寺 4 个洞窟的填土基本清理了,还在一号洞窟前面用水泥建了一间房子,并且继续向前挖,已经挖到进入洞口右侧的四个喇嘛塔。据出土实物看,这可能是西夏时期的僧人或者是元朝早期僧人死了以后的骨灰塔,也有人说就是金刚亥母的骨灰塔,所以后来四川阿坝的江贡活佛到这里,做了一个银制喇嘛塔,把这些塔里面的舍利子供奉在塔内,放在了亥母洞下寺供奉,说是亥母金刚的舍利。当时信教群众在清理佛塔时,在周围挖土时出土了西夏文的许多经文、社会文书,汉、藏文经书、文书残页等一大批文物,就塞在了一号洞窟的石缝中,也有一部分装在了水泥袋子里放着。1988 年 3 月,由武威地区组织的文物普查队到此普查时,有信教群众把出土放在水泥袋子里的残纸页让普查队员看,他们挑了数页西夏文木刻版经文残页拿上(现藏市考古研究所)。之后武威市公安局干警就到亥母洞寺转了一转,看到了挖出的一些破纸字塞在一号洞窟的石缝中,他拿了一页一看是西夏文,回到城后,就拿给市博物馆孙寿岭馆长看,并报告了那里的情况。博物馆人员发现是西夏文,第二天就赶到亥母洞石窟寺,在他们挖开的一号洞窟的石缝中收集了大量的西夏文、汉、藏文经书及文书等文物。回到馆里,天已经很晚,大家把收集的东西先放在党先生的办公室,回家吃饭。党寿山、孙寿岭两先生与我,连夜进行了详细的分类整理,登记造册,准备入库。从现场整理和登记的文物来看,这是一次重大的考古发现。之后为保护好遗址和文物,博物馆多次给市委和市政府写报告,要求对已暴露的洞窟进行清理。第二年,市政府拨款对亥母洞石窟寺进行了清理发掘,把一号、二号、三号、四号洞窟门口暴露的遗址全部清理,出土了一批西夏文物。这些出土文物,后来有49件(套)被认定为国家一、二级珍贵文物,出土的文献陆续入选国家珍贵古籍名录。洞窟中出土的6件西夏文文书(其中2件盖有西夏文印章),是已发现的西夏文文书中少有的,对研究丝绸之路上西夏时期的社会政治、经济、文化,特别是寺院经济具有重要的史料价值。出土的各种西夏文佛经,在国内极为少见,为研究西夏的佛教、文化历史、语言文字提供了宝贵的实物资料;尤其是佛经中的《维摩诘所说经》,经专家初步鉴定认为是泥活字印刷,用实物维护了我国泥活字印刷发明权,见证了西夏对我国活字印刷术做出的杰出贡献。出土的6只绣花鸟型鞋,制作精美,保存完整,与敦煌榆林窟西夏供养人穿的鞋型完全一样,具有浓郁的党项民族特色,属出土西夏文物中首次发现。出土的7幅布帛彩画构图受西藏密宗艺术影响很深,色调热烈明快,用色多系黄、褐色,是西夏后期西夏艺术吸收汉藏艺术成分形成的特殊风格,是研究西夏绘画艺术十分重要的资料,极为珍贵。其中的《千手千眼佛》绘制十分精细,很多专家认为出自高人之手,可与敦煌榆林窟西夏供养人壁画相媲美。这次对亥母洞石窟寺的发掘,奠定了甘肃武威亥母洞石窟寺在西夏时期的重要历史地位。2017—2019年经国家文物局批准,由甘肃省文物考古研究所进行3年考古发掘,又出土了大批西夏文物,现正在修复整理研究,这将为研究西夏时期的社会政治、经济、文化及军事提供极为珍贵的实物资料。

四、武威西夏墓葬的发掘及葬俗特点

20世纪80年代,在全国发现的西夏墓葬,可以肯定的有3处:一处是内蒙

西夏木缘塔
（摄影：刘忠）

古额济纳旗黑水城外的一座塔墓，一处是宁夏银川的西夏王陵，一处就是武威西郊发现的西夏墓。武威的两座墓对研究西夏的墓葬情况及葬俗提供了丰富的资料，是一次重要的发现。两座墓葬里发现了二十几块木版画、木缘塔，可以说是西夏考古史上的重大发现。西夏人是如何安葬的？根本不知道。就是在 1984 年，我参加五坝山考古发掘的时候，民工在砖厂挖土时，发现了好多个小棺材，都没有在意，都没有保护，都没有收集。小棺材做得非常好，样式和大棺材一模一样，有些还是研瓦顶的棺材哩，也没有彩画，是松木做的，埋得不深，民工直接挖出来，没有人注意，里面没东西，有些有烧下的骨灰。所以说西夏人的葬俗是怎样的，人们根本不知道。当然我当时对西夏的墓葬也了解不多。

1972 年发现了两座墓葬，它都是木缘塔，并且墓葬主人的身份也很高，西京经略副使，名字叫刘德仁。木缘塔是佛教僧人死了以后，化成骨灰的那种塔式葬。西郊出土的木缘塔一个比较大，两个比较小。是宁笃学先生他们清理的。他原来是甘肃省博物馆的工作人员，曾参加过北京猿人的发掘工作，为新中国第一批考古工作者。宁笃学在 1972 年发掘两个墓葬后，就写了一篇文章在《考古与文物》上发表了。那个时候他也谈得非常肤浅，说墓葬主人是西京经略使，死于西夏乾祐年间，可能这个人信佛，死后骨灰化葬到塔里，它不像汉人的葬法。他的砖室墓是用不大的砖头砌起来的，非常小，就是一米见方、一米二见方的那种墓，小小的墓，木缘塔就在那个小墓室里放着里。为了学汉人画壁画，那个小墓室上不好画，所以就在那个木板上画着。你看西夏的那个人物画，男武士牵马俑，彩画五女士、五男士，什么蒿里老人、金鸡、双头龙等啊的，总共有二十几幅，所以说那一次应当说是西夏考古史上的一次重要的发现，特别是那个木版画人物的衣着打扮、发饰等反映了西夏当时的现实生活。但这样重要的一次发现，当时也没有引起人们的重视。后来在武威城西郊，在

20世纪80年代又发现了三四次,我参与了几座墓葬的发掘。一次是麻纺厂的丁字路口,1988年修建污水处理的管道工程,从丁字路口到宋家园拐弯通往杨家坝河里,麻纺厂的污水从那里排出去的。在开挖管道时,发现了一个西夏的小墓,就是那种小型砖室墓,墓葬中发现了一个小棺材,棺材已经被人破坏掉了。我和孙寿岭先生对墓葬进行了清理,其中有两块木版画,其中一个是半身,那两块木版画都定为一级文物。我们就重视了,可能西夏除了木缘塔以外肯定用小棺材葬,因为墓葬棺材板子虽然被破坏,但从形状看绝对是个小棺材,并且小棺材板上还发现刻的西夏文。西夏文字比较细小,用刀子或是利器刻画出来的,孙先生进行了翻译,好像是墓葬下葬的时间。这就引起我们的重视,肯定西夏人除了木缘塔外也有小小的墓棺,就是不到一米长的小棺材,人死了以后化成骨灰放在棺材里。后来在西凉南市场南口西的地方修一个蔬菜恒温室,又发现了一个西夏的墓葬,小墓葬里面有瓷罐子,瓷罐子里面装的骨灰,没有棺材,西夏人用这种瓷罐子装骨灰。这种葬法不像汉代小孩夭折后用的瓮葬。汉代用的陶瓮是一个很大的陶瓮,娃娃夭折后就装到大陶瓮里面葬下了。西夏人去世以后化成骨灰,又装进瓷罐子里,瓷罐子又没有汉代的陶瓮那么大,可能是瓷器装骨灰葬的一种葬式,也是小墓室。后来又在城西南九条岭煤矿办事处发现了一个西夏时期的墓葬,那时候我已经到文化局文管会办公室工作了,有人报告到我们办公室,我通知博物馆去清理,发现了两个小棺材,其中一个在棺材的横档板子上写有西夏文,翻译出来好像也是葬的时间,家中儿子料理丧葬的一些情况。这是一个双人合葬墓,就是现在西夏博物馆里展览的那两个小棺材,也是一个小墓室,人死了以后化成骨灰,葬到那个小棺里面。后来地区博物馆又在农机公司发现了一个西夏时期小型砖室墓葬,而且也是小棺材,这个小棺材也在西夏博物馆里展着哩。它没有西夏文字,墓葬里也出土几块木版画,内容为墨画的五男士,博物馆展出的用墨笔画的就是地区博物馆的钟长发先生发掘清理来的,钟先生现在也85岁了。这些都是20世纪80年代清理的。这几个小棺材,看起来不起眼,松木制的,破破烂烂,但它刻有西夏文字,是西夏墓葬出土的葬具,为研究党项族的葬俗提供了十分难得的实物资料,被国家文物局专家组认定为一级文物。

1988年武威城南关汽修厂发现了元代的一个墓葬,我也参与进行了清理发掘。这是一座小型砖室墓。墓主人是"大元西凉高契朗姑妣马氏",这个

"妣"字是母亲的意思。墓里有一个砖雕的墓志铭,并且发现了2个金耳环,还有2件龙泉窑的瓷器、1个碗、1个盘子;还发现了4个金泡泡,就是帽子上装饰的金泡泡,加上1对嵌绿松石金耳环,共6件金器,还有六七件武威当地的西夏瓷,现在都在西夏博物馆里展览着哩。两件龙泉窑瓷器和金耳环被国家文物局的专家来鉴定为一级文物。盘子是个双鱼纹的盘子。墓主是西夏的后裔,根据墓志铭上的时间推算,高契朗母亲马氏,在西夏生活了10年,1227年西夏灭亡,所以说那个碗肯定是南宋的,是她在生前用的,死了以后葬到墓里面了。这个墓葬的档次是非常高的。这个高契朗是什么人,墓志铭上没有记载,我们怀疑与西夏的后裔武威人高智耀有没有关系。高智耀是西夏时候的进士,他在宁夏那里做官,是武威籍人。在西夏与元代,高姓是大家族,值得我们去研究。

以上说的几个西夏墓的发掘,为我们研究西夏葬俗提供了珍贵的资料。可以肯定,西夏人死了以后,修一米见方的小型砖室墓葬,尸体用火葬,骨灰或装到小棺材里,或木缘塔里,或瓷罐里。因为墓室小,不好画壁画,就画在木板上,再把葬具、木版画以及其他随葬品,葬入修好的小型墓室中。

五、武威塔儿湾西夏瓷窑遗址的发掘

黎大祥先生在研究资料
(供图:黎大祥)

黎大祥：武威古城塔儿湾最早发现文物是 1981 年 12 月。当时天祝的村里发现了出土的瓷器，文管会就负责去收集。我骑自行车从磨嘴子古城小河村出发，沿山经中河村到上河村，找到村上的书记一起到塔儿湾，已是晚上七点多。当晚征集了数十件陶、瓷器，第二天一早装了一架子车运回武威文庙保存。其中一件瓷器上墨书西夏文，著名西夏学专家、甘肃省博物馆的陈炳应先生译为"芦五"，当为工匠名，为国内仅有的一件西夏精品。这一发现开启了对西夏瓷器的发掘及研究。20 世纪 80 年代中晚期，当地村民在修房子、学校、羊圈等取土时均发现西夏瓷器，文管会前去清理征集，陆续出土了大批西夏瓷器。因此文管会把这里作为一个重点保护区，经常去巡查，了解保护情况。每次去这里总有新的发现和收获。直到 20 世纪 80 年代末期，这里交通还很闭塞，坐小车到杂木总干离村子还有 5 公里路，没有通车，只靠步行。当时博物馆有一辆武威汽修厂生产的雁牌客货两用车。博物馆工作人员经常去塔儿湾就坐这辆车在杂木总干停下，再步行 5 公里到村子。为了方便，孙寿岭馆长提议，买了 3 个大布大提包，他、党先生和我一人一个，去的时候空包，回来时每人拣一提包瓷片，徒步背到杂木总干，再坐车回单位。就这样，我们坚持了多年，复原了数十件西夏瓷器。这些瓷器花纹独特，制作精美，我们觉得很有成就感。20 世纪 90 年代初，乡村道路有了改善，通往这个村的山路进行了扩修加宽，但也仅能通三轮车和小车，我们的客货车勉强可以开到村子上。由于村子建设发展很快，修房子、平场子、垫羊圈取土，发现大量瓷片。为了保护好这个遗址，使文物不遭到损坏，1990 年和 1991 年我和孙寿岭、党寿山对村子取土的地方进行了清理，特别是 1991 年在村子后面的山坡上清理了不大的一片地方，发现了很多瓷器和瓷器残片。运回博物馆后，我们没有星期天，没有节假日，对出土的瓷片按不同质地、釉色、薄厚、花纹进行分类整理，粘接复原。在修复当中，有些独特花纹的瓷器，像黑釉四系剔花罐、黑釉剔花罐、六系天鹅纹白釉绘画瓮等缺少瓷片。为了能完整复原，我们曾多次到原出土地用筛子过土，寻找瓷片。多年来我们修复西夏瓷器 130 多件，数十件被定为国家一级文物，提高了武威博物馆馆藏文物的品质，为武威西夏博物馆的建立奠定了基础。之后，我们多次给省文物局打报告，要求保护发掘遗址。省文物局也十分重视遗址的保护发掘，1991 年秋季，省文化厅领导和省考古所领导，在时任武威领导的陪同下，看了武威市博物馆出土西夏的瓷器后，又到塔儿湾西夏遗址考察。那是塔儿湾这样一个偏僻的小山村,有省厅级、县级领导考察人数最多的一次。之后省文物局给国家文物局打报告,1992年国家文物局批准由甘肃省考古研究所对遗址进行发掘。当时考古队住在村上,有一辆吉普车做后勤工作。我当时已调到文化局文管会办公室工作了,作为地方文化单位配合他们考古发掘工作,隔两天都到那里去,参加发掘工作。这里还有早期马家窑文化的遗址,其中出土的一件红陶质的大瓮,因体量大,在地下都成了碎片,出土后就拿到住地进行修复。那是目前全国出土同类文物中最大的一件陶器制品;还出土大量的其他陶器,彩陶等,纹饰有几何纹、网格纹、鸟纹等。这里发现的马家窑文化陶器的图案及鸟纹比较特殊,为马家窑文化在西部地区的新类型,对研究西部早期文化具有重要的价值。这里还发现了西夏时期制作瓷器的一个作坊遗址,有房屋、炉灶、石板炕,炕下有好几处烟道等。从作坊遗址看出,当时烧制瓷器要先做泥坯,泥坯做好后,因潮湿,为了让它尽快晾干,在房子里架上火炉,火炉的烟道经过石板炕,加热后就烘制泥坯。同时遗址大量出土了西夏的各种瓷器,如动物瓷、窑具等,汉唐及宋代的各种铜钱,也有西夏钱币,还出土了好多西夏的陶、铜、铁、石器等,为研究西夏时期的社会经济、文化、手工业,特别是制瓷业的工艺制作水平提供了第一手资料。

正因为多年来我们在南营青嘴喇嘛湾、新华亥母洞洞石窟寺、古城塔儿湾西夏遗址等有重要的考古发现,所以1992年在推选全国十佳博物馆时,武威市博物馆就被推选上了。当时整理上报材料时,材料的题目就是"馆小神通大,人少业绩丰"。这个题目道出了博物馆的多年来的实际情况和做出的一些工作业绩。"馆小",我们只是个县级博物馆;"人少",我们原来只有八九个人,后来增加到十几个人;"神通大"青嘴喇嘛湾是吐谷浑王族的墓葬,亥母洞寺是西夏唯一的石窟寺遗址,近年来全国出土西夏文物最多的地方,古城塔儿湾是出土西夏瓷器数量最多的瓷窑遗址,还有金碗、银锭、铜火炮以及汉代王杖诏书令简等重大发现,在全国影响很大;"业绩丰",就是我们在塔儿湾清理出土130多件瓷器,亥母洞寺出土了大批西夏文物,以及西夏墓葬的发掘,为西夏博物馆的建立奠定了基础,同时发掘出土了大批汉晋、隋唐等时期的文物,极大地提高了博物馆的文物藏品数量和质量,提高了博物馆的知名度。这个荣誉是我们苦干争得的啊,不是吗?武威博物馆第一次被评为十佳博物馆,这也是对我们多年来考古发掘和博物馆工作做出成绩的一种肯定,一种褒奖吧。

六、武威雷台汉墓及古建筑的维修工作

武威雷台公园
（摄影：刘忠）

　　我当时主要参加了维修雷台汉墓、维修雷台古建筑的工作嘛。维修汉墓提前做了前期工作，正式维修那是在 1980 年 10 月份的时候，由党寿山先生负责，我住在工地干具体工作。再一个就是 1981 年维修海藏寺及雷台的古建筑，由李临恕负责，金玉治驻海藏寺工地，负责具体维修工作；我还是住在雷台工地，负责具体墓葬维修保护方面的事。当时雷台汉墓及周围的环境是这样：雷台东南角是 13 队大集体时的牛院子，人进汉墓要经过 13 队的牛院子，从现在那个棵柏树的地方通过牛院子，紧靠雷台当时挖的地道，顺着地道才能进入墓室；东面的那个台下，南面到墓门以南的地方是 13 队的韭菜地，墓门以北，靠雷台北墙是 12 队的养猪场，紧靠雷台土台上掏挖的洞当猪窝，靠台掏有近 10 个圈猪的猪圈，靠着猪圈向东不远处从南到北是通往 12 队的一条路，路边堆着粪堆，就是猪圈里出来的粪堆和 12 队个人家的粪堆；西、北面紧靠雷台，就是 12 队和 13 队的耕地，西南角紧靠雷台是 13 队的韭菜地；台前通往台上是一个斜坡式通道,架子车、三轮车、汽车可以通往台上。台前面是 13 队,中间有一条小道向南通往地委后面,向西拐通往北关北路。雷台上面设金羊粮管所,雷祖殿、三星殿是粮管所的仓库,两面廊房是卖面和卖米的店铺。东面的小院子是武威县城郊派出所办公地点。我们在城郊派出所借下一间房子当办公室,我就在里面办公,那也是我的宿舍,因为我那时常驻在雷台嘛。维修前墓道没有打通,我们进墓要从原来挖的地道口通往前室耳室里进去,很不方便,所以打通墓道是首要任务。

经商定,维修工作由武威县双树农具厂施工,双方签订合同后,为加快工程进度,工程分三部分同时进行:其一,打通墓道;其二,按图纸要求预制钢筋水泥双曲拱;其三,无缝钢管焊接墓室支撑架。首先打通墓道,当时就请城建局的规划队按照墓葬的中轴线在墓的东面找到开挖点,两头开挖,先打通地道大的洞口后,再按要求从东头扩大一段后安装双曲拱,再扩大,再安装,循序渐进,往开里挖着,顺着那个墓道,也不害怕塌下来,否则危险得很啊。施工方案是沈生顺设计的,他原来是水电局的一个工程师,经验丰富。他设计的双曲拱是这样的,墓道顶部一道曲拱;墓道两边有壁画,为了能看到两边的壁画,两边各又是对称的一道曲拱。这个设计的确很好,有科学的道理,既有一定的空间,能看到两面墓道及壁画,对称美观,又起到了双曲拱受力加固的作用。那个墓室用无缝钢管焊接架支撑,空心的钢管按墓室的大小焊接架支撑防止塌陷。当时,雷台也不是全国重点文物保护单位,连省级文物保护单位都不是,这种情况下修复,压力很大。在那种情况下顶着压力,雷台汉墓在春节前就维修竣工,是很不容易的。

1981 年对雷台的古建筑进行了维修,金羊粮管所的粮库、城郊派出所都搬迁。工程由和寨乡校西古建筑维修队承接。这次主要是维修雷祖殿、三星殿,整体建筑要大揭顶后,更换破损梁柱,掔直合铆,处理地基后,再按古建筑的要求维修复原。另外还决定将明代火庙大殿的后卷棚(大殿及前卷棚搬迁至大云寺,因地方小放不下后卷棚)搬迁到雷台前面为过殿,位置正好放在雷台汉墓的上面,既保护了汉墓,又增加了雷台建筑的过殿,也使整个建筑群十分协调。

武威雷台汉墓、海藏寺属于武威县博物馆管理,维修后 1982、1983 年举办了一个武威水陆画临时展览,春节时期,去参观的人多得了不得,特别是正月初一、十五、十六都人山人海,水泄不通,这才引起人们的重视来了。雷台汉墓出了铜奔马以后,墓室经过维修也开放了,参观游览的人很多。

因这里参观游览的人很多,以后提出要建雷台公园,市上又交给城建部门管理,扩建公园。经过市城建局的扩建和治理,周围的环境初步得到了改善,公园初具规模,参观游览的人越来越多。1984年铜奔马定为中国旅游标志,1995年雷台汉墓又被国务院公布为全国重点文物保护地位。武威撤地设市后,为发展旅游事业,对旅游景区进一步扩大,征收了雷台周围的土地,搬迁了13生产队,把公园改名为"雷台汉文化博物馆"。经过治理,周围环境大为改观,中外游客纷至沓来,雷台景区成为武威乃至全省及全国的著名旅游景点。这与当年文物工作者的辛勤努力是分不开的。

七、天梯山石窟、白塔寺遗址文物保护及维修

黎大祥:再谈一谈天梯山石窟、白塔寺遗址文物保护及维修的情况。这是20世纪80年代末期到90年代初,武威市文化局刚成立不久,武威市文物管理委员会办公室设在文化局,田野文物保护工作量大,专业人员少,同时筹备维修这两项工程,于是1992年我被调到文化局的文管会办公室。我去以后的重点工作就是白塔寺遗址和天梯山石窟修复的这两项工程,田野文物的保护管理工作,这些重要的工作就主要落在了文管会办公室工作人员的肩上。我们做了大量卓有成效的工作。在天梯山石窟及白塔寺遗址的管理机构还未成立之前,修复工程开始时有很多工作由文管会办公室承担,要给地区和市上的相关领导提供有关白塔寺遗址、天梯山石窟的历史资料,这在我国历史上占有重要地位,其中重要的相关历史人物、重大的历史事件都对我国历史研究产生过重要影响、发挥过重大作用。在20世纪80年代末期、90年代初,天梯山哪有什么现成资料,仅有明代《重修广善寺碑记》那块碑、乾隆《武威县志》等的点滴记载。要拿出一个像样的给省上和国家文物局汇报的材料,必须得查史书、看文物、找资料,工作压力非常大,只能放弃节假日,加班加点工作。我在《晋书·北凉录》找到了对凉州石窟的记载;又去省博物馆看1958年搬迁石窟文物的库房,拍摄照片;搜集兰大冯国瑞教授、浙江美术学院史岩教授、邓宝珊将军在新中国成立初期考察天梯山石窟的有关资料等,对天梯山石窟的历史价

值及其在中国石窟史上的地位,有了清晰的轮廓。《十六国春秋》北凉录上的那些点滴记载的凉州石窟,史学界不少人还不知道就是天梯山石窟。我们对通过掌握综合资料的分析,证实天梯山石窟就是凉州石窟,是我国早期石窟的艺术代表,在我国石窟艺术史上占有重要的历史地位。通过对资料的收集,我写了《登天梯,探石窟》一篇文章,发表于1992年7月12日《中国文物报》,引起很大反响。著名考古学家宿白先生亲临天梯山石窟考察后,写下了著名的《关于凉州石窟遗迹和凉州模式》。2000年搬迁天梯山石窟的敦煌研究院张学荣和省博物馆副馆长吴怡如出版《天梯山石窟》一书,成为研究天梯山石窟重要的参考文献。后来,我们请电视台制作了15分钟的介绍天梯山石窟的专题片,电视台播音员录上音,由当时的地市文化部门领导带上到兰州向省委、省政府的有关领导汇报,后又向国家文物局领导汇报。1992年11月27日,国家文物局在北京召开专家委员会,专门论证甘肃省提出的两个天梯山石窟修复方案,一是省博物馆与兰州市政府在兰州北山修建天梯山石窟文物分馆,他们已经报告打给省政府,省政府都同意,下文批复了;二是武威方面提出要原址、原位恢复。会议通知甘肃省博物馆和武威方面派领导和专家参加,并将各自提交的报告和材料提前发给了与会专家。国家文物局根据专家委员会的意见,以文件形式正式批复甘肃省文化厅,并抄送甘肃省人民政府:"天梯山石窟的修复,出现了前所未有过的大好机遇,只能在原址、原位进行修复。"武威方面完全获得了天梯山石窟的修复保护权!使维修工作得以顺利进行。

天梯山石窟
(摄影:刘忠)

下面啊,再谈一谈天梯山文物的回归。1958 年搬迁到省博物馆的文物,除省馆收下了一些精品,绝大部分我们都搬回来了。当时还组织天梯山文物移交领导小组,我们都是成员。我们在兰州前后半年,6、7 月份就去,住在昆仑宾馆,先把省馆当时登记的文物点清,有多少个登记号,把地址摸清楚,准备搬迁用的东西;一直到 10 月份,就开始打包装,往木头箱子包装,天气都已经冷得很了,库房里没有暖气。怎么包装? 当时搬迁时候都用石膏打着,就用一种包装材料进行包装,最后装到箱子里去。近一两个月的时间,一直到十二月份,库房里冷得很,一人买了一件大衣穿,坚持了一个月。党先生年纪大了,那时候已经六十多了,也干不了太重的活,具体干活的我们几个人,把所有的文物都包装了一遍,安全装箱。12 月 31 日在省博物馆装车,两辆康明斯,天气非常冷。为了车上文物的安全(装到车上,没有监控了),我们在省博物馆库房门旁搭了小帐篷住下,看了一晚上,第二天早上 6 点钟就起来,由武威市公安局两辆车开道,十几个民警押送,回来时已到下午四五点了,真不容易。经过半年时间在省博物馆配合下,这些文物经安全包装,回到武威了,在省博物馆沉睡了 30 多年后,终于又回到了娘家。

再一个就是白塔寺的保护修复。凉州白塔寺,在 1984 年以前武威任何史料中都没有提到过与凉州会谈有关系,中华人民共和国成立后的文物保护古迹中也未曾提及,清乾隆《武威县志》仅有记载:"百塔寺,城东南 40 里,内有大塔,周环小塔 99,因得名。"1984 年 3 月我参加武威地区文物普查工作,一行 6 人,当看到康熙二十二年《重修凉州白塔碑记》中有"系果诞王从乌斯藏敦请神僧板只达者来凉,供奉于白塔寺"的字样,我冒着寒冷抄了下来,之后又发现明代的《重修凉州白塔志》《建塔记》,于是写了《白塔寺——民族团结的象征》一文,发表在《中国文物报》,引起了史学界及当地一些人士的重视。1987 年武威市公布文物保护单位,在起草文件时我把这个遗址列入其中,公布为市级文物保护单位。

文管会办公室还配合联合考古队,发掘了凉州白塔寺遗址,是从 1996 年开始发掘的。白塔寺的修复工作是 20 世纪 90 年代初期。鉴于白塔寺遗址的重要性,修复必须要建立在科学考古发掘的基础上才能实施。特别是对大塔(萨班灵骨塔)的保护和遗址范围的保护,国家文物局是严格按照国家文物保护法进行的,必须在考古的基础上拿出方案来,进行专家论证后,才能进行维

凉州白塔寺
（摄影：刘忠）

修。大塔的塔基就是经过考古发掘，是在元代遗迹的基础上进行维修，维修时还留下，罩着玻璃。本来塔院的门是朝东的，后来为了管理方便就变成朝南了，康熙年的那块碑原来在东面立着，是原位置，后来移到南面做的碑亭里了，当然这也是经过家国家文物局准许的。联合考古队还发掘了白塔寺的其他建筑遗址。根据发掘情况来看，萨迦班智达大殿是元朝建的，遗址基本上发掘出来了，现在展出的建筑构件，那么大的琉璃脊兽，档次很高的，一般建筑上不能那么做。并且这个建筑构件是比较特殊的，不属纯藏文化，也不像西夏那种，类似于西夏帝王陵的那些脊兽，有凉州文化与藏文化结合的鲜明特色。白塔寺的完整发掘报告还没有公布，出土文物及标本编了 1000 多个号，我作为检交人代表发掘队将其全部交给市博物馆保存着，希望以后能够整理研究和发表。

我所在的武威市文物管理委员会办公室，通过对天梯山石窟、凉州白塔寺遗址的保护维修工作，在武威市田野文物保护工作中做出了突出的成绩，1997 年获得国家文物局王冶秋文物保护奖，这是国家文物保护的最高奖励，是武威市文管会办公室有史以来获得的最高荣誉，是对我们文管会办公室工作的充分肯定和褒奖啊！

八、中国钱币宝库中的明珠"凉造新泉"的发现研究

柴多茂："凉造新泉"，被称为"中国古代钱币宝库里的一颗明珠"。您能给我们讲一讲它的发现情况和铸行年代。

黎大祥：我就简单地说一下。凉造新泉是我们古代凉州造的一种货币，也是凉州历史上唯一造的一种钱币吧。它是以地名凉州、国号凉国一体铸造的钱币，但现在史学界有争议，一种认为是代表凉州地名所铸，另一种认为是代表凉国（前凉等四凉）国号所铸。但无论哪种都是代表最早地名、国号铸造的一种钱币，但这种钱币历史上是谁铸的，史书上没有明确的记载。"凉造新泉"在清朝嘉庆十年（1805）被发现的，西夏碑是嘉庆九年发

凉造新泉
（摄影：刘忠）

现的。武威桂籍殿挂有一块"聚精扬纪"的匾额，被列为中华名匾，是甘肃按察使刘大懿题写的，他是山西洪洞苏堡人，其第四子刘师陆，号青园。在清代嘉庆年间，刘大懿以前甘凉兵备道迁奉甘肃按察使期间，其子刘师陆 20 岁左右，跟随父亲寓居兰州以及凉州。他是清代著名收藏家、金石学家。嘉庆十三年举人，二十五年中进士。嘉庆十年，应当是 1805 年，因为刘大懿是甘肃按察使，刘师陆随父亲在凉州寓居。在凉州发现了一坛钱币。刘师陆爱好钱币收藏，听说凉州发现了一坛钱币，非常高兴，就在这一坛钱币中挑选，拣出来 3 枚"凉造新泉"。这是一次意想不到的收获和重要发现，开启了人们对于历史学、钱币学，特别是"凉造新泉"的重新认识，为钱币学及钱币研究增加了一个新内容。如果不是刘师陆的发现，凉造新泉又是那么小，可能就被淹没在历史的尘埃中。这是一个重大的发现，具有划时代的意义，引起了钱币界和收藏家的高度重视。那个时候，人们对这个考古工作不太了解，发现以后，就钱币来说钱币，没有科学地整理，没有综合性研究。和"凉造新泉"一块发现的钱币，他也没有去认真地整理、研究是哪个朝代的、谁铸的，而就是发现了个名字比较奇

特的钱币，史书上也没有任何记载，钱币收藏发现了一个新品种，出于一种好奇。刘师陆是钱币爱好者，他怀疑是前凉张轨所铸，遂请教著名钱币学家翁树培，得到翁的肯定。由于"凉造新泉"存世极少，对于钱文的识别尚存歧义。李佐贤《古泉汇》记载："刘青园有三枚，俱得于凉州。"叶德辉就坚持认为是"凉造制泉"。《古钱杂咏》卷二记："辉（叶德辉）按：此钱文曰'凉造制泉'，大如五铢，余藏有此品……盖篆文漫漶，误认为'新'，余藏者字划明朗，实'制'字也。"民国时期，《泉币》第一期、第九期分别对当时所收藏的"凉造新泉"做了介绍。据专家估计，中华人民共和国成立前流散于国内外收藏家手中的"凉造新泉"约有 30 多枚。

一直到中华人民共和国成立以后，彭信威著的《中国钱币史》都没有提过凉造新泉。和"凉造新泉"一块出土的后汉李寿的四川政权铸的汉兴钱，是年号钱；后赵石勒铸的丰货钱，都是公元 300 多年铸造，是与"凉造新泉"的铸造年代相同。当时汉兴钱和丰货钱写进了《中国钱币史》，而"凉造新泉"还没有写进去。可是民国时候戴葆庭著的《古钱大辞典》里就已经把"凉造新泉"收录进去了，并且把刘师陆发现的过程进行了介绍。1958 年彭信威在重新修订版的《中国钱币史》中写了"凉造新泉"了，并说是前凉时期铸造的。当然按照民国时候的统计，"凉造新泉"有 30 多枚在收藏家手里收藏着，但博物馆里从来没有收藏过 1 枚。一直到 1972 年，西安何家村出土了一大批金银器，陕西省考古研究所的韩伟主持发掘的。韩伟原来是陕西省博物馆的副馆长，后来是考古研究所所长。西安何家庄的唐代金银窖藏是我国考古的一次重大发现，影响非常大。在那批窖藏里面发现了好多金银器及金银币，其中就有一枚凉造新泉，可是，发现的凉造新泉数量很少，发掘报告上就没有怎么提。何家村的金银器发掘以后，郭沫若都写过好几篇文章。郭老的观点这是章怀太子李贤的窖藏，章怀太子在凉州做过都督，有可能是他的窖藏。一直到 1983 年，陕西省博物馆的陈尊祥在中国钱币年会上写了一篇关于西安何家庄出土钱币的研究文章，其中认真地介绍了凉造新泉。他就在中国钱币年会上宣读了他的论文，并且在《中国钱币》上发表，之后在《光明日报》《文汇报》上转载。他明确地提出来就是章怀太子的窖藏，根据这些窖藏看，章怀太子爱好收藏，收藏了那么多的金银器、金银钱，他认为凉造新泉很珍贵，就收藏了。所以消息披露以后引起了钱币学，特别是钱币研究者的高度重视。1985 年甘肃钱币学会也成立了,并且我是钱币学会的会员。甘肃省钱币学会要开货币研讨会,让我写论文。正好 1984 年武威东关修下水管道,发现了一批窖藏钱币,一直到 1985 年,当时钱币学会硬要我写一篇文章,然后我就整理。兰州市博物馆的崔建文经常来武威,他就说武威这里最珍贵的一种钱币叫凉造新泉,我问哪几个字,他就给我写出来。那时候也没有资料,我也没有看过凉造新泉的相关资料。我就在我们的办公室里开始归类,挑出来三枚凉造新泉。我也不认识,估计就是凉造新泉,"泉"字很清楚。后来我就问崔建文凉造新泉的图片是怎样的,他就把图片发过来了,照图片一对,就是那个嘛,我高兴极了,就写了一篇《武威东关发现凉造新泉》的文章,在 1985 年甘肃省钱币研究大会上发言交流,谁知还有几篇有关凉造新泉研究的文章,一是兰州收集的凉造新泉,二是天水秦安从货郎担收集的凉造新泉,也在大会上进行交流。1987 年甘肃省钱币学会在武威召开大会,会场定在天马宾馆,主席台上挂着大会的会标就是凉造新泉。这次会议的主题是对凉造新泉的研究,与会代表对凉造新泉的出土地点、铸造时代、发行、版式进行了广泛的探讨。会后甘肃钱币学会约稿,要我简短整理前面发表的这篇稿件。省钱币学会根据这次大会交流的凉造新泉情况,写了《凉造新泉版式探讨》,发表在《中国钱币》。另外,我又写了《武威东关出土的窖藏货币及凉造新泉》发表于《考古与文物》杂志。《甘肃日报》《武威报》也多次进行报道。所以就一下引起研究凉造新泉的热潮,谁都想要找到凉造新泉哩。这就是凉造新泉第一次发现,整理了那么一篇文章,把凉造新泉第一次紧紧地限制及框在一个历史范围内了。东关出土的这一批钱有明确年代的,最早是秦半两,最晚是后赵石勒(319—333 年在位)铸的丰货及成汉李寿(338—343 年在位)铸的汉兴。因此,窖藏的时代最晚也不能晚于前凉灭亡的时间(376)。1989 年西营宏寺村夏收完秋天泡地时,因这里的地势落差大,村民在浇水泡地时,要泡下一个礼拜才能把地泡透,秋天牛犁过去以后,春天直接就播种。结果泡地水聚得比较多了,一个落差比较大的坡上冲开了一个洞,冲出来了一批铜钱。武威博物馆得知后进行了清理,出土了一大批铜钱。钟长发等人进行了整理研究,发表在《甘肃省钱币研究论文集》,后又发表在《中国钱币》上,发表题为《武威发现十六国时候的窖藏的货币》一文。根据发表的文章看,西营宏寺村出土的钱币与武威东关发现凉造新泉那一批基本相似,窖藏时间最晚也定在前凉灭亡时期。近 17 000 多枚麻钱子里,也就是从九十多斤麻钱子哩,挑出了 6 枚凉造新泉,他们整理时,也按历史朝代把这批钱币框了一个时间段,即出土钱币的铸造朝代,最早为战国时期燕国,最晚是后赵铸丰货及后汉李寿铸汉兴,并且这些钱都是年号钱,年代确切的很,史书上也有明确记载。唯有凉造新泉没有记载,那么,它的铸行年代下限就应该不晚于前凉灭亡的时间(376)。

1990 年 4 月西营宏寺村,在出土钱币不远处修水渠工程中又发现了一批前凉时期的货币窖藏,重六余五斤麻钱子。我和孙寿岭馆长两个人坐着市博物馆的客货两用雁牌车去。乡长把挖出来的铜钱装在麻袋里放在车库,然后就带我们到出土的地点看了现场。我们回来到博物馆,对这批铜钱进行了整理,共出土 15 000 多枚,有秦汉半两、两汉五铢、货泉、货布、四出五铢、三国五铢、剪边、剪郭五铢、丰货、汉兴、凉造新泉钱等 60 多个品种,剪边、剪郭五铢占绝大部分,凉造新泉有 10 枚,占千分之一,反映了前凉时期货布流通的特点。根据我们挑选的情况,我写了一篇文章在甘肃的钱币研究大会上交流发言,题目是《武威发现的前凉通用的货币》,后来发表在《甘肃钱币研究论文集》。

到目前为止,对于凉造新泉的研究有几种观点。第一种是沿用日本人奥平昌宏的观点,说凉造新泉的字体,酷似王莽铸造的货泉,字文即泉。王莽时期凉州河西一带由窦融统治,因此,遗留下来的凉造新泉可能是窦融所铸。甘肃省钱币学会的康柳锁为代表的一些学者就是这种观点。康在 2005 年"中国北方地区钱币发现与研究"学术研讨会上写了一篇《甘肃省河西地区凉造新泉的发现与研究》的文章,提出凉造新泉就是窦融铸造,绝对不是前凉。从西汉末年到前凉近 400 年,单从中国古代货币发展史的轨迹来看,西汉末年代表地名或者国号铸钱,是绝对不可能的,因此答案是否定的。

第二种是以西北师大教授赵向群及张琳为代表,两人写了《张轨铸钱说质疑——兼论前凉货币环境及"凉造新泉"的铸造时代》,在《西北师范大学报》发表,提出凉造新泉是北凉蒙逊为厌胜驱邪所造的钱币,不是流通的钱币。但事实上武威多次发现这一时期的流通货币中,已经证明凉造新泉是地地道道流通的货币。

第三种是"凉造新泉"为前凉铸行,这是黎李写的《从考古发现谈"凉造新泉"的铸行年代》所提出的。根据考古发现,20 世纪八九十年代在武威三处窖藏出土了十六国时期的大量货币。通过对这些钱币的系统整理研究与科学综合分析,对凉造新泉的铸行、流通区域和使用年代有了进一步的明确认识,应为前凉时期铸行。另外根据其他考古资料进一步的证明,凉造新泉只能在前凉时期流通,在前凉之前和之后的考古资料中就没有发现凉造新泉。如武威雷台汉墓出土3万多枚货币,却没有1枚凉造新泉,因此它为前凉时期铸行是肯定的。

凉造新泉的发现和研究,引起了钱币学界的高度重视和极大关注,1992年世界钱币大会在比利时的首都布鲁塞尔举行,甘肃省钱币学会还专门写了一篇文章《丝路名城武威发现的凉造新泉》,代表中华人民共和国在世界钱币大会上进行了宣读,得到了世界钱币专家关注和赞许。世界钱币大会每三年举办一次,由各个国家申办。就在这样隆重的大会上,甘肃省钱币学会根据武威发现的凉造新泉的情况撰写的《丝路名城武威发现的凉造新泉》,由学会秘书长代表中国在这样高规格的世界性大会上进行了宣读,对宣传武威乃至甘肃,以至于中国起到了巨大的作用。

我要说的,就这些。

柴多茂:感谢黎馆长的倾情讲述!

（杨琴琴整理）

研究古浪文史的田国治

田国治先生
(供图:田国治)

笔名田亮,1934年1月9日出生。1949年参加工作,长期在古浪县工作,古浪文史、水利专家。曾任《古浪文苑》编委、武威市作家协会理事,先后在《民主协商报》《甘肃日报》《甘肃旅游》《西凉文学》等报刊上发表文章三十余篇。担任《古浪县水利电力志》主编、《景电古浪灌区志》副主编,参与编辑《古浪名胜古迹选编》《景电诗词集》《古浪文史》第三辑,出版了《丽水行》《苍松情》《回眸岁月》等小说、散文集三部。

田国治先生介绍了古浪古城的历史沿革,丝路重镇大靖、土门与黑松驿的历史文化,以及中华人民共和国成立初人民军队对武威古浪的支援,最后还介绍了编纂《古浪县水利电力志》的经过。

一、古浪城建小考

古浪县城新貌
（摄影：李发玉）

李元辉：田先生，古浪城的历史非常悠久。请您给我们讲一讲古浪城的历史。

田国治：古浪这块地方，早在 4000 年前就有人类繁衍生息，2000 年前始设郡县。据史书记载，汉武帝元狩二年，也就是公元前 121 年，骠骑将军霍去病"出陇西、击匈奴"，武帝置河西四郡。古浪地域设苍松、揟次、朴环三县，均属武威郡。那么，苍松县城又在何处呢？随着时代变迁，地名不断产生和变更，史料未详细记载，有待以后考证。

时至公元 701 年，古浪境域筑了"和戎城"。《凉镇志》记述，武则天大足元年（701），凉州都督郭元震"始于南峡口筑和戎城，北积外筑白亭军，扩地千有五百里"。清乾隆十四年（1749）《古浪县志》又记述："古和戎城，唐郭元震所筑，县南峡内十五里，旧址犹存。"我认为峡内十五里地面太窄，不宜建城。因此，倾向"峡口筑和戎城"之说，峡口城址就是今日之上城。该地南控古浪峡，西扼西山川口，东北锁平原，古浪河水从东南绕城向东北流去，柳条河水从南北夹城而流，地势居高临下。可以想象在这样一个三面环山、四面流水、松柏繁茂的要塞筑城，从军事上来讲，南峡、西川、东沟、北原能控制在手，进则能攻，退则能守，可谓兵家必争之地。"凉都五县，据东南形势之盛者曰古浪，三面皆山，龙沙绕北，峡内之河夹两山而出。县为和戎旧治。昔人谓井径道上，车不得方轨，骑不得成列，即如是也。"

明朝初年，古浪建城有了较为详细的记载。《凉镇志》说："明洪武十年，本卫千户江享守御筑城于今治所，周二百七十五步，高二丈五尺，厚二丈，东、南门各一，罗铺十，角楼二。东南依山无池，西北池深二丈五尺，阔二丈四尺。"清乾隆《古浪县志》记述说："古浪县，明洪武十年修筑。万历二年甲戌补修，以砖砌门。三年乙亥筑东郭(今日南北街)高二丈，厚一丈，周四百(里)六十五步。""东郭"就是今日的南北街。

这说明，古浪城现址早在唐代就开始筑城，历经 600 多年的沧海桑田。"元末兵乱，居人逃散，和戎境墟"后，时隔十多年，于明洪武十年(1377)，"旧水名改为古浪，修筑了古浪县城"。在之后的 200 多年里，古浪城几经修复和扩充，形成了民间俗称的"靴子城"。

李元辉：为什么叫作"靴子城"？城市建筑布局像一个靴子吗？都有哪些建筑？

田国治：是的。上城是靴尖，南北街为靴筒。"靴子城"作为古浪境域的治所，从唐代沿袭至今，不仅是政治、军事、经济文化的中心，而且随着民族的变迁交融和朝代的兴衰交替，城内建筑也在不断废兴。到民国初年，城里的建筑错落有致，在上城有县署、把总署、文庙、儒学、城隍庙、魁星阁、马神庙、燃灯佛楼、天主堂、忠烈祠以及丰盈仓、草场等。东城郭的南北长街、东西水关门，中心十字建有古楼玉皇阁、通津桥、公馆、驿站、递运所、捕衙署以及关帝庙、永寿寺观音堂、文昌宫、清真寺、三官庙、节烈祠、杨家牌坊。古丝绸之路由南向北从东郭城中通过。

城郭南古龙山上建有大清宫，古时候叫作北极宫。山下有清凉寺、菩萨殿、元真观、龙泉寺及七级佛塔。城郭东南建有龙王庙、雷公祠、社稷坛、先农坛、风云雷雨山川坛、校场、暖泉桥、洪渡桥。城郭东面，在东升洼下，汉长城西建有普陀庵及七级佛塔、马神庙、东龙王庙、先农桥。城郭北面建有八蜡庙、雷台、土地祠以及安澜桥、三步二道石桥。城郭西面建有关帝庙、百子宫、西龙王庙、转轮寺,西北面建有历坛、演武场、城隍爷行宫。

这些风格各异、古朴古香、红墙青瓦、挑檐翘角的雄武建筑,竖立在青山绿水之中极为美观,确实是点缀城邑的一道美景。可惜的是,众多建筑除燃灯佛楼和杨家牌坊外,其余全部毁于 1927 年 5 月 23 日古浪八级大地震。1949 年古浪解放时,地震残状依然触目惊心。

李元辉:1949 年古浪解放后,城市建设情况是怎样的? 有什么鲜为人知的故事?

田国治:1949 年 9 月 13 日,古浪解放,17 日古浪县人民政府成立。在中国共产党领导下,城市建设提到重要议事日程。古浪县城建规划尚有一段鲜为人知的插曲。解放初古浪县机关单位挤占民房严重。1956 年永登东山区六个乡划归古浪管辖,面积增大。时任县委书记王林绪、县长罗儒民在县委会议上提出建议,研究选址兴建古浪县城的问题。经热烈的讨论,权衡利弊,县城拟从古浪、土门、大靖三处选择,由县人民委员会负责,组织人员勘测设计,调查资料,提出可行性方案,报县委决定。

县人委及时召开由县直各单位负责人参加的行政会议,请党外人士申履候、梁秦川、高克恭、杨金龙、白玉才、唐兰亭、张健民、周隐翔、张美如、曹纪、柴生茂、雒其鸿、黄鼎源、吴庆海等参加论证,并成立了县城规划领导小组,组长由副县长张振村担任,副组长由财政科长罗炳仁和我担任,负责具体工作。组员是有关部门的负责人。

会后抽调了七八个工作人员。抽调水利科的张怀喜和农造厂的张守敬为技术员,先后在古浪、土门、大靖进行实地勘测设计,并订桩绘图。

大靖以财神阁为中心点,老城不动,在原东、西、南、北街的基础上向外延伸,县级机构放在城西北青山寺以南的地方。土门以罗汉楼子为中心点,东西贯通,南北以马石河为线,县级机关放在城北和马石河以东的地方。古浪规划了两个方案:一是以八里营为中心,甘新公路以西的地上全面新建;二是以古浪老靴子城为基础改扩建。这个方案南自上城,东连老街,中间由南向北建一条大街,即现在的昌松大街。

以上四个方案连同规划图、说明书提交县委进行了详细研究,最后决定选择改、扩建古浪旧城的方案分期施工。第一期工程兴建上城至杜家庄段,第二期兴建杜家庄至八里营段。

南北一条街设计宽为 33.3 米,街中间花坛隔离,分上、下车道。大街的上段有三条东西向街道,形成三个十字:一是水关门至巴家湖街与大街交汇的新街十字,兴建立交桥,桥上南北行,桥下东西走,人走、车走、船也走。二是北城门口至西升洼山根街与大街交汇的中十字。三是铁路、公路交道口至西升洼街,也就是现在的建设路和大街交汇的大十字,设计为县城中心十字。中间建街心公园、盘旋路。城西边沿山为西环路,自龙泉寺到八里营。从巴家湖至龙泉寺绕上城建巴家湖公园。城东边自南关、北关的原街道保留不动,然后在面向铁道的一面,裁弯取直建铺面和一条马路。铁路是东北关至火车站段,甘新公路与铁路平行。公路东侧面西建铺面公路自然成一条街。

李元辉:古浪城市建设规划实施后,在建设的过程中有什么一波三折的故事?

田国治:这个规划经县委批准后就开始实施。当时明确宣布,各单位兴建,一律由县城规划领导小组在新街统一安排地方。县城规划组先组织实施修通主街道,平整了上城至杜家庄大街,按 33.3 米宽的设计要求修成砂石路面,主要占用的是原古浪林站的苗圃地,林站另挪,土地无偿使用。第一批在新街修建的单位是新华书店、古浪中学、商业局、粮食局、邮电局。第二批是大礼堂,就是现在的电影院,以及武装部、农技站、百货公司、农副公司、药材公司和旅社食堂。当时都是土木结构的平房。

第二期针对杜家庄至八里营段修街占用土地问题,解决方案是占用峡峰的土地,由丰泉补给,丰泉再由暖泉补偿,暖泉由严家湾补给。这样层层往下推移,土地进行适当调整,还可以解决一些土地少的村组的困难。这个方案提交暖泉乡农民讨论,他们也同意,认为这是个好办法。

兴修规划正在实施之际,1958 年底,古浪、天祝两县合并,县址定在安远,古浪城建搁浅。古浪县城的规划,包括大靖、土门、古浪的三份规划图、设计说明书,当时存档立案。我留用的一份在"文化大革命"中遗失。县上的存档我找了多次未找到。迄今已有 40 年了,为了记住这段经历,以后待作追述,记得不太清楚、不对之处,请知情者指正。

新中国成立前,古浪城内只有两层木楼。1958 年古浪面粉厂修三层机房,是古浪钢筋水泥楼之始。20 世纪 70 年代驻古浪部队修了现公安局的三层楼。

改革开放以来,古浪日新月异,20世纪80年代出现了四层楼,20世纪90年代出现了六层楼,每年有30多栋办公、住宅楼竖起,1999年已有150多栋楼房。现在,一个雄伟、壮观、美丽、文明的古浪城在古浪峡口这块土地上展现。

二、丝路古镇大靖

田国治先生在工作
（供图：田国治）

李元辉：田先生,古浪的大靖自古以来被称为丝路重镇。接下来您给我们讲一下。

田国治：大靖是甘肃省古浪县的一个古镇,在祁连山东端,腾格里沙漠南缘,古丝绸之路从这里经过。交通极为方便。

大靖历史文化悠久,早在汉武帝开辟河西四郡时,就在这里置朴环县,属武威郡。东晋改为魏安县,南北朝升为魏安郡,后废郡改为白山县。隋开皇三年,也就是公元583年,并入昌松县。元代称扒里扒沙,这是蒙古语,是互市之意。明万历二十六年(1598)松山战役胜利后,取安定统一之意,改名为大靖。

灿烂的历史文化,便利的交通条件,悠悠的丝路古道,为大靖留存了丰富的人文景观。境内明代长城东西贯通,烽燧遗址星罗棋布,寺庙、道观遥相呼应,因此形成了颇具特色的文化景观,再加上交通运输和饮食传统,使大靖成为丝路古道上一个繁华的商贸重镇。

明代为了巩固边防,防止蒙古扰掠,于万历二十七年(1599)新筑长城四百里,并沿长城一线建城堡,筑烽燧。在古浪境内,建起泗水堡、土门堡、大靖堡、阿博岭堡。

大靖城原有古城、三角城、旧城三个遗址。始建年代不详,有明确记载的就是明万历二十七年(1599),在长城内丽水峡口外,原旧城基东北两面墙址的基础上筑新城。城分里、外城,里城周长 408 丈、高 3.9 丈、厚 2.2 丈,开西、南、北三门,门上建楼。接南墙又连筑东、西、南三面墙为外城,周长 307 丈,高3.5 丈,厚 2.2 丈。在里、外城周围又圈了一道墙为圈城。这样严密、坚固的建筑目的,就是因为大靖"控贺兰之隘,扼北海之喉,用以独当一面,而使凉镇无东北之虑者,不啻泰山之倚也"。清乾隆九年(1744)任知县的徐思靖咏古浪十景诗之一的《孤山晚照》中就写道:"成楼鼓角声阗阗,辕门大旆风吹偏。"

李元辉:在明、清时期,大靖有哪些建筑?

田国治:在明、清之际,大靖城内建有县行署、监厅、察院、参将署、守备署、把总府,常驻守兵 1 600 多名,军马 200 多匹,还修建了许多寺庙楼阁,分别属儒、佛教、道教、伊斯兰教、天主教,宗教荟萃,信徒众多。

属于儒家的建筑有孔庙、文昌阁、瑞泉书院、夫子楼等十多座。楼阁中除供奉孔子、文昌帝君外,还设有私塾、义学、书院,实质上是教习文化的学堂,历代培养出了不少杰出的人才。新中国成立后,为地方建设输送了一大批有用之才。

属于释家的建筑有青山寺、寿国寺、自衣寺等七八座。这些寺庙中,保留了一大批珍贵文物,大藏经"甘珠尔"就是其中之一。还流传着不少故事。据说,在明万历年间寿国寺住着一个高僧,松山战役中,巡抚田乐、总兵达云入寺,认为高僧高傲无礼,命人杀了他。不知何故,那位高僧砍头后不流血而流奶,而操刀者却立即死去。之后,城内火灾不断,迷信者塑其金身供祀,火灾遂平息,故当地称此佛为"奶子佛",并存石碑一块,专载其事。

属于道家的建筑有三清宫、老君阁、玉皇阁、斗姆阁、天师阁、三星阁等二十多座。道教传下来了不少医药知识，如接骨、针灸等，看似简单，效果奇特，久传不衰。

还有关帝庙、城隍庙、东岳庙以及山神、土地、牛王、马祖等十多座庙观，一定意义上反映了当时的民俗传统。

清末至民国时期，伊斯兰教和天主教传入大靖，又建起清真寺、天主堂。

李元辉：古浪大靖的财神阁十分有名，请您介绍一下建筑风格及相关情况。

田国治：大靖建筑结构宏伟，红墙碧瓦，飞檐斗拱，画梁雕栋，金碧辉煌，多为歇山顶、硬山顶式建筑，有的高大宏伟，如夫子楼、玉皇阁、财神阁，均高达三层以上；有的小巧玲珑，像魁星阁就建在西门外一棵大树上。其中较有代表性的建筑物为财神阁。此阁始建于康熙五十七年（1718），正方形布局，周长30米，高21米，底层为砖基，开十字门洞通道，穿斗式结构。第二、第三层为木楼，有十六根通柱竖起；单檐歇山顶，进深一间，周围绕廊、栏，宽2米，中间施三彩斗拱，次间施一彩，每个柱头施一彩，两端施柱牙，刀刻绕枝纹。上盖碧瓦，中间起东西大脊，南北起两小脊。檐下悬匾四块，为"峻极天市""节荣金管""恩施泽沛""永锡纯嘏"。该建筑被收入《中国建筑学》一书。每当天热时，有成群的燕子、鸽子绕楼飞翔，角铃叮当，群燕和鸣，景色迷人。

内城外民房建筑大部分是仿北京四合院，前后三间对称，上为堂屋，也叫上房，下为倒座，左右为厢房，有三间、五间、七间对称的，也有中间过厅，前后两个三间对称的。有的院子小，将四角八根柱子，改为四根柱子，一柱顶两梁也成就了四合院。还有一人家把庄院建成了"九星套八卦"，即东、西、南、北各三个两廊出水的四合院连在一起，就成了九个四合院，展现出九个天井为"九星"；在院西北角上筑一高台，台上盖一座重檐攒尖顶的八角楼为八卦楼，设计极为精妙、壮观、雄伟、气派，也给建筑学留下了多彩的一笔。

李元辉：古浪大靖的商贸在历史上十分发达，请您介绍一下相关情况。

田国治：大靖建筑如此宏伟，宗教如此繁盛，人文如此壮观，究其原因，无非是自然条件独特，促进了经济的发展，经济的发展又促进了文化的昌盛和建筑的进步。古人依水而居，在广漠的沙海中，东起黄河，西至凉州400里的旱路上，唯有景泰、大靖、土门、凉州有充足的水和肥沃的土质，大靖、土门相距百里左右，正好是畜力一天的路程。有了水，就有了粮，有了草，于是粮产丰足，水草茂盛，农业、畜牧业相当发达，同时又带动了交通运输业的发展。沙漠地带最好的畜力就是俗称"沙漠之舟"的骆驼,它耐饥渴、能负重、善跋涉。一般每峰骆驼能驮重400斤左右,可以行走三四天不吃水,因此,人们都愿大量投资骆驼养殖。清朝时,即使每峰骆驼每年上交税银高达2.4两,人还愿意养殖。

大靖有名的驼户有苏潮、罗柱、雷海山、张满方等,每家有上千峰骆驼,搞长途运输,北走绥远道,南走汉中线。当地至今还流传着苏潮上告税官的传说。北京有个西税卡子,驼队每次路过被要求上税不说,还被扣住货物,不让东进,大量索贿。次数多了,驼户忍无可忍。一次苏潮将真货卸了,装了假的,在卡子果然又被扣了。他到北京上告,放行时一检查,发现发菜成了草,税官交代不下去,只好贬官赔钱。此后驼队顺利通过,直到天津码头,利润增长了好几倍。

为了驼队安全,驼户还请当地有名的武林高手朱成儒、崔恒山、徐高山、刘维山、钱文山等专门护送。民国时期,交通运输业有了进一步的发展,胶轮大车、汽车,替代了骆驼进行长途运输。骆驼虽然少了,但大靖还养有骆驼500多峰,土门养700多峰。大靖驼运不仅在发展地方经济方面发挥了重要的作用,在抗战时期,大靖、土门组织了各200多峰的两个驼队,给第八战区从星星峡到兰州驮运苏援军火,时达两年之久,为抵御外侮贡献了一份力量。20世纪50年代,大靖、土门支援西藏骆驼400多峰,又为边疆建设再立新功。

大靖交通便利、商贾云集,自古以来,就有"要想挣银子,就到大靖、土门子"的说法,素有"小北京"之称。在大靖经商的不仅仅是当地人,山西、陕西、河南、河北的商人也纷纷慕名远来,经营皮毛、药材、发菜、铜铁工具、桑麻布匹、日用百货等。兴盛时,大靖竟有100多家大商号,他们经营方式灵活,买卖厚道。为便利远方来的商人,这里建有陕山会馆、客栈、驼场和饭馆。饭馆中较大的有悦宾楼、醉仙楼,小吃有酿皮子、酒醅子。这里的面食相当丰富,独具特色,有几十种之多,比较有名的有火鏊子、酥饼子、行面、拉条子、揪片子、栀子。所谓"栀子"就是将面擀成纸一样薄,刀切成指头大的方块,用手一捏,卷成一个四楞五角的小面花,晾干储存,来客时下锅,配有肉臊子,清吃、稠吃都好,味美可口,使人百吃不厌。现发展成一种礼品,拿栀子送人,极受欢迎。这里的羊肉得天独厚,因为滩羊常吃沙葱之类的咸草,肉质非常鲜美,手抓羊肉、黄焖羊肉,爆炒羊羔,不腥不腻,很有名气。

改革开放后,大靖商业发展更快,除原来的城区,又扩建了几个市场,主要经营地毯、建材、家具、肉食、面粉、瓜果、发菜、蘑菇,交易量比县城大。加上新开发的景黄河提灌区,昔日沙滩变成良田,麦菽翻浪,瓜果满园,相信大靖将成为一个繁荣昌盛的新型城市。

三、丝路风情话土门

土门罗汉楼
(摄影:李发玉)

李元辉:田先生,古浪土门镇不仅是一个丝路重镇,也是一个文化名镇,下面你再给我们讲一下土门的历史。

田国治:古城堡土门位于笔架山北,明长城南,历史上就是一个军事堡垒、沙海上的码头、骆驼运输的基地。据传说,此地原是一个藏龙卧虎之地、文采光耀之所,茫茫沙海中镶嵌的一颗绿宝石。镇里曾有攒尖、歇山、伞尖顶式的七个独楼,也就是三教、灯山、罗汉、文昌、财神、魁星、三星楼共七座楼,直插蓝天,从东到西排着,错落有序,恰似天上北斗七星的位置,俗称"七星剑"。

在文昌、财神楼中间,南北通有一条深涧,是历史上有名的大羌河,现在叫马石河,曾波浪滔滔,如今细水涓涓。在河旁楼群中有两棵参天大杨树,传说是明时所栽。现在树身中间已空,里面住了人家。奇怪的是树枝发旺,树冠庞大,树叶翠绿,梢枝下垂,远处看,似挂满了乌纱帽,是出官的象征。树下早成繁华的贸易中心,日夜繁忙。河上大桥,是古丝绸之路北道必过之桥,长四十多米,宽十几米,有两栏扶手,驼铃叮咚,人来车往。桥两头的楼下竖立着十几块明、清时期的石碑,楼檐下挂着几十块名家手书的大匾,匾文为"日在天子上""英风绝世""春仁秋义""天地同流"等。真是人文荟萃,风情优雅。

李元辉:古浪土门镇历史上有哪些名人?他们身上有哪些传奇故事?

田国治:古浪土门镇有很多名人。清举人赵璘,官至四川阆中知县。他为官清廉,归里后,潜心地方文史,主编成第一部《古浪县志》,清乾隆十四年(1749)刻印刊行;还著有《因话录》留世。当代新编《古浪县志》仍由土门人朱应昌先生主编。

清代鲁一清,岁贡生;鲁宗周,举人。父子两人主讲振育书院,造就了不少人才。外地学者常来论辩治学方略,一清阐发古今疑文,皓首穷经躬行不怠。

清代洪卓然,廪生。他体魄魁梧,性情严正,博学多才,治学四十余年,高徒满门。同治六年(1867),他被众人推举为团总,带领军民勇于作战,为保卫家乡,献出生命,奉赠"云骑尉"世职。

胡发科,贡生,执教多年,擅长楹联,无论记颂的,还是自撰的,用起来意境得当,恰如其分。他给"集仙观"戏台书一联:梨弟子登场,前场后场官场民场,总要排场,会场中尽成乐趣;土门父老献戏,本戏折戏早戏晚戏,莫当儿戏,游戏处皆是文章。横楣为"你上我下"。有一次,一鞋匠求联,他写道:大锤头,小锤头,叮叮哐哐,打出饥寒气;粗麻绳,细麻绳,来来往往,拉出温饱饭。横楣为"甲乙丙丁",意思是锥、刀、皮、钉。

当地不仅文采光耀,画苑也盛,有名画家不少。清代宋小泉,善花卉,牡丹、菊竹点染有神,墨葡萄清新传神,堪称一绝。白复龙,擅长神鬼,庙宇里的壁画有他的不少杰作。胡万宝,擅长山水、人物,流传下来的作品也很有特色。

人民功臣郝竟,在抗日战争、解放战争中参加战斗八百多次,负伤十一次,他不怕牺牲,冲锋陷阵,英勇杀敌,为革命多次荣立战功,被中南、华北、西北军政委员会授予"战斗英雄""人民功臣"称号。

李元辉:古浪土门镇的戏和社火远近闻名,请您谈一谈。

田国治：土门堡的戏、社火也很迷人。有一年来了一个过路的风水先生，在茶馆喝茶，见一伙老者闲谈，便自言道："土门是好地方！只可惜，七星楼倒了，马石河水干了，笔架山挖了，成了空架子，只能出假的了。"几个老汉听了，摸不着头脑，一时回不过来，便问："客官啥意思？"风水先生只笑不说了。一个老汉有心，跟在他后面不离。走了好远，那个风水先生拉转马头，对来者说："别跟了，快唱戏、闹社火去吧！"

土门一年四季逢年过节看会戏，婚、寿、喜事，大户人家要献戏，一个方寸之地竟有六七个戏台，台台都唱，一家比一家唱得好，谁唱戏看客少了就丢人，谁唱戏看客多了就有面子。这里的戏不仅有秦腔、眉户，还有木偶戏、皮影戏。有时候老百姓三五成群，自弹自唱起来，名"自乐班"。这里人爱戏、唱戏也有历史上的根源。土门原名哨马营，明正统三年（1438）巡抚都御史罗亨信改为土门。这是因为最早的部分居民是从陕西富平频山土门迁徙而来，居民们眷恋故土，乡音不改，因此土门人爱秦腔就不奇怪了。土门出了不少戏曲艺人，民国时期最著名的是晏三、赵七、郭旦儿。据说晏三演《火焰驹》最拿手，可惜在抗日战争期间，一次在武威城隍庙唱戏，被日本飞机投下的炸弹炸死在舞台上。郭旦儿演小旦最驰名，当地有他不少笑话。一家媳妇看了他演的《柜中缘》后回家做饭，婆婆吩咐打鸡蛋吃，媳妇竟问："妈！打几个郭旦儿？"婆婆白了她一眼，打了她一巴掌，媳妇才回过神来，羞红了脸。

土门的社火很有特色，特别是闹社火，男女老少都热心，装扮讲究，除演攻鼓子、腊花姐、和尚娃外，春官老爷必须请德高望重者担任。演春官老爷的人威望很高，县太爷见了也得下马。对于忤逆不孝者、人伦颠倒者，有打四十水火棍的乡规。土门社火有六七家，各家有各家的独特处。如城里踩高跷子，要闹姜子牙封的三百六十正神。央道闹铁芯子，多以戏剧人物扮相，有二层的、三层的，如《白蛇传》《闹天宫》等。台子骑竹马、驾游船。青平耍龙、耍狮子。校场"翁翁背媳妇"，这个好像是从陕西富平、土门带来的，讲一家人遭难，被匪兵追杀，逃跑时，平时孝顺公公的媳妇脚小怀孕跑不动，公公不忍心，便背上媳妇跑，避过了难。他的儿子虽然被杀死，儿媳生下一男孩，男孩长大成人做了官，报了仇，继承了香火，很受人赏识。

每年正月十五是社火祭庙日，土门各家社火都要进"集仙观"烧香。这个"集仙观"有明崇祯十年（1637）始建的玉祖殿，也叫玉祖台，有清时建的无量殿、三清宫、灵官殿、雷祖殿,还有山神、土主、牛王、马祖、药师、虫王一应聚在里边。三百六十正神有泥塑贴金的,铁铸木刻的。墙上壁画各有神态,各具风采。五六场社火在观内闹,锣鼓震天,鞭炮声不断,井然有序,互不相干。男女老少,各取所爱,选择观看,十分热闹。在"集仙观"内可以欣赏土门十景中的六景:大明石碑七星剑、六耳古钟方头枘、通天立柱生铁匾。

社火讲究唱秧歌,特点是触景生情,见人思意,现编现唱,很有情趣。如大树底下有四个铺面,一个卖布,一个理发,一个说书,一个修补,秧歌就即兴唱出:"河南客商卖绸缎,货真价良人喜欢。杜工待招修人面,老汉变成少年郎。石师傅说的水浒传,歌颂抱打不平的英雄汉。刘铁匠手巧赛鲁班,破铜烂铁变成吃饭碗。迎接社火礼周全,敬酒敬茶把糖果散,多谢辛苦来拜年,生意今年更比往年强。"

土门人一般老少都会唱两句,不论秦腔、眉户、小调、山歌。山歌唱起来也很精彩,如:"沙漠绿洲米粮川,城南有个湖滩泉,挑水的阿妹泉边上站,赛过那五月的红牡丹。白驼载的铜铃铛,响在那黄色的沙滩上,阿哥练就的好声嗓,歌声落在了尕妹的心上。"

李元辉:古浪土门镇的清凉寺有很多传说,请您谈一谈。

田国治:土门历史上有一个谜,口传歌谣曰:"谁能修起清凉寺,落落墩底下取钥匙,给你金银九井八涝池。"现在清凉寺已在柏台、三义殿旁建起来了,歇山顶,单檐,面阔五间,进深二间,绕廊,大五彩,气势雄伟,钟声嘹亮。落落墩以汉墓群出名,在它东、北方打出300多眼机井,清水喷涌,昔日的沙漠荒滩已变成万亩良田,五谷飘香,瓜果满园,绿树成荫,牛羊满滩,一派红墙青瓦的新农村气象。马路滩的蛇果、牛蒡、理想大根(一种萝卜)、绿红葡萄已漂洋过海,销往日本、东南亚一带,比九井八涝池多了多少倍。这个谜底总算被勤劳的古浪人民揭开了。

四、丝路驿站黑松驿

李元辉:田先生,古浪峡中有个黑松驿,下面你再给我们聊一下黑松驿的历史。

复建后的黑松驿
（摄影：李发玉）

田国治：好的。古浪峡中有个黑松驿，古时多黑松林，因而得名。此地比峡中其他地方宽阔平展，南北有五六公里长，东西有两公里多宽。龙沟河在东边流过，南接安远，北连十八里堡，东为凤凰山，西为古龙山，中为黑松驿城堡。从遗址上看，建设久远，年代无考。清代乾隆十四年（1749）《古浪县志》记载，堡周围计322丈，高3丈，厚2丈，开南、北两门。

传说中古浪城是"靴子城"，黑松驿为"纱帽城"。"纱帽城"坐西向东，有九井八城门，四角有四个土墩，上筑庙宇，如东北墩上有"太清宫"，上筑三合院，是过路官员的食宿地。西南、西北角土墩筑在帽翅尖上，由城墙连接。南北距离自然比东南、东北墩的长，显示了纱帽翅长。城中也开南北门，要进出城得过四道门。因城门外润二道门，城门内润一道门，这在军事上来看万无一失。城中九个井从南向北一字儿排开，现存一井，深七八米，有石条砌出，水很旺，还可用于人畜饮用，其他八井遗址尚存。过去城中建有把总署、驿所、大佛寺、娘娘庙、城隍庙，城外建有东岳台、龙王庙、陕西会馆。西面古龙山上建有宝瓶塔七座，有一个大白塔，四角连着四个小白塔。半山腰有一眼泉，古名为龙泉。东面凤凰山山顶为营盘台。汉长城沿岭分布。半山腰也有一眼泉，古名为凤泉，也叫马踏泉。凤泉、龙泉两泉相望，天雨不增，天旱不涸，取多不少，取少不多。在干旱的古浪，两泉在光秃秃的半山上，实为奇事。民国二十七年（1938）

编成的《古浪县志》说:"凤凰山在县南三十里,山半有趵突泉,芳香清冽,饮之甘和。"

李元辉:田先生,黑松驿既是一个军事重镇,也有很多文化元素,请您介绍一下。

田国治:黑松驿古城遗址上有300多户居民居住,兰新铁路从东西通过,312国道从南北通过,沿路乡镇机关、学校、医院、旅店、饭馆摆得满满的,显得热闹繁华。就在城堡周围发现有谷家平滩、小坡、陈家河沿子三个古人遗址,属齐家文化马厂文化类型。在陈家河沿子出土的大司农平斛上,铸"建武十一年正月"造,今保存在中国历史博物馆。这个地方大部分人家都捡到过文物,如大、小泉货币,五铢铜钱。记得有一个妇女说过,她婆婆在前几年将一匣子铜钱当废铜卖给了废品收购站。我们走访了几家人,有三家就拿出了三个灰黑色的陶罐。顾姓一家,在20世纪70年代一次挖出了7个陶罐,5个被民兵打了靶子,1个送了人,1个保存下来。特别是箭头到处都有,有大有小,有长有短,绝大部分是青铜制品。一个农民在淘金时,在沙中淘出一颗小铜印,上有龟形钮,印文为汉小篆,初步识为"殷戎相印"四个字,同时挖出铠甲环、箭头等物。在黑松驿还发现有三个酒坊、四个砖窑遗址,年代久远,规模宏大。听说还出土过刀、枪、锤等多种古代武器,这里真不愧为古战场。

在城堡南门址上还发现一块石匾,上书"凉庄保障"四个大字。此匾现在还挡在水渠上的行人桥上。

在清代文人的笔记中常提到的席氏九世同居碑,我们也看到了。碑上书写着"特授古浪知县加三级纪录五次　沈为　奉旨旌表席氏九世同居碑　己酉科选拔候补教谕席世恩敬立　龙飞道光十九年八月吉旦"等文字。此碑高190厘米,宽80厘米,厚15厘米,据席氏子弟称,此碑在西安刻成,用八头骡子从西安运到黑松驿的。

我想起了在《凉州府志备考》中,张澍先生有一段批注:"昌松县在古浪西北,《元和郡县志》故城在今县东北十里,汉苍松县也,按今之黑松驿也。"《甘肃通志稿》也记载:"黑松林堡在县南三十里,即旧苍松卫。"

从现在发现的出土文物来看,黑松驿为古苍松县的县治是有一定根据的,但有待进一步考证。

五、新中国成立初人民军队对武威古浪的支援

李元辉：田先生，您是武威解放的历史见证者。今天，您给我们讲讲您眼中的那段历史。

田国治：我是1949年参加工作，在武威工作了5年，后来调到古浪工作，一直到退休。1949年9月13日，古浪解放，16日武威县解放，中国人民解放军第三军第八师驻防武威。我所知道的几件事，令人影响深刻。

一是宣传中国共产党的政策，深入农村调查研究，了解民情，侦察敌特，处理一些急需解决的问题。三军八师在9月底，派出了一个工作团，下设三个队。团部设在武威大河区清源乡郑定国庄院内。团长郝兴元，那时他还兼任师民运部

年轻时期的田国治
（供图：田国治）

部长，一队队长由副营长郭振善兼任，二队队长由连指导员郭兴兼任，三队队长由副营教导员担任，姓李，名字记不清了。这三个队，每队20多人，都是连、排级有文化的干部，山西人最多。一队在古浪土门、大靖一带工作，二队在武威张义、靖边区工作，三队在武威大河区工作。

我当时由大河区支前委员会主任王怀清、副主任曹世富指派，跟随工作团到清源乡。顺便说一下，王怀清是山东人，原四军的连长；曹世富是陕西人，原四军的排长。我跟郁占胜、温光金、杨积功、杨治英等同志在赵家庄、萱家庄一带工作，主要召开群众会，宣讲中国人民解放军布告，动员群众借粮借草、做军鞋、磨面粉，访贫问苦，培养积极分子。当时发现了赵宗智、王兴元、徐兰英等一批积极分子，以后秘密接受赵宗智为共产党员。后赵宗智提拔为大河区副区长，王兴元提拔为乡长，徐兰英提拔为妇女主任。

到乡村要处理大量的事情。我清楚地记得，有一件事因为处理得当，让我们共产党的威信大大地提高了。一次，一个老奶奶把新寡的女儿许了两家。

前一家穷一点,是女儿自愿的;第二家家庭条件好一点,女儿不愿意。当时两家因为抢亲械斗起来,打得头破血流。群众报告到团部,要求处理,在团部围满了人。郝团长开了座谈会,两家都申述理由。郝团长问清了谁先打人,又和老奶奶、寡妇个别谈了话。最后郝团长向群众讲话,交代了党的政策,打架谁先动手谁输理,批评了打架的错误,说以后有啥事讲理,不准打人骂人,并当场问寡妇愿意跟哪一个。寡妇指了意中人,郝团长就让寡妇的意中人把她领去,又批评了老奶奶包办婚姻要彩礼的错误。这样一处理,群众反响很好,认为共产党处理"官事"非常有道理,也明白了婚姻自由、先出手打人是错误的道理。此事传遍四面八方,得到了群众的拥护。以后群众的借贷、雇工纠纷也来找工作队处理。我记得,属高利贷者,利息减半;雇工不能随便解雇,让谁都有饭吃。这样处理,得到了群众支持。

二是调查社情民意。我们了解到当地广大农民过着衣不遮体、食不果腹的贫困生活,少数地主过着衣来伸手、饭来张口的醉生梦死生活。强烈的反差对比,使人触目惊心。特别是个别恶霸地主欺压人民,残害百姓,奸淫妇女,逼死人命,罪恶累累。我们将这些材料都交给当地区乡政府,为减租反霸斗争做好了准备。

三是侦察敌特活动。一天早上,大河区公所门口蹲着一个姓马的人,他说,要找共产党的干部说件事。当时领导不在家,王怀清、曹世富前两天去了红水河十二墩,只好由我们接待。姓马的人说:"昨天晚上,武威城上出来了六十多个人,每人一匹马、一支枪、一把刀,要攻打大河区,杀共产党祭旗。我不愿干,他们把我拴在马尾巴上拖着走,在距大河区公所三华里的老爷庙,我挣脱开绳,爬在一个古坟坑里。他们找不到我,一个头头说:'坏事了,尕娃跑了,到大河驿给共产党报信去了,今晚不能打了,赶快向东沙窝撤吧!'他们走后,我才到区公所门口。夜里我不敢叫门,直等到你们开门。我不敢回家,请共产党保护下我吧!"听后,我吓出了一身冷汗,因为那天晚上打过仗的王怀清、曹世富两人都不在,区上只有旧户籍员范璋、一个炊事员、四个年轻娃,以及我和田国英、刘万金、楚文彦四人。区上枪倒有十几条,但我们都不会用,要是土匪来打,我们是非常危险的。

我决定立即把情况向上面汇报。正好那天郝团长来区公所,我们报告后,他给八师写了一封信,叫他的通讯员贺兴送去,又叫我和刘万金把姓马的人,送到县政府交李振华县长处理。我们就将姓马的人送到武威县人民政府。第二天八师派出一个骑兵侦察连 100 多人，由郭科长带领，在区上问明情况后，向东沙窝追击。据说一直追到吴家井打了一仗，救了被土匪蹂躏的看井老人和他的孙女。土匪周旋于永丰滩、海子滩沙漠地带，后转入祁连山地区。

四是兴建了一批水利、建筑工程。我所知道的是，在武威文化广场兴修了一座大礼堂，当时开大会、唱戏、演电影极为方便，活跃了城市文化生活。又兴修了古丰渠、黄羊渠等水利工程。古丰渠由八师二十三团全体指战员兴建，工程于 1950 年 4 月 6 日开工，7 月 23 日竣工，修成一条宽 3 米左右、深 1 米、长 14.2 公里卵石砌的干渠，引柳条河上游水于古丰川，使 15 000 亩旱地、半旱地得以灌溉，提高了产量，获得了丰收。

八师工作团到 1951 年抗美援朝时才撤走。在武威留下的几个同志，我所知道的是郁占胜，他 1949 年 12 月被任命为武威大河区副区长。他到区上时把我也带回区上，我被安排为大河区八乡文书。温光金被任命为武威县税务局股长。工作团原班人马随部队参加了抗美援朝战争。

六、《古浪县水利电力志》的编纂

李元辉：田先生，您主编过《古浪县水利电力志》，请您给我们讲一下编写心得。

田国治：好。《古浪县水利电力志》是在党和政府的领导下，上级修志部门的具体指导下，历经三载，从 1988 年 8 月开始，1990 年定稿，1991 年 8 月铅印出书。

志书共 18 章 77 节 118 目，计 28 万字；其中地图 13 张，包括彩图 5 张；照片 118 张，包括彩照 72 张；表 58 份 86 张，表格占志书文字页数的 22%。

志书结构是完成了，但这是一部什么样的志书呢？能否符合党和人民的要求？有待于专家、学者、老水利、知情者、同行们的评定述说，以后再看分晓。我先就编撰志书以及对这本志书的理解程度谈几点感受：

一是横排竖写是历代修志的成功经验，做到横不缺项，志不断线，力求全面反映古浪水利电力事业的全貌。

安享晚年的田国治
（供图：田国治）

二是详今略古、详近略远、详主略次、详异略同是志书书写的原则。

三是突出地方性，也就是体现地方特色。

四是体现科学性。科学性体现在两方面：一是突出水电工程建设中的科学性，二是志书写法上的科学性。

五是突出时代性，也就是突出政治性、思想性。

六是人物入志，以事系人的方法最好。

七是图表配合得当，起到了文字不能详述的作用。"一揽万里""一表代千言"，发挥了文述其情、图示其意、表尽其详的功能。

《古浪水利电力志》文字 388 页，近 28 万字，其中图 13 张，占页数的 3.3%；表 58 种 86 页，占页数的 22%；照片 118 张（彩照 72 张），其中反映工程面貌、施工、效益的 79 张，占 67%；水利历史文物 9 张，占 7%；中央、省、地领导视察的 16 张，占 13.6%；水电工作活动场面 14 张，占 12.4%。

（李元辉、李文钧整理）

传承阐释武威金石文化的王其英

王其英

1957年9月5日出生。1982年1月毕业于西北师范大学，曾任中学教师、武威市凉州区政府办主任兼《武威市志》总编、区教育局党委书记，武威市教育局、市住房公积金管理中心副调研员等职务。武威市凉州文化研究院学术委员、名誉研究员。主编《武威金石录》《西部明珠凉州》《可爱的凉州》《武威特色文化述要》《武威少数民族述要》（合著）《武威金石志》，编著《凉州历史文化散论》《历代咏凉诗选析》，参编《爱我中华　爱我武威》《中国国家人文地理·

王其英先生参加学术研讨会
（摄影：刘忠）

武威》等多部著作；编辑、修订、通稿地方志和地方文献资料（专题片）20多部，在报刊发表文章数十篇。荣获甘肃省地方史志先进工作者、全国关心下一代工作先进工作者。

王其英先生主要从两个方面介绍了武威的历史文化：一是武威金文概况、武威石刻概况、武威匾额概况、武威金石的价值、《武威金石志》整理编辑概略等武威的金石文化；二是凉州词产生的宏观背景、凉州词的主要内容和成就、凉州词的地位和影响。

一、关于"金石"与"金石学"

李元辉：您好！听说您在 2021 年出版了一本非常厚重的《武威金石志》，请您给我们谈一下武威的金石文化。

王其英先生编著的《武威金石志》
（供图：王其英）

王其英：好的。我们武威呢，金石文化是非常丰富的。在谈这个问题之前，我先谈一下什么叫金石和金石的一些基本知识。

李元辉：好的，那您就先和我们聊聊金石的一些基本知识吧。

王其英：在中华文化中有很多瑰宝，其中呢，有一种东西叫金石，是非常珍贵的。古代的人留下了许多事迹，出于不同的目的，想要永久地流传下去，要树碑立传，铭功述德。古人认为，只有把这些东西刻在金属制品上，或者是刻在石头上，才能够永远留存在这个世界上。纸质文章，过个几百年、几千年，就自然风化了，或碰上天灾人祸就没有了，留在丝绸、简牍上的文字也没有了，只有留在金属上或石头上的千百年的东西，可以保存下来。

李元辉：可见"金石"这个词语见于史册很早了。古代"金石"有哪些种类？

王其英："金石"一词，起源很早，最早《吕氏春秋·求人篇》就说夏禹"功绩铭于金石"，是说大禹的功绩要刻到金石上。"金"就是金属制品，主要是铜器，大部分指青铜器，指有铭文或文字的铜器；"石"主要指有文字的石刻。古代留存下来的很多，像大禹治水的事情，还有西周时期的大盂鼎、虢季子白盘、散氏盘等这些，都是很有名的，这个是属于"金"的作品。秦始皇统一中国以后呢，有泰山刻石，传说是李斯写的，到现在还保存着。

首先来说碑吧。碑起源很早，但并不是凡刻有文字的石头都是碑。传说尧舜之前就有碑。就其作用而言，碑可分为四种：一是立于宫、庙门前"识日景，引阴阳"，类似于"日晷"，实际上是古代的一种记事钟；二是宗庙院内拴祭祀牲畜的石柱；三是公卿大夫门前用来系马的石头，类似于系马桩；四是墓碑。墓碑和前述三种碑不同。这种碑原为大木，后来发展为一块大石板，中间上端穿一个圆洞。古人办丧事，把石板或大木直立于墓穴四角，利用它来扣牢粗大的绳索，慢慢地把棺材放下去。起先，这种墓碑都是无字的，殡仪结束后随即留在墓穴里。大约到西汉晚期，人们就用这现成的碑，简单地刻上墓主的姓名、官位、生卒年月等；再后来就越来越复杂，文字也渐渐多起来，通过树碑而达到立传，进而纪功颂德的作用。这块石板就被称为墓碑。今天词汇中的"树碑立传""口碑""丰碑""铭刻""铭记"即源于此。从此以后，人们称刻有文字的石板为碑，不刻文字的反而不算碑了。竖立墓碑之风气至东汉开始盛行，墓碑成了炫耀身世的重要手段。人们不仅用文字为死去的人树碑，还有刻图为马树碑的，昭陵六骏就是唐太宗李世民为他的六匹骏马刻像树碑。历史上不少文章、绘画、书法等，就是经刻石才流传下来的。

李元辉：碑刻文字对我们了解历史很有帮助。碑刻有哪几种？一块碑由哪几部分组成？

王其英：由于碑刻文字的广泛应用，碑文也逐渐成为一种文体。一块碑可以分为这几个部分：碑的上方称碑额或碑首（碑头），刻有螭、龙、虎、雀等饰物。下面长方形的一段，刻碑文的一面称碑面，或称碑阳，其背面为碑阴。碑阴有的刻字，有的没有，有的原来没有，后人补刻。碑是一块石板，或厚或薄，厚的墓碑，其侧由于较阔，可以用来刻字，也可以刻花纹，称为碑侧。靠近碑文第一行的侧面称为右侧，靠近碑文末一行的侧面称为左侧。碑的两侧，也常有刻字的。著名的大碑，碑侧刻有螭龙花草图案。早期的碑，碑额和碑面是连在一起的整块石板，汉碑较小，魏晋以后，愈来愈高大；到了唐代，碑的制作愈加精工，碑额和碑面分用两块石板刻成装配。为了防止碑石沉陷，常制作一块长方形的平面石板，依照碑的宽度和厚度，刻成一个凹的槽，将碑嵌入其中，这就是碑座，又称碑趺。

一般来说，墓碑因立处各异，亦有不同名称。立在墓道上的称为神道碑，立于墓前的称为墓表。墓表一般没有铭文（韵文）。安葬逝者时和棺椁一起埋在墓穴内的石头(或墓碑)称为墓志,刻有姓名、世系、事迹等内容,主要是防备陵谷变迁,让后人辨认。最初的墓志并无定例,发展到后来,墓志一如碑刻。刻在墓志上的文字称为墓志或墓志铭,有的还有序。志即记识、记载之意。碑志就是以碑记事,是碑文中的前半部分,一般用散文写成。铭,又称辞、颂,原系"铭刻"之意。碑铭是碑文中的韵语部分,用以概括全篇。凡是墓志、墓志铭,一般不能说立,因为都随着棺材埋到里面了,后来发掘墓葬的时候,都说哪里哪里出土了墓志或墓志铭。神道碑、墓表都立在外面,没有埋到里面,所以可以称之为立。墓碑文字是适应古代殡葬制度而产生的应用文,作为原始的历史文献,可补史书阙遗,举凡官职、世系、地理、风俗、文学、书法、文字等,内容极丰,素为学术界所重视。除作为墓葬断代的确证外,墓志等碑文对于我国文字的演变、书法艺术的研究,也是非常珍贵的材料。

还有一种碑,称为祠庙碑。过去,各个家族都是有祠堂的,祠堂是子孙纪念祖先、民众纪念先贤等的建筑物,寺庙宫观是信徒供奉佛祖、菩萨、圣贤、神仙的建筑物。在这些建筑门前的竖石上刻上文字,记述受祭祀者的道行功绩,就是祠庙碑。在汉魏以前,人们对于碑的观念,只限于墓碑和祠庙碑两种,共同点是都限于纪念过去的人物——现实的和神话传说中的人物,至于记载其他事物的石刻,一般都不称为碑。发展到后来,碑的内涵和外延都发生了变化,大凡重要的建筑物、重要的活动、重要的事件,如喜庆、祝贺、开张、竣工等社会生活中的事情都可以立碑纪念。

除碑刻以外,摩崖文字、宗教造像、塔铭、经幢也属于金石。把文字刻在山壁上,这种形式的石刻文字称为"摩崖"。摩崖不算碑,但也有称碑的。摩崖的起源可上溯到远古时代的岩画,但一个是画,一个是文字。许多名山上都有摩崖,如泰山摩崖文字累累,气象雄伟。把佛像刻在山壁上,或用石头、木头、金属等雕成的形象统称为造像。石窟中的佛像都是造像。最早有文字记载的铜造像是秦始皇制作的,他销天下兵器铸金人十二,立于宫门之前。造像盛于北魏,与北魏皇帝崇佛密切相关。造像有大有小,大的可以占据一座山峰,如四川乐山大佛,小的可以供养于家庭佛堂中。造像大都有铭文,有的书法非常精美。塔铭其实也是墓志。和尚、尼姑死后都用火葬,造一个塔形墓,将骨灰安放其中,另外刻一块方形或长方形的志铭,砌在塔的正面,这就是塔铭。这种塔几乎每一个古寺都有,而以少林寺的塔林为大观。

经幢是盛行于唐代的佛教石刻。一般形式是一个六角形或八角形的石柱,上有宝盖,下有莲花座,竖立在佛殿或山门前,或大道口,或驿亭旁,柱上各面都刻有佛经和其他文字。

除上述以外,秦汉瓦当、古陶、古砖、甲骨、匾额等,只要是有文字和图画的都可以归入金石作品之列。

金属方面的作品主要有古兵、铜器、古镜、古钱、符牌、古印等。古代兵器一般都有铭文,记载制造者或用者的人名或国名、邑名、军队名。许多铜器上都有铭文,记载器物之重量、制作工匠的姓名等,甘肃武威出土的铜奔马及铜车马仪仗俑上就刻有文字和符号。古代的铜镜大都镌有铭文或图形。

古钱也称古泉。钱,原是一种农具的名称,其形状类似铁铲。充当原始交易之货币,有刀、布、贝和铲形等,后取天圆地方之义,制成方孔圆形金属币。钱币作为历史文物,不仅是政治、经济、文化的反映,而且很多具有高超的书法、艺术价值。符牌是作为调动军队、出入宫禁、职务变动的信物,有虎符、鱼符、龟符、铜牌和牙牌等,形状不一。古印也称玺、印、宝、钤、章等,有官印和私印。印章作为一种实用的信物和政治权力的象征,起源于春秋,确立于战国,兴盛于秦汉,至明清发展为兼具欣赏价值的一种文人篆刻艺术。

李元辉: "金石学"形成于什么时期?对研究历史文化帮助很大吧。

王其英: 由于金石起源早、种类多、价值高,很早以前就引起专家学者和金石爱好者的垂青,留下了许多记载和研究金石的著述。南朝梁元帝萧绎的《碑英》120卷,是我国著录碑碣石刻的始创之作。金石学形成于北宋时期。欧阳修是金石学的开创者,其《集古录》和刘敞《先秦古器图碑》、宋徽宗赵佶《宣和博古图》、吕大临《考古图》、赵明诚《金石录》等都是宋代研究金石的专著。宋代之后,金石著作汗牛充栋。清代学者王鸣盛等人正式提出金石学这一名称。之后,金石学受乾嘉学派影响,进入鼎盛时期。乾隆年间,梁诗正等据清宫所藏古物,奉敕纂修《西清古鉴》等书,推动了金石研究的复兴;其后有《积古斋钟鼎彝器款识》《捃古录金文》《寰宇访碑录》《金石萃编》《古泉汇》《金石索》等书,均为有成就的金石学著作。这一时期研究范围扩大,鉴别和考释水平显著提高。近代以王国维、罗振玉、郭沫若、朱剑心、马衡最著名,都对金石学做了较全面的总结。宋朝石鼓文的出土和清末甲骨文的发现是金石学的重要里程碑。众多的学者通过研究金石上的文字,考证我国文字的始源与演进,修正了许多经史之讹误,拓宽了历史学、语言学、考古学、民族学、宗教学、图书学、地理学和书法、美术、文学等方面研究的领域。

清代武威籍学者张澍就是一名著名的金石学家,他于 1804 年发现西夏碑,成为研究西夏学的第一位学者,并著有《大足金石录》《博古图录》等金石专著,在他众多的著述中收录、辑录了许多碑刻文献。民国武威名士贾坛酷爱金石,发现、收藏并保护了不少金石。

二、关于武威的"金石"

李元辉:接下来请您给我们谈一下在武威现有的金石作品中属于"金"的部分。

王其英:好的。据历史记载和现有金石作品研究分析,武威历史上产生过丰富的金石作品,有不少作品极具历史、科学、艺术价值,在我国金石史上占有重要地位。即将出版的《武威金石志》收集了 700 多通(件)金石作品,这虽然是一个不小的数字,但在武威 2000 多年的历史长河中仍然是微不足道的一部分,其他或遭毁弃,或仍然长眠于地下。

在武威现有的金石作品中,属于"金"的部分主要是鍑、钟、鼎、印、镜、壶、刀、币、锭、筒和佛教造像、动物造像等,数量不多,但种类较为齐全。

武威出土的最早的一件青铜器经专家初步推断是秦末汉初匈奴铸造的大型青铜鍑。在匈奴驻牧之地武威出土的这件青铜器,连同历史记载的匈奴人的祭天金人,反映出当时匈奴的经济发展程度和高超的金属铸造水平。汉代铜印、铜镜和五凉的凉造新泉,虽然数量较少,仍可反映出武威历史之悠久及古代经济、文化之繁荣。

汉尚方规矩镜上除刻有铭词和十二地支外,还以纤细流畅的线条勾勒出 8 种奇异的飞禽走兽,整个镜面图案布局协调,相映成趣,颇具艺术价值。

雷台汉墓出土的铜奔马及铜车马仪仗俑,造型精美,设计独特,寓意深刻,颇具浪漫色彩,是无与伦比的艺术珍品,堪称我国青铜艺术的巅峰之作。

武威长史印、宣威长印、姑臧右尉印、临松令印等,这类文物虽然数量有限,但具有较高的研究价值。临松令印及前凉霸文刀、后凉麟嘉刀是研究五凉时期行政建置、官职、武器装备的珍贵文物。

元代铜壶、铜熏鼎铸造精美,铭文完整,从一个侧面反映了地方官吏与西凉州人民共同参与佛事活动和各民族之间友好相处的社会生活。

在凉州发现的钱币达 15 万枚之多,有汉代半两、货泉、五铢,唐代开元通宝、乾元通宝,五代的乾德通宝、汉元通宝,南宋的建炎通宝、绍兴通宝,西夏福圣宝钱、天盛元宝等。在武威出土的最珍贵的铸币当属凉造新泉。据专家研究,凉造新泉是前凉时期凉州本土铸造的钱币,是当代钱币界所瞩目的罕见钱币之一,被称为中国古代钱币宝库中的一颗明珠。目前发现的凉造新泉有三种版式。凉造新泉的发现是研究魏晋十六国时期河西经济和货币流通状况的实物资料。在凉州出土的西夏钱币殊为珍贵,特别是西夏铭刻计量银锭和西夏文钱。在出土的 22 件银锭中,有 17 件锭面有铭文及戳记符号,填补了西夏使用银币有记载而无实物的空白,是研究西夏经济发展和铸币的第一手实物资料。

唐代大云铜钟,形状古朴精美,钟声洪亮;钟体图案分上、中、下三部分,每部分又分 6 格,分别饰以飞天、天王、力士和鬼族,线条流畅,神态逼真,突出地表现了雍容华贵、雄奇壮伟、不着一字、尽得风流的冶炼铸造技艺,是罕见的艺术珍品,也是凉州平安吉祥的象征。

李元辉:接下来请您再给我们谈一下武威现有的金石作品中属于"石"的部分。

王其英:属于"石"的金石作品主要有两类:一类是人类早期的艺术作品岩画,一类是真正意义上的碑刻及少量的石造像。碑是武威金石中的大族,形式上有碑记、墓志、铭序、墓表、圹志等,从内容看主要有五类。

第一类颂功记事碑刻。这类碑刻主要是墓志(神道碑)及功德碑、世勋碑、孝廉碑、烈(贞)女碑等,记载达官显贵及其家族的历史、功勋和清官良吏、忠孝节义之士(女)的事迹。《武威金石志》收录墓志 138 通,加上一些功德碑,涵盖了武威历史名人中的一大部分。《贾思伯碑》《贾思伯墓志铭》给我们提供了一个值得研究的人物家族。碑载,思伯为"武威姑臧人",《北史》《魏书》都有类似记载。据考,武威贾氏源于西汉贾谊,贾谊之后曾为武威太守,子孙入籍武威,并出过许多名人,如三国贾诩,北朝贾思伯、贾思同兄弟等。武威是贾氏郡望所在,《广韵》曰:"贾姓,望出武威。"贾思伯先辈及其后代在山东为官并寓居寿光,与贾思伯兄弟同时代的中国古代杰出的农学家、《齐民要术》的作者贾思勰为山东寿光人,清代著名学者张澍认为"后魏贾思勰疑是思伯、思同兄弟辈"。今山东淄博市齐城农业高新开发区万亩农业示范园内建有贾思勰纪念馆。纪念馆一层分三部分,第一部分主要展出贾思勰及同宗兄弟贾思同、贾思伯的生平要略。唐朝中期名将段秀实本籍姑臧,唐德宗《赐太尉段秀实纪功碑》称颂了段秀实面对叛贼朱泚的淫威,不畏强暴、英勇就义的英雄气概,唐代大文学家柳宗元的《段太尉逸事状》中描绘了段秀实勇服朔方将领郭晞、仁愧焦令谌、节显治事堂三件逸事。历史上武威世家、名人众多,如段韶家族,安氏家族(包括安元寿、李抱玉、李抱真等),契苾何力家族,论弓仁家族,吴允诚家族,达云家族,杨嘉谟及其家族,李栖凤家族,民勤王氏、马氏、彭氏家族,古浪毛忠家族、张起鹍家族等;烈士武臣如苏敬、徐廉、张达、李义、张烈等,文苑精华如阴铿、李益、余阙、张美如、张澍、李于锴等,著名清官良吏如祁光宗、武廷适、范仕佳、欧阳永裪、徐思靖、杜振宜、文楠、王赐钧、陈佳英、铁珊、张兆衡、康陶然等;史书不载的武威籍名将巨宦姚辩、巩宾、张琮、翟舍集、郭千里等;还有不少公主、诰命夫人和贞烈节妇,如长眠于凉州大地的四位唐朝公主弘化公主、李彩、李季英、武氏,诰命夫人契苾夫人、新息郡夫人、雷太夫人及李益夫人卢氏、令文豪元稹深切怀念的庶岳母段氏、贞烈民女凤姐、高节妇杨氏,等等。这众多的历史名人群像,都能从武威碑刻中领略到他们的功勋业绩和精神风采。另外,武威的一些汉族姓氏和由少数民族姓氏演变而来的单、帖、铁、妥、朵、脱、火、鲁、论、若干(苟)、毛、他等姓氏,还有对丝绸之路产生重要影响的粟特商胡"昭武九姓"之康、安、曹、石、史、翟等,大都可以从武威碑刻中找到源头来历之线索。

李元辉:这些碑刻就是见证武威悠久历史、灿烂文化的"化石",其实就是一位位沉默的历史老人。

王其英:是的。武威现存的碑刻和碑刻文献展现了武威从古到今,人才济济、地灵人杰的历史面貌,真可谓武威英华辈出,石碑为证!

第二类寺庙宫观碑刻。这类碑刻一般立于寺、庙、宫、观、祠堂、坛台等处。武威寺庙宫观众多,大凡规模较大者都有碑刻,记载其肇建、重建、修缮等历史演变过程,这对研究祠庙和宗教历史文化及社会背景具有重要价值。刻于明宣德年间的《重修凉州百塔寺志》《建塔记》,记载了凉州白塔寺及发生在公元

13世纪的"凉州会谈"情况,向世人昭示了西藏成为中华民族大家庭一员的重要历史。武威文庙究竟建于何时,目前通行的说法是建于明朝正统年间(1436—1449),主要依据是立于明成化六年(1470)的《重修凉州卫儒学记》碑。但根据《重修武威文庙碑记》(1938)和《重修文庙创建庙产碑记》(1949)等记载,文庙始建年代应在前凉或西夏。此二碑虽然创制时间较晚,但其根据有关记载和"父老传闻"及文庙"规模宏大,气象雄壮"的情形,确定其"非府县文庙所及",可谓言之凿凿。如把文庙的肇建年代确定为前凉,则提前了1000多年;如确定为西夏,则提前了约400年。根据全国现存文庙的情况考察,武威文庙确实具有国家级文庙的规制,推测其始建于前凉或西夏是有充分根据的。唐代的《凉州御山瑞像因缘记》碑,记述了一个极富传奇色彩的佛教故事,对研究北魏高僧刘萨诃的行迹和解说敦煌莫高窟的一些壁画、塑像提供了实物资料,历来为敦煌研究者所重视。《海藏寺藏经阁记》碑,记述了清朝雍正年间(1723—1735)海藏寺住持际善法师,不畏艰险,历时8年,东行求经的动人事迹。正是这一壮举,朝廷钦赐海藏寺明版三藏真经6820卷,加上明英宗颁赐罗什寺汉文版大藏经1套共4000多卷,使武威成为全国屈指可数的馆藏明版藏经最多的地区之一。刻于明天启二年(1622)的《增修大云寺碑记》,记载了日本僧人志满游历凉州,于洪武十六年(1383)开始募化增修大云寺的一段历史,成为中日佛教文化交流史上的佳话。

李元辉:这些碑刻更能说明古代武威是佛教东渐的中转站,处于佛教传播中心和枢纽的位置?

王其英:佛教在凉州的传播是早于中原地区的。《罗什寺碑》说"凉地建塔,始自于秦"。十六国时期,武威一度为北中国佛教中心,高僧法师辈出,译经成就显著。明清时期,寺庙遍布城乡,特别是敕建寺院较多,如清应寺、大云寺、罗什寺、白塔寺、海藏寺、善应寺(莲花山)、金塔寺、广善寺(天梯山石窟)、安国寺、福寿寺等。这些寺院规模宏大,高僧云集,多为河西乃至西北名刹,且集中了许多著名的寺庙碑刻。同时,在这些寺庙的创建与重建、修缮当中,涌现出一批名垂后世的官员和缙绅,他们钟爱并守护凉州名胜古迹及金石碑刻的不世情怀令后人尊敬有加。除儒、佛、道之外,武威是河西天主教、基督教、伊斯兰教传播较早的地区,袄教、景教、摩尼教、萨满教等古老宗教在凉州也有很深的印迹。唐代凉州的袄神祠规模较大,武威康氏、安氏、史氏曾为袄教萨保(掌祆教事务的官员),因此也保存了这方面的一些碑刻。

李元辉:武威自古以来就是民族融合的地方,保存了大量的少数民族碑刻。请您再谈一谈保存在武威的有关少数民族碑刻。

王其英:下面我就要谈到第三类碑刻,也就是少数民族碑刻。武威是少数民族活动的重要地区,少数民族政权统治时间较长,是真正意义上的民族融合的大熔炉,保存了较多且在金石史上占有重要地位的少数民族碑刻。弘化公主及慕容氏王室的10通墓志,为研究唐王朝的民族政策、民族关系和吐谷浑民族的历史、家族世系、民族融合等提供了宝贵的资料。元朝大学士虞集撰写的《高昌王世勋碑》和元朝名臣危素撰写的《西宁王碑》,一面为汉文,一面为回鹘文,叙述了回鹘人(维吾尔族的前身)的起源和变迁,史料价值极高,是研究高昌回鹘历史、语言及高昌王、西宁王家世的珍贵资料。《重修护国寺感通塔碑铭》是目前中外学者研究西夏文字和西夏历史文化最完整、最系统、最重要的实物资料,内容极为丰富,有反映社会经济和阶级关系方面的内容,也有反映官职、民族关系、佛教盛况方面的内容,同时还记载了一次历史文献所没有记载的大地震,尤其对西夏语言文字的研究堪称"活字典",在中外学术界影响颇大。隋唐时期的《姚辩墓志》《康阿达墓志铭》《论弓仁碑》《史思礼墓志》《安元寿墓志》《李抱真墓志》《契苾明碑》《翟公墓志》,元代的《孙都思氏世勋碑》,明代的《恭顺伯吴公神道碑》等,记载了武威众多的少数民族俊彦的来历及其功业、仕宦,对研究民族迁徙、民族融和、民族文化、宗教信仰及婚姻关系、姓氏演变等极具历史价值。

李元辉:除了上述三类,武威还有哪些碑刻反映了经济社会各个方面的情况?

王其英:武威还保存有大量的社会生活碑刻。这类碑刻主要有水利碑、祭田(水、龙)碑、简史碑、书院碑、庙产碑等,反映社会生活的各个方面。水是生命赖以生存和经济社会发展的基础,历来备受重视。大量的水利碑刻记载了武威的水利沿革、祭水、分水、水系、水利资产、兴修水利、水事诉讼与调解判案等方面的内容,对今天的勘界、水资源普查、水文气象研究、矛盾纠纷调处具有重要的参考利用价值。清欧阳永裿撰写的《敦节俭条约》碑,娓娓道来,事实清楚明白,说理朴实无华,字字句句都在警示人们反对奢侈,提倡节俭,在今天仍具有重要的教育警示作用。《大清中堂宪节捐资养羊济贫碑记》《甘肃布政使徐杞为请免柳林湖等地屯户借欠钱粮事奏折》等几通反映扶贫、减负和为民请命的碑刻,对今天的精准扶贫、减负惠民和保护农民利益具有积极的意义。《建置书院碑记》《创设古浪龙山书院碑记》和创建兴文社助学、送学的许多碑刻,记载了地方缙绅士庶为了实现莘莘学子的青云梦想,慷慨解囊,创建书院、修建学宫、筹设公益基金、议定垂久章程的功德,在很大程度上减轻了广大学子赴省上京考试的费用负担,这种民间公益优秀传统,是当代中国公益文化的固有基因。《凉州卫忠节祠记》《重修节义祠碑记》等专祠创建碑刻,在当前重新审视、研究、发掘、传承乡贤文化,践行社会主义核心价值观有着重要的现实意义。武威自古重视医学,历史上名医代不乏人,名药、医药名著层出不穷,《修建三皇庙记》等 5 通医药、健康、名医碑刻,昭示着武威医药文化的博大精深。

此外,还有一些当代纪念性碑刻,主要有奠基碑、建厂(校)碑、创业碑、共建碑、纪念碑、烈士碑等,同第一种碑刻基本类似,但不同之处在于此类碑刻从不同侧面反映了中华人民共和国成立以来,武威人民在中国共产党的领导下,战天斗地、艰苦创业的英雄业绩,一扫旧碑刻之文风,抒当家做主之情怀,比较真实地反映了武威半个多世纪的历史进程和巨大变化。另外还有一些寄寓理想、教育教化等内容的碑刻,如腾飞碑、劝诫碑等,还有一些地名碑、界碑、里程碑等,是当代社会重视教育、崇尚法治的反映。

李元辉:除了碑刻,武威市好像也有少量的岩画分布? 天梯山石窟的佛教造像应该也是一种金石文化吧?

王其英:是的,下面我就谈一下武威的岩画和造像。岩画是远古先民在岩石上通过摩刻和涂画,来描绘、记录他们的生产方式、生活内容及其想象和愿望,展现了远古时代的社会生活情形。这类作品虽然存量不多,历史年代不详,但它为武威增加了一种重要的石刻文化类型,具有极高的研究价值。凉州区西营镇甘泉沟石马踢战岩画,在约 4 平方米的岩石上,画有一牛二鹿三马和数羊;松树镇莲花山岩画,图形为动物和太阳;莲花山兽纹石浑然天成,似一只猛虎卧于山坡。传说汉飞将军李广在一次打猎中,误把此石当作猛虎,一箭劲射,连羽入石,故史书有"李广疑石为虎,射之没羽"的记载。该石刻因刻有狼、鹿、牛、羊、马诸形,故名兽纹石,极具民俗、艺术价值。古浪县大靖镇昭子山岩画,分布于长约 30 米、高约 10 米的黑色石壁上,面积约 4 平方米,有羊、狗、人面等图案,蕴含着太阳崇拜、动物图腾崇拜、巫神崇拜、山石崇拜等内容,也有反映太阳变化及气候、生态环境方面的内容。武威岩画中的各种图像,构成了文字发明以前,河西先民最早的"文献",不仅涉及原始先民的经济和社会生活,同时也是他们的精神产品,以原始的艺术语言再现了当时的社会生活。为数不多的岩画,既填补了武威岩画的空白,也反映了石器时代武威先民的生活,是研究原始社会生活和原始宗教活动的重要实物资料。

把佛像刻在山壁上,或用玉、石、木、金属等雕成的形象统称为造像。造像有大有小,大小殊异。目前在武威境内发现的造像种类、数量虽然不多,但也展现了古凉州金石文化的丰富多彩。杂木寺石崖造像、古城石佛造像、天梯寺大佛、高兴寺释迦牟尼石造像、北凉石塔、天尊石造像等,虽年代久远,但无不展现了当时雕刻艺术的高超水平。铜造像尤以明万历年间铸造的为多,铸造技艺高超,形象逼真传神,具有很高的艺术价值,如大河驿释迦佛铜造像、铜佛寺萨班造像、接引寺铜佛像等,特别是萨班造像,民族、宗教特征突出,兼具政治、艺术价值。

李元辉:武威的匾额文化也是丰富多彩的,具有深厚的文化底蕴。下面请您再给我们讲讲武威的匾额文化。

王其英:好。武威匾额遗存丰富,其中不乏大家之作,有的被收入《中华名匾》一书。介绍武威匾额的文章比较多,在这里就简单说一下。中国近现代史上著名人物如林则徐、左宗棠、牛鉴、于右任、张大千等均有墨宝留存,但今天多已无处寻觅;江泽民主席为武威题写的"银武威"匾,当代名家赵朴初先生为文庙题写的"顶礼文宗"匾都是不可多得的匾中珍品。民国年间保存武威匾额最多者当数武威文庙和凉州陕西会馆,据说分别不下 300 块,若保存至今,可建造两处琳琅满目的匾额博物馆。我们今天看到的匾额除其他零星分布和近人题刻之外,主要是文昌宫桂籍殿幸存的数十块匾额。这些匾额镌刻年代较早,书法造诣精湛,如赞颂武威人文荟萃、文风鼎盛的"书城不夜"匾,重视并强调精神文明建设的"文明以正""文明长昼""天下文明""文教开宗""人文化成"匾,寓意聚精会神、弘扬正气的"聚精扬纪"匾,注重道德修养、以德治国的"德盛化神""帝德广运"匾等。

古浪县的名胜古迹和寺庙保存、新镌了不少匾额,大多为当代名人题写、各具特色。1992 年辽宁人民出版社出版的《中华名匾》一书收录的匾额,虽然所选范围和数量有限,但作为与武威金石、古迹相辅相成的文化遗产,是武威人民优秀文化传统的艺术结晶。

李元辉:武威金石文化如此丰富,您是如数家珍啊。那么,武威金石有什么样的历史价值?请您简要说说。

王其英:"武威莫道是边城,文物前贤起后生。不见古来盛名下,先于李益有阴铿。"(清许荪荃)。武威历史悠久,名人辈出,文化源远流长,加上土沃物繁,人烟扑地,寺庙宫观、名宅府第众多,更有丝绸之路重镇、中西交通孔道的地理位置,不乏达官显贵与名人贤士,留传的金石翰墨自是不少,能够保留下来的虽是百花之一瓣,但汇集起来亦可谓洋洋大观,犹如清代武威籍诗人张翔所言:"祁连磅礴拥孤城,文物当年似两京。"纵观武威金石,从数量而言,蔚为大观,是西北地区金石存量最多的地区之一,如果把它们集中到一起,就是一个规模宏大的碑林或金石博物馆;从形式而言,名目繁多,我国现存碑刻中的各种形式几乎无所不有;从历史、科学、艺术价值而言,珍品众多,不少作品是我国金石中的佼佼者,如前述匈奴铸造的大型青铜镀、汉代铜奔马及铜车马仪仗俑、西夏碑、高昌王世勋碑、西宁王碑等;从内容而言,比较客观真实地反映了武威数千年的历史,反映了远古先民到当代武威人民战天斗地、认识自然、改造自然、建设美好家园的精神面貌。一句话,武威金石是一部浓缩的武威历史,是武威人民的伟大创造和智慧结晶。

三、关于《武威金石志》的编纂及其他

李元辉:《武威金石志》是非常厚重的一本大作。接下来请您给我们介绍一下《武威金石志》的整理、编纂过程。

王其英:我们知道,整理古代历史文化遗产是弘扬民族优秀文化、提高民族自信心的重要手段。武威在几千年的历史长河中,民族较多,王朝更替频繁,各民族政治、经济、文化和地理、语言、宗教、民俗、社会生活各不相同,彼此在争夺与交流中,上演了一幕幕威武雄壮的历史剧,终以各民族文化的交汇融合和中原文化传统的传承而延续。在此过程中,文化传统源远流长,学术研究历代不辍,凉州士子闻名天下。历史长河,代代相继!三国时贾诩为孙武、吴起兵法作注。五凉时一批学者、高僧云集凉州,著书立说,译经讲学,为凉州赢得了"多士"的美称。北魏时一批凉州学者经邦论道,成为当时思想文化和制度建设的中坚;阴仲达、段承根为名臣崔浩所重,荐为著作郎,参修国史。隋唐时的凉州更是学术文化的荟萃之地,是边塞诗和凉州乐舞的源头所在。元代武威籍学者余阙曾参修宋、辽、金三史,并为五经传作注。清初张宗孟潜心研究天文、数学和易学,尤其是乾嘉之后,伴随着考据学的盛行,涌现出了如张澍、张玿美、张美如、潘挹奎、李铭汉、李于锴等一批有影响的学者文人,对经学、史学、金石学、地方文献整理挖掘、文学、书画艺术贡献颇大。特别是张澍,在地方史、文献学方面的成就属当时的一流水平,学术贡献得到张之洞、梁启超、向达等人的肯定。其"姓氏五书"是国内最系统研究姓氏学、民族学的绝学;金石学方面发现了西夏碑等重要碑刻,是西夏学的发轫之人,由此武威也成为西夏学的诞生之地;同时他还是敦煌学的先驱之一,辑佚成就影响了鲁迅。清代,出生于凉州的章嘉三世活佛、土观三世活佛,知识渊博,著作丰富,不仅是举世闻名的佛教大德,也是著名的大学者。近人李鼎超、李鼎文兄弟对家乡历史文化研究不遗余力,著述颇丰。当代还有一批为凉州文化而尽心竭力者,如聂守仁、梁新民、党寿山、冯天民、孙寿岭、杨常青、朱应昌、乔高才让、李玉寿、宋振林、陈开红、徐兆寿、李林山、李学辉、黎大祥、王继中、李占忠、李发玉等。

李元辉:看来武威历史上的这些大学者对您影响颇深。您也想继承张澍、张玿美这些历史名人的遗志,立志编纂出版一部《武威金石志》?

王其英:这个谈不上,也绝对不敢比。凉州文化博大精深,前辈的研究虽然硕果累累,但同时也有不少历史人物、历史事件在史籍中留下空白和讹误,给后人的研究与传播带来了不便和困难。保护、探究自己家乡的历史是邑人应尽的责任和义务。为家乡——中国历史文化名城武威做一些必要的注脚,尽一份绵薄之力,尤其在国家提出"一带一路"倡议和大力弘扬中华优秀传统文化的今天,让世人进一步认识武威的历史和现状,就是我们进行这一工作的企冀和目的。

《武威金石志》是在《武威金石录》的基础上完成的。《武威金石录》的编纂始于1998年,以当时武威市(今凉州区)为行政单元,人员方面除赵以太先生外,连芝爱、李忠文诸君都是兼职人员,大都没有受过系统的历史学特别是金石学的训练,使用的资料基本由他们自己积累和文博部门及相关单位提供,可资参考的书籍和资料奇缺,许多问题索解无门,只好留待后证,以疑存疑。这里,特别指出的是赵以太、连芝爱、王宝元诸先生生前对《武威金石录》的编纂竭尽全力,他们是影响我当初进入此道的动因,在此为他们祈祷冥福。

2001 年 8 月,《武威金石录》正式出版,在当时的武威文史界引起较大反响。但因为它是一部不成熟的资料汇编,确实存在不少缺憾。当时一些有识之士也建议加上金石背景材料和作者简介、注释等,做一部内容齐全、差错率较低的金石著录,只是条件还不具备,难以做到"大而全"。

我一直是做行政工作的,没有在地方志和文史部门工作过,所以有这方面的缺憾。除了自己以外,依靠的就是文史方面的一些老人。所以,要把《武威金石志》做实在,做大、做全,做到没有什么问题也是不可能的,当时可以说是草草上马。为什么要快快的呢? 因为那些老同志手头掌握着大量的资料,一旦因为老同志的健康原因和其他原因,这些资料可能就要遗失。一方面,金石作品,特别是碑刻作品,每时每刻都在自然和人为的状态下损坏,在消失。如果现在你到大云寺去,看到里面有一大块地方立着几十块碑,风吹日晒,这些碑每年可能就有几个字脱落了,看不清楚了。所以,当时我们也带有抢救性的动机,想把武威的这些文化遗产保存下来,把这本书就出了。这本书当时可以说是武威金石的一本资料长编。出版之后呢,就想着下一步做一部更加实在的,要把里面的内容进一步补正、补充。虽然书出了,但我对金石资料的搜集和金石著述的关注从来没有间断,但一直也没有时间去写书。

李元辉:可见,您为了《武威金石志》的编纂出版也是数十年如一日,其中的艰辛只有自己知道。

王其英:应该是吧。金石之学,涉及面极广,学问渊博精深,时长,难度很大,要求很高,我素抱敬畏之心,如履薄冰,不敢轻易涉足。说来好笑,我和我的团队对金石之学本是外行,都不是专业工作者,进入此门,纯属偶然。我们知道,在自然条件下和人为因素的影响下,碑刻文字每时每刻都在风化、剥蚀、脱落,整理编辑地方金石文献刻不容缓,绝不能使这一工作因多种顾虑而半途而废,甚至"流产"而抱恨终身。当时,赵以太先生曾一再提醒我尽早牵头为之,《武威金石录》就是在他的一再撺掇下搞出来的。现在看来,编纂金石志书确实是一个很好的课题,整理古籍意义重大。但在当时的情况下,只好等待时机,另寻出路。

机会终于来了! 2007年12月,在著名学者张克复先生的倡导和主持下,甘肃省地方史志学会、省新闻出版局、甘肃文化出版社在兰州召开《甘肃金石录》编纂座谈会,编纂工作全面启动。当时,按照张克复先生的意思呢,是利用3—5年时间,编纂一部大型的志书——《甘肃金石录》,共14卷,就是14个地州市各出一本。武威的明确由我负责。因为我虽然不是史志系统的人,但是张先生知道,我有这个基础,武威可以率先做出来。后来,工作虽然在有力地推动,但是动静不大。

过了5年,在2012年6月,由甘肃省地方史志学会牵头,在兰州再次举行《甘肃金石录》编纂座谈会,会议就编纂该书的重要意义、编纂体例、文字规范及要求、出版印刷等具体问题进行了讨论,并形成一致意见,有力地指导和推动了《武威金石志》的编纂工作。

李元辉:听说这次出版的《武威金石志》不同于此前的《武威金石录》,又增加了天祝、古浪、民勤县的碑刻内容?

王其英:是的。2007年12月会议之后,《武威金石志》才真正进入编纂轨道。在具体的编纂中,我们按武威市现行行政区划增加了民勤、古浪、天祝县内容,并继续增补凉州区内容,新增题解、作者介绍、注释三部分内容,进一步规范了编纂体例。

凉州区因有《武威金石录》做基础,将重点放在撰写题解、注释、作者简介、校对和资料补充上;民勤、古浪、天祝三县则要按照编纂规范全面实施。由于作者不是地方志和文化体制内的人员,又长期在凉州区工作,为方便编纂工作,落实编写计划,我邀请了专业基础扎实并热心这一工作的武威市博物馆副馆长梁继红负责三县组稿及凉州区内容的补充工作。为使这一工作扎实有效开展,少走弯路,我主持召开了部分编写人员会议,传达了省上金石录编纂座谈会精神,摘要打印了编纂要求和规范,人手一份,并强调各区县编写人员务必按此规范要求编写,由梁继红收集整理后交给我。2014年1月,梁继红提供了初稿:民勤县6万多字,穿插有照片,编者周生瑞、周飞飞;古浪县3万多字,编者杨文科;凉州区在原《武威金石录》的基础上增补了一些金石内容,共23万多字,编者梁继红、高辉。2015年6月,又收到天祝县初稿近4 000字,编者皇甫海。整体而言,收到的初稿以金石资料为主,题解十分简略,大都缺少注释和作者介绍。这是最初两年组稿的基本情况。但有了这个基础,就基本具备了再编写和增补其他内容的条件,开始进入下一个程序。组稿工作完成以后,文字校对、内容编辑、撰写作者简介、题解、注释及补充、完善、新增金石资料、加工润色和修订统稿工作,主要由我完成;初期的电子文件输入、纸质稿打印主要由柴多茂完成。我和多茂配合默契,他还参与了部分文字稿的整理编校、作注和图片编辑等工作。古浪的杨文科、民勤的周飞飞配合完成了部分资料的补充、修改工作,杨文科又补充了古浪岩画内容,提供了比较规范的图片资料。另外,凉州区古城镇校尉九年制学校校长张学瑞、西北师范大学历史文化学院 2018 级硕士研究生刘诗颖参与了部分碑刻资料的调查整理和编校工作。家人王蕴瑾、杨沛欣自始至终参加了本书的编务和部分文字资料的编校工作,尤其是在我不擅长电脑写作的情况下,至少保证了书稿编写工作的正常运行。

另外,我在组稿、修改、润色的过程中,自己也撰写了 100 多篇、30 多万字的"考稽札记",从不同角度或综述或分述,或简或繁,重点对武威金石的一些综合性、专业性、学术性问题进行了简要的综述或初步探讨,既有史实钩玄提要的知识介绍,也有个人研习的心得体会,将学术性和知识性、可读性融为一体,对帮助读者进一步了解武威金石文化的内涵和外延、聚焦某一专题或课题都具有一定的参考意义,冀求向社会普及金石文化、宣介地域优秀历史文化传统,也算是对新时代金石志书体式的一种探索。

李元辉:编纂出版这样一部大型志书,不仅费时费力,还要校勘错误、补充修订,真是不容易啊!

王其英:那是肯定的。在整个编纂过程中,金石文献的移录、校勘、标点、作注,都是丝毫不能马虎的细致活。此时此刻,备感学问之浅薄,工具书之重要(基层最缺乏的就是工具书)。为保证全书的科学性、学术性、知识性和可读性相统一,我们在不断增补新材料、悉心编校审订的基础上,对所掌握的资料进行再审视、再理解、再选择,把纠正差错、弥补缺漏、补充资料、提高原文的准确率和释文的科学性作为最高追求,认真分析,仔细推敲,孜孜以求,探微索隐,力求做到追溯有源,考证有据,信实为本,以科学、系统、全面地展现武威金石的历史文化元素和地域人文景观,尽可能把它做得完善一些,完美一些,争取以更好的质量呈献给社会和广大文史工作者。

2018年12月,在纸质稿上编辑、修校的第八稿完成,开始正式进入电子稿的修改阶段。其后,又进行了十多次校对和修改。在这五六年的时间里,我通过一些个人关系,增补了不少民勤、古浪、天祝县内容,凉州区内容也大大拓展。其间,我又购买了诸如《中国历代人名大辞典》等多种工具书和《唐代墓志汇编》《唐代墓志汇编续集》等碑刻资料,搜集了甘肃、武威及周边地区的地方志资料,以此搜罗、增补了大量内容,仅补充墓志就达60多通。

在书稿的编撰过程中,标点、作注、统稿,广涉职官、地理、人事、名物、语词等,棘手之处甚多,很难把握,难免千虑一失。最近看了《文史知识》2019年第10期刊载的关于古籍整理出版方面的一组文章,其中说到20世纪50年代组织全国文史专家点校的《资治通鉴》,出版后也陆续发现不少错误和需要商榷之处,深感自己学养不足,真有点班门弄斧之嫌,细思极为不安。尤其是在简体字转化为繁体字的过程中,新产生的错别字包括一些异体字和个别异化的词语,我虽然竭尽全力去校改,但仍然不能完全消除(这里也有计算机软件的问题)——这是简体字转化为繁体字版本当中遇到的一个新问题,也可能是本书的一个硬伤。

李元辉:《武威金石志》结构章节是怎样安排的? 能给我们说明一下吗?

王其英:可以。《武威金石志》上起新石器时期的岩画,下至当代,按照"存真、求实、慎改、标注"的原则,以保持原文、原意为宗旨,结构不采用章节体例,按照现行行政区域分卷编辑。分卷中,"凉州卷"分岩画、金文、碑石、墓志、匾额等编,每编篇目按历史纪元顺序排列;民勤、古浪、天祝因金石数量多寡不同,分类不求划一。另置"稽考札记卷"于行政区域分卷之后,重点是对武威金石的一些综合性、专业性、学术性的问题进行探讨或综述。全书共136万字,200多幅照片,以及一些附录资料。

为了与2001年出版的《武威金石录》相区别,新出版的书名为《武威金石志》,一字之差,内容、体例殊异,其中的艰辛甘苦更是不同寻常。作为一部展现武威历史文化的资料长编,能做到这个份上,拿出这个成果,实属不易,尽管有许多不尽如人意之处,但它对于保存武威历史文献,在给后世研究者提供参考资料方面仍有不可或缺的重要价值。遗憾的是受经费、人员、时间和精力所限,对许多出土、存放金石之地未进行全面系统的考察,对有些明知存在问题的地方未进行深入索解,只好如此了。我们的工作一定还有许多不足,书中肯定还有不少错讹和疏漏之处，期望得到专家学者和读者的批评指正，期望今后有《武威金石志》的补正、补录、补缺等问世。

李元辉：文史工作者大多从事的是一种枯燥乏味的文字工作，这么多年来，您是怎样坚持下来的？

王其英：要说做这个工作是极其枯燥的，苦闷而困乏，有时就想放下，但一种执着和追求又鞭策我坚持下来。在一个个凄清寂寞的夜晚，靠的就是这种自励和自觉，当然有时也能分享到几分快乐。可以说，这些成果基本上就是这样熬出来的。

在本书的编纂当中，一直得到了著名学者、文史专家、甘肃省文史研究馆馆员、甘肃省地方史志学会会长、原甘肃省地方史志办公室副主任张克复先生的大力支持和悉心指导。张先生长期致力于地方史志编纂与研究、文献整理、历史文化研究等工作，编审、主编、编著地方志书、文史丛书数百部，是陇上卓有成就的专家学者和方志界名家。他对凉州及凉州文化情有独钟，早在1999年，他牵头校注出版了《五凉全志校注》。《武威金石录》出版后，他给予热情支持和鼓励，《武威金石录》也荣获甘肃省地方史志一等奖。之后，他积极倡导并协调编纂全省金石录的工作。

西北师范大学教授，曾任该校古籍整理研究所所长、中文系主任、全国高校古籍整理研究工作委员会委员，我大学时的老师胡大浚先生，毕生从事中国古代文学、古籍整理等教学与研究，硕果累累，是国内资深的专家学者，有着广泛的学术影响力。当年《武威金石录》出版后，他写了一篇7000字的长文，给予了充分肯定，在热情洋溢的鼓励、评价、点赞中，还对校勘、选文、句读等方面提出了具体可行、富有见地的意见和建议，同时列举了不少碑志篇目，提示补充完善的目标方向，并用"野老献芹，微意在焉"之谦辞相勉励，期待我有"更多优秀之作不断推出，为地方文化建设做出更大贡献"。实际上，我就是遵循恩师之嘱和指引的目标，补充了许多新内容，完成了本书的编纂，不敢称什么"优秀之作"，只是向师长们和家乡父老交上一份答卷。

在本书的编纂出版中，得到武威市委、市政府的大力支持，市委宣传部、市政府办、市凉州文化研究院和市文广旅游局、市博物馆及凉州区、民勤县、古浪县、天祝县政府及相关部门、单位，以多种方式给予了无私的关心支持。凉州文化研究院张国才、王守荣以高度的责任感和认真负责的作风，多方协调，积极支持,做了大量工作。武威文史界前辈、专家党寿山、冯天民、孙寿岭、宋振林及李学辉、赵勇忠、释理凡、黎大祥、李林山、程对山、杨才年、王君、李元辉诸先生,在书稿的形成中,分别以朋友、知音和文化学者的身份,以对凉州文化、家乡事业特有的感情和深厚的学术素养,积极提供资料和线索,提出了不少意见和建议,匡正了一些错讹。武威八中82级高中学生谢治强、王会民、薛威、唐振涛等对本书出版给予积极的关心和支持;山东出版人、《诗意人生》杂志主编、著名诗人赵庆军,协调解决了本书出版中遇到的难题,使之得以顺利出版。天津古籍出版社责任编辑以认真负责的态度和扎实的专业知识功底,对本书倾心竭力。

四、关于凉州的历史与政区变化

王其英先生在查阅资料
（供图：王其英）

李元辉：谢谢您给我们介绍了武威的金石文化。您以前曾出版过一本《历代咏凉诗选析》,接下来,请您给我们讲一讲凉州词吧。

王其英：好的,在讲凉州词之前呢,我先讲讲凉州词产生的宏观背景,以便于理解和把握。

　　李元辉：对，每一种文化的形成必然要有宏大的历史背景和深厚的文化底蕴。

　　王其英：嗯，说到凉州词产生的背景，我们先要知道凉州的地理范围和地理环境，所以，我先从凉州的来历讲起。相传我国上古时期大禹治水，分天下为九州，即冀州、兖州、青州、徐州、扬州、荆州、豫州、梁州、雍州，西北地区属雍州。我国最早的历史地理专著《尚书·禹贡》中，详细记载了大禹治理水患、划分九州的英雄业绩，其中也记载了西北地区从陕西到甘肃河西潴野（石羊河流域）、弱水（黑河流域）、三危山（敦煌）等地的水利工程，作为他治理水患、划分九州的重要组成部分，同时奠定了汉朝以后凉州的基础。

　　汉元狩二年（前121），汉武帝发动了针对匈奴的河西战役并取得大胜，控制了整个河西走廊，打通了汉朝通往西域的道路，河西正式纳入中原王朝版图。中央政府先后在河西地区设四郡，置两关。四郡即武威、张掖、酒泉、敦煌，两关即玉门关、阳关。为强化中央集权，汉武帝于元封五年（前106）将全国划分为13州刺史部，简称州或部，每州置刺史1名，西北地区属凉州刺史部，"凉州"之名自此始。从此，"凉州"作为甘肃乃至西北的代名词，出现在中国的各类文献中。当时的凉州治所不固定，有陇县（今天水市张家川县城）、冀县（今天水市甘谷县）、姑臧（今武威市凉州区）。东汉后期，州刺史更名为州牧，为地方最高军政机构，凉州牧（刺史）是当时西北地区的最高军政长官。所以，东汉至三国时期，皇甫规、张奂、董卓、马超、姜维等人的凉州身份就是这样来的。三国魏文帝黄初元年（220）置凉州，以姑臧为州治，辖九郡，即金城、西平、安定、北地、武威、张掖、酒泉、敦煌、西海郡，包括除天水、陇南以外的甘肃大部和青海、宁夏、内蒙古部分地区。这是武威作为凉州治所的开始，也是正式称凉州之始。

　　李元辉：凉州的历史确实是源远流长，十分悠久。那么，古代凉州的管辖范围有多大？

　　王其英：刚才讲了一下凉州的来历，接下来我再谈一下凉州的地理范围。凉州所辖范围基本上是兰州以西至新疆东部地区。魏晋至唐朝前期，姑臧一直为州治，一度为四凉政权首府。

　　唐睿宗景云元年（710），设置了河西节度使，领凉、甘、肃、瓜、沙、伊（今哈密)、西(今吐鲁番)七州军事,包括河西全部及内蒙古西部、新疆东部地区,治所为凉州武威郡姑臧县。当时,全国设 10 个节度使,河西节度使统兵 7.3 万,战马 19.4 万匹,所领兵马位在 10 个节度使中居第二。

宋(西夏)至明朝,凉州(武威)分别为西凉府、永昌路、凉州卫驻地,所辖范围大小各异。清朝为凉州府,治所武威县,辖武威、永昌、镇番(今民勤)、古浪、平番(今永登)五县,包括今武威市、金昌市全部和兰州市的一部分。今天的天祝县在新中国成立以前分属古浪、永登县。

李元辉:这说明历史上,伴随时代的变迁,凉州的范围时而大,时而小,并不是一成不变的。

王其英:就是。纵观凉州的历史,不同时期的范围大小迥异,差别很大,可分为五个层次:一是超大范围,即古九州中的雍州演变而来的凉州,约相当于今西北地区;二是特大范围,即黄河以西地区,包括今河西走廊全部、兰州和青海、内蒙古、新疆部分地区,有时也包括河东部分地区;三是大范围,包括今河西五市并延及周边部分地区;四是中范围,包括今武威市、金昌市全部和周边部分地区;五是小范围,即今武威市凉州区。

唐代以前,凉州的地域范围大于河西地区,河西地区不等于河西走廊,今天地理学上所指的河西走廊只是历史上河西地区的一部分。

就空间范围而言,河西各地山水相连,有着相同的人文特性和相似的自然风光,加之历史上长期稳定的行政区划和民族构成,在文化上有一定的独立性和系统性。所以,人们通常把河西走廊看成是一个独立的历史地理区域和文化单元。

就时间界限而言,汉武帝设置河西四郡,河西作为一个整体纳入中原王朝的统治,至今没有多大变化,历史上发生的许多重大事件如窦融割据、五凉建政、北朝(鲜卑)统治、大凉称制、吐蕃占领、归义军节度、西夏立国等,河西各地始终是作为一个整体,在政权更迭、民族融合、宗教传播等重要历史发展进程中牢牢地联系在一起,荣辱与共,休戚相关。

历史上的许多谚语、民谣,如"凉州大马,走遍天下;凉州鸱苕,寇贼消""烈士武臣,多出凉州"中的"凉州",所指范围是整个河西乃至大凉州,许多史学家、文学家、地理学家在他们的著述中提到的凉州,多指整个河西地区。"凉州曲""凉州词""西凉乐""西凉伎""凉州高僧""凉州石窟"等文化现象,并不专指今天的武威。可见,"凉州"一词并不仅仅是一个行政区划名称,也不单指河西走廊,而是河西和西部边塞的一个代称,它所蕴含的文化内涵是甘肃、河西乃西北共有的精神财富。

五、关于历史上凉州的河西中心地位问题

武威南城门楼
(摄影:刘忠)

李元辉:历史上的凉州为什么会成为河西的政治中心?

王其英:在一个偌大的地区(凉州),总得有一个政治中心。经过长期的改朝换代、区划更迭和自然选择,姑臧脱颖而出。著名历史学家赵俪生先生在《武威历史文化丛书·总序》中说:"在中古时期(具体说,是公元 2 世纪至 6 世纪,甚至 7 世纪),凉州确是一个具有全国意义上的三大据点之一……凉州这个据点是自然而然形成的。偌大一片大西北,总该有个中心吧,人们就选定了凉州。"此处,"偌大一片大西北"指的是中古时期的凉州,是一个特大范围的地区;"人们就选定了凉州","凉州"指的是特大范围凉州的治所武威。

河西地区由于深居亚欧大陆腹地,距离海洋遥远,降水偏少,形成的河流也不能流到海洋,只能封闭在内陆,最终消失在戈壁沙漠之中。河西走廊内由祁连山的冰雪融水构成石羊河、黑河、疏勒河三大水系,进而形成三块较大的绿洲,即武威绿洲、张掖绿洲和酒泉绿洲。河西走廊的绿洲面积不足整个地区的 10%,而大多数地方是极度干燥的戈壁、沙漠和荒山秃岭;降水少,晴天多,空气洁净而透明度高,日照时间长。在这种气候、地缘、地貌的合力推动下,干旱、少雨、多风和地广人稀是河西的特点。

李元辉:凉州成为河西的政治、经济、文化中心,应该与本地的经济社会发展以及它独特的军事战略地位大有关系。

王其英:是的。接下来我讲一下凉州的经济格局和战略地位。河西地区有丰富的祁连山冰雪融水资源,河道纵横,灌溉便利,土地肥沃,水草丰茂。汉武帝在河西设郡置县,移民屯边,奖励耕织,使河西人口激增,农耕经济开始起步并得到长足发展。西汉末年,中原大乱,河西相对安定;五凉时期,天下大乱,而前凉却相对安定,"中州避乱来(凉州)者,日月相继"。当时的凉州经济一直居于北方各经济区的前列。

隋唐时期,河西经济进入了迅速发展的时期。天宝年间,河西已成为中国西北经济的重心,也是全国最富庶的地区。"当唐之盛时,河西、陇右三十三州,凉州最大,土沃物繁而人富其地……天下称富庶者莫如陇右。"天宝十四载(755),安史乱起,凉州是当时迁都目的地之一,这与凉州经济的繁荣是分不开的。

畜牧业在古代社会经济中占有重要地位。民谣"凉州之畜为天下饶",足可证明河西畜牧业的发达。历朝在凉州设立马苑,向国家提供良马种畜和畜产品。武威及河西出土的铜奔马及许多马牛羊文物,就反映了河西畜牧业的繁荣。

凉州处于古丝绸之路的黄金地段,是"通一线于广漠,控五郡之咽喉"的交通要塞。丝绸之路是沟通中西方政治、经济、文化的桥梁,既是经济大动脉,也是文化大运河。凉州具有重要的战略地位和国际影响。

李元辉:凉州作为丝绸之路要冲,商贸也很发达,史书上经常提到凉州是中西经济交流的中转站。

王其英:武威等四郡,汉唐时期已是区域性的商贸中心。东汉末年,"时天下扰乱,唯河西独安,而姑臧称为富邑,通货羌胡,市日四合。每居县者,不盈数月,辄致丰积。"北魏时期的凉州,"车马相交错,歌吹日纵横"。隋炀帝西巡河西,在张掖主持召开 27 国交易会。唐朝时期,大量的胡商经凉州到长安、洛阳等内地经商,其中不少定居凉州。西夏时期,凉州是仅次于西夏首府兴庆(今银川市)的大都市。明清时期的河西仍然是甘肃最富庶的地区,流传着"金张掖""银武威""金凉州"的美称。

河西的不少城市建成 2 000 多年而城址未迁,城名未改,成为区域性的经济文化中心。武威郡治所姑臧,既是四凉古都,又是连续 2 000 多年的州府治所、河西地区的政治文化中心和长安以西最大的国际性商业都会;张掖、敦煌、酒泉、居延同样是驰名中外的国际化城市。前凉姑臧城是中国都城格局的鼻祖,李暠曾孙李冲父子受命为北魏政权规划营造洛阳新都时,就参照了姑臧城的模式,创造了洛阳格局,而洛阳格局又影响了东魏都城邺城和唐都长安的营建。

李元辉:提到凉州,我们一下子会想到边塞、长城、战争。凉州强大的军事实力是凉州成为政治、经济中心的保障。

王其英:历史上凉州籍军事将领较多,其中段颎官至东汉太尉,封侯;贾诩是曹操五大谋士之一,官至太尉,封侯;段业、沮渠蒙逊、李暠、李轨曾割地称王。历史上曾有"烈士武臣,多出凉州""关东出相,关西出将"的谚语。凉州军事势力的出现和勃兴是其战略位置和政治、经济发展的必然。

河西可耕可牧,可进可退。河西归汉,四郡设置,标志着西汉的政治统治、思想文化在河西的正式确立。河西地处大一统格局的重要位置,对中央王朝政权兴替关系尤为重要。河西之得失,是衡量中原王朝治乱兴衰的分水岭。东汉发生的三次弃凉之议,既考量着当时的统治者,也考量着历代的统治者。凉州地处丝绸之路的咽喉地段,自古以来起着屏障关陇、连接新疆和西藏的作用,是巩固西北边防、经略西域的重要基地。正如大型历史人文纪录片《河西走廊》的主题词所言:"河西走廊关乎国家经略。"从中华民族发展史来看,唯有掌控了河西走廊,方能掌控大西北,方能联结中亚乃至欧洲。清朝学者顾祖禹说:"欲保秦陇,必固河西;欲固河西,必斥西域",这无疑是对河西战略地位的历史总结和高度概括。

李元辉:刚才您给我们讲述了凉州词产生的宏大背景,能不能给我们总结一下,凉州的文化特征和历史贡献?

王其英:好的。我想可概括为八个方面。一是五凉时期的典章制度是北魏和隋唐制度的源头。陈寅恪先生在《隋唐制度渊源略论稿》中有系统的论述,他认为凉州文化"承前启后,继绝扶衰",不仅促进了鲜卑族的汉化进程,而且成为隋唐制度的一个渊源。这是凉州文化在制度建设方面对中华文化的重大贡献。

二是前凉的王都布局是后世都城建设的模范。陈寅恪先生认为,张氏以"拟于王者"的京都标准营建的姑臧城,特别是市南宫北的都城规划布局,不仅影响到北魏旧都平城、新都洛阳和东魏都城邺城,并为隋唐都城长安城的营建所继承,形成了中国古都建设的新格局。

三是凉州乐舞是我国艺术领域的典范。五凉时期,西域乐舞大量传入河西,与五凉宫廷乐舞融会贯通,影响中国乐舞1000多年的凉州乐舞正式出现,后经不断创新,自成体系。"唯有凉州歌舞曲,流传天下乐闲人"(杜牧《河湟》),反映了凉州乐舞流传天下的盛况。

四是凉州是中国边塞诗创作的大舞台。边塞诗是中国诗歌的一枝奇葩。唐代诗人大都创作过边塞诗,尤以岑参、高适和王之涣、王翰、王昌龄、李益最为著名。全唐诗中有近2000首边塞诗,以"凉州词"为题或以凉州为背景的有100多首。在众多的边塞诗中,尤以王之涣和王翰的《凉州词》最为著名,成为中国诗歌的绝唱,至今广泛流传。

五是凉州是我国早期佛教文化中心。凉州曾在佛教文化的传播中写下了辉煌篇章,一度为北中国佛教中心。其一是名刹遍布。凉州历史上有众多寺院石窟。其二是高僧辈出。许多本籍和寓籍高僧云集凉州,译经播道。其三是译经显著。译经事业得到国家的重视和支持,凉州译经团队完成了许多佛经的原创性翻译。其四是禅宗圣地。凉州是北魏禅宗发展和传播的圣地。其五是石窟之祖。凉州高僧昙曜主持开凿天梯山石窟和云冈云窟,打造了中国石窟艺术史著名的"凉州模式"和"昙曜五窟",被后世誉为"凉州风范"。

六是凉州是民族融合的大熔炉。历史上的凉州一直是中原王朝与北方游牧民族争夺的重镇,是一个多民族融合的大熔炉,前后有西戎、氐羌、乌孙、月氏、匈奴、鲜卑、吐谷浑、突厥、吐蕃、回鹘、党项、蒙古、满族等民族在此活动,同时涌现出众多的民族俊彦,如匈奴金日磾家族、月氏安氏家族、突厥契苾何力家族、吐蕃论氏家族、蒙古吴氏家族等。

七是凉州是敦煌学、西夏学和简牍学的发源地。甲骨学、敦煌学、简牍学、西夏学号称四大国际显学,除甲骨学外,都诞生于河西,成为凉州文化中最为耀眼的明珠。

八是凉州和河西地区文化资源富集,旅游独具特色。河西是丝绸之路的黄金地段,是中国旅游标志铜奔马、中国邮政"形象大使"《驿使图》和茅台飞天标志的出土地,沿丝绸之路形成一批旷世名胜古迹,构成罕见的石窟寺院长廊、风景名胜长廊,有莫高窟、嘉峪关长城等 5 处世界文化遗产,武威、张掖、敦煌 3 座国家历史文化名城,有众多的古文化遗址、古城遗址、古墓葬群、非物质文化遗产和红色文化旅游景观;有中国石油工业摇篮玉门老城,第一个航天城酒泉("两弹一星"在这里升空)、镍都金昌、钢城嘉峪关;全国酿造葡萄种植大区和葡萄酒生产大区,全国重要的粮食、蔬菜、瓜果、禽畜产品生产基地和制种基地,绿洲农业、旱作农业、节水农业和沙产业示范区;有高原、草原、森林、湖泊、冰川、雪山、沙漠、戈壁、河川、丹霞、峡谷、湿地等众多地貌构成的生态系统……所有这些,构成了独具特色的丝绸之路文化旅游景观。

六、千古绝唱凉州词

李元辉:有了您讲的这八条,千古绝唱凉州词必然会产生和出现。那接下来,您就带我们进入凉州词吧。

王其英:好的。凉州词有广义、狭义之分。狭义的凉州词指唐代及之后诗人创作的题为"凉州"及"凉州词""凉州曲""凉州歌"的诗体。"凉州"是唐代乐府曲名,属宫调曲,原是歌唱凉州(河西)一带边塞生活的歌曲。唐开元年间,陇右节度使郭知运搜集了一批西域的曲谱,进献给唐玄宗。玄宗交给教坊译成中国曲谱,并配上新的歌词演唱,就这样流传千古的凉州词诞生了,并成为唐代最为流行的曲调名之一。与此相关的是凉州乐舞,它不仅是西北乐舞的代表,也是中原王朝乐舞的精华,被尊为"国乐"。隋朝确定的九部乐、唐代的十部乐有七部是由凉州或经凉州输入的,其中《西凉乐》《国伎》最著名。历史上最负盛名的大型乐舞《霓裳羽衣曲》,也是由河西节度使杨敬述进献的。

李元辉：以西凉乐为代表的隋唐乐舞歌赋影响深远，是千古凉州词的根脉所在。

王其英：《凉州词》是我国历史上产生的、真正具有专业艺术水平和浓厚民族风格的第一个歌舞大曲，它是古代凉州各族人民薪火相传、兼容并蓄、继承创新和集体智慧的结晶。《凉州词》实际上是"凉州大曲"中单独演唱的曲子。"凉州大曲"的曲子(歌曲)有很多，不仅广泛流传，且对诗词的形成起了重要作用。这些曲子或诗歌以其短小精悍、善学易传的特点得以迅速传播，流行于全国各地并迁延数代向后演进。

凉州，今武威市，但诗歌与乐舞中的凉州(西凉)远远超出这个范围。凉州词之"凉州，泛指整个凉州，即河西一带"(林庚语)。盛唐时期，凉州是可与长安、洛阳、扬州等相媲美的繁华都市，又是汉民族与少数民族的结合部。凉州乐舞不仅具有中原地区委婉细腻的特点，同时具有西北少数民族刚劲豪放的特点。所以，凉州乐舞普遍为国人接受并喜爱。凉州词的家喻户晓和凉州在大唐的政治地位、经济地位、军事地位是相匹配的，流行自然顺理成章。

李元辉：在凉州文学史上，是否可以这样说，凉州词代表了凉州文学的最高成就？

王其英：这是肯定的。广义的凉州词指历史上诗人创作的歌咏凉州的诗歌，亦称咏凉诗。我刚才所说的大都是广义的凉州词。

仅清人编纂的《全唐诗》就收录了以"凉州(词、曲、歌)"命名或歌咏凉州的诗歌100多首，在中国历代歌咏地方的诗歌中，其数量之多、作者之众、体裁之广、影响之大，堪称仅见。《凉州词》以王翰、王之涣所作最为著名。

凉州词的作者队伍比较广泛，既有帝王、官员，也有从军的文人和善诗的将领，还有关心边塞征战、国家安危的文人志士。

凉州词从作者籍贯划分，一种是凉籍作家所创，一种是非凉籍作家所咏。从创作之地而言，凉州词也分两种，即作者在凉州的创作和身处异乡的创作。在凉州的创作为诗人所见所感，是实景的描写和真情的抒发；身处异乡的创作为诗人的所忆所想，是对凉州的向往和感情的实录。

李元辉：这些作者从不同的角度创作了不同风格气韵的凉州词，为西部文学和边塞军旅生活增添了无穷的魅力。

王其英：确实如此。这些诗篇中，有讴歌凉州悠久历史和灿烂文化的咏怀诗;有激昂慷慨、纵情奔放,表现诗人和将士豪情壮志的战争诗;有再现凉州民族风情和多民族生活图景的风物诗;有描绘凉州壮伟奇丽自然风光的风景诗;有描摹边塞歌舞和闺妇幽怨的相思诗,等等。在这些作品中,既有以叙述见长、题旨丰富的大作、名作、力作,也有以抒情为主的战歌、颂歌、壮歌、怨歌、情歌,诗风或雄浑壮烈,或豪放高昂,或慷慨悲凉,或沉郁深厚,或博大开阔,或古拙峭拔,或委婉流丽,重阳刚而不乏阴柔,可谓佳作纷呈。

总体而言,凉州词题材广泛,内容丰富,语言明快,风格豪放。

通过这些诗篇,大凡凉州的历史畅想、政治动态、山光水态、田园生活、风土人情、个人情感,都有不同程度的反映。这些题材大大拓宽了凉州词的内容,从而更集中、更形象、更艺术地再现了历史生活,打开了人们认识凉州的视野,激发了人们热爱祖国、热爱家乡的情怀。

李元辉:如果我们按照凉州词的内容分类,大致可以分哪几类? 每一类有哪些代表性的作品?

王其英:我想,可以分以下五类。第一类热情讴歌了凉州悠久的历史和灿烂的文化。如西汉扬雄的《凉州箴》,在中国文学史上首开"凉州"入诗之先河,凉州作为大汉的重要屏障跃然纸上。《凉州箴》从地理环境描写入手,阐述雍州改凉州的缘由,突出了凉州作为都城长安的屏障在地理位置上的重要意义;最后从政治大局、军事战略入手,写出了对帝王的告诫和规劝,即箴的核心。

再如北朝诗人温子升的《凉州乐歌》(其一),在中国文学史上首开"武威"入诗之先河,同时也是第一位将凉州、武威、姑臧同时写入一首短诗的诗人。此诗描写 6 世纪的武威都市生活,极富特色:"远游武威郡,遥望姑臧城。车马相交错,歌吹日纵横。"短短四句,道出了当时武威经济、文化的无比繁华,凉州、武威、姑臧,三个名称首次同时成为诗歌吟咏的对象。从这首诗可以看出,1400 多年前的凉州首府姑臧城,已经是一个经济文化相当繁荣的城市,用今天的话来说,就是姑臧的都市生活已达到了精神文明和物质文明的同步发展、协调发展、高速发展,不仅是区域政治中心,也是经济中心、文化中心。所以,我认为这一曲《凉州乐歌》,将凉州、武威、姑臧的古代繁华与悠闲推向了一个高潮,使今人无比羡慕,追怀不已。

到了唐代,诗人岑参笔下的凉州又是这样的:"凉州七里十万家,胡人半解弹琵琶",元稹笔下的凉州则是"人烟扑地桑柘稠""红艳青旗朱粉楼"的一派繁荣景象。

清代武威籍诗人张翔有《凉州怀古》三首,其中第三首"祁连磅礴拥孤城,文物当年似两京",以大视角、大境界、大手笔,极写历史上的凉州物华天宝,人才辈出;而现在已经是升平之世,应该培育人才,继承前贤,谱写盛世华章。此诗盛赞凉州辉煌历史,启迪后人传承发扬优秀传统。从这首诗可以看出,清代中叶的凉州也和全国一样,经济得到恢复发展,社会安定祥和,但隐藏在社会深处的各种矛盾已经凸显,一些有识之士清醒地认识到,在经济持续发展的同时,要高度重视文化建设和人才培养,弘扬优秀传统,续写升平乐章,保持经济社会持续健康和谐发展。

由这首诗我自然想到另一位清代诗人许荪荃的《武威绝句》:"武威莫道是边城,文物前贤起后生。不见古来盛名下,先于李益有阴铿。"作者是康熙年间的陕西学使,以其特有的观察比较,盛赞凉州人才辈出、人文荟萃。

悠久的历史孕育了辉煌灿烂的文化。在闪耀着绚丽光彩的文化中,葡萄(酒)文化显得独特而异彩夺目。汉开河西之后,葡萄从西域传入并种植、酿酒。东汉时,凉州葡萄酒已颇负盛名;三国时更是美名远播,成为全国之冠。魏文帝在品尝凉州葡萄酒后作《凉州葡萄诏》,对凉州葡萄和葡萄酒给予极高的评价,这是历代帝王中唯一一篇赞葡萄和葡萄酒的诏书。唐人王翰的《凉州词》,写出了边关将士在出征前纵情畅饮凉州葡萄酒的壮怀,成为千古绝唱;清人许荪荃的《凉州紫葡萄》、邑人张澍的《凉州葡萄酒》(四首),则以清新的语言、细腻的描写,从多角度描写和赞美了凉州葡萄及葡萄酒。千百年来,凉州葡萄酒为酒中珍品,深受文人雅士的欢迎和厚爱,凉州也成为公认的中国酿造葡萄酒的摇篮。

凉州的许多名胜古迹是享誉中外的瑰宝。雷台、天梯山石窟、大云寺、海藏寺、莲花山等,从创建至今,均有上千年的历史,是极为珍贵的文化宝藏。历代诗人来到凉州,都要游览这些文化圣地并咏诗作赋,写下了许多歌咏凉州名胜的诗篇。

李元辉:听了您讲的凉州词,我们的思绪不禁飞到那个诗情画意的时代了。那么,第二类呢?有哪些代表性的作品?

王其英:我认为,第二类,就是从多角度反映了发生在凉州的重要战事。凉州是我国西北的战略要地,同时又是一个多民族聚居的地区,在我国多民族国家的形成中,战争多次发生于此。因此,反映凉州战争的诗歌为数甚多。这些诗歌作者以自身的深切体验,描写边关将士的辛劳和悲愁,既写出了征战之频繁、守戍之漫长、战线之长远,也写出了戍边官兵之辛苦、人马之困乏、战争之惨烈,字里行间透露出对战争的厌倦之情。

比较有代表性的是唐人薛逢的《凉州词》:"昨夜蕃兵报国仇,沙州都护破凉州。黄河九曲今归汉,塞外纵横战血流。"安史之乱后,吐蕃相继占领河西、陇右各地。唐宣宗大中二年(848),沙州(今敦煌市)人张议潮乘吐蕃内乱,领导沙州起义,驱逐吐蕃,相继收复河西、陇右十州之地。唐置归义军于沙州,任张议潮为节度使。咸通二年(861),张议潮复凉州。这首诗虽为庆祝胜利而作,却充满着沉痛的伤感。收复河陇失地,理应高兴,可付出的代价却极为惨烈。诗人在欢呼胜利之时,对战争的思考一刻也没有停止。

王翰的一首《凉州词》,将他推向了唐代诗坛的高峰:"葡萄美酒夜光杯,欲饮琵琶马上催。醉卧沙场君莫笑,古来征战几人回?"浓郁的边塞色彩、跳跃跌宕的结构、纵情奔放的情绪,写得深沉含蓄,爽朗明快,使这首诗成为千百年来传诵不绝的不朽名篇。凉州也因此诗知名度大增,为之后广种葡萄、畅销葡萄酒营造了优美的文学氛围。

李元辉:在凉州词中,我们能读出苍凉悲壮的边塞军旅文化,也能读出忧国忧民的家国情怀。

王其英:唐代的凉州词中边塞诗占据较大部分。这些诗大力宣扬大唐国威,抒写从军报国的豪情壮志,同时也对朝廷边策不当、边战失利、腐败公行等现象进行了揭露。"凉州四边沙皓皓,汉家无人开旧道。边头州县尽胡兵,将军当筑防秋城"(王建《凉州行》),反映了边战失利,凉州及河西地区沦陷的历史事实。"贞元边将爱此曲,醉坐笑看看不足"(白居易《西凉伎》),写出了军中腐败、边将不思收复失地的失望心情。"边将皆承主恩泽,无人解道取凉州"(张籍《凉州词》其三)、"牧羊驱马虽戎服,白发丹心尽汉臣"(杜牧《河湟》)等,则对唐王朝无力收复失地、边将承恩而不尽收复故土之责表达了强烈的愤懑。"陇头路断人不行,胡骑夜入凉州城。汉家处处格斗死,一朝尽没陇边地"(张籍《陇头行》)写出了唐军对入侵者的殊死抵抗和英勇牺牲。凉州词还集中展现了守边将士丰富多彩的生活画面,如"健儿击鼓吹羌笛,共赛城东越骑神"(王维·《凉州赛神》)等,通过几个侧面,揭示出从军的乐趣。

宋元时期,凉州几度在吐蕃、回鹘、党项、蒙古等游牧民族政权统治之下。陆游的《梦从大驾亲征》《凉州行》就反映了凉州被吐蕃、西夏占领的史实;戴良的《凉州行》、李梦阳的《出塞》则描写了胡兵攻掠凉州,人民家破人亡、流离失所的情景,揭露出战争的残酷与不仁。清代统一全国,凉州境内再无战事,"河山今日全中外,极目氛销佳气浮",呈现出一派山河完整,百姓安居乐业的升平气象。

李元辉:除了历史、文化、战争,凉州词还描写了什么场景?

王其英:这就是我要讲的第三类。古代的凉州是一座多民族的熔炉,在这里先后生活过氐羌、匈奴、鲜卑、吐蕃、党项、回鹘、蒙古等民族,凉州词全范围再现了凉州独特的民族民俗风情和多民族的生活图景。

开元二十五年(737)秋天,王维奉使出塞,任河西节度使判官,在武威创作了不少优秀诗篇。《凉州郊外游望》描写了边城凉州赛田神的情景,充满浓郁的乡土气息和朴实的生活情趣,是一幅淳朴逼真、多姿多彩的凉州民俗画。诗人走出凉州城外游览,看到一个只有三户人家的村庄正在举行一场热闹非凡的赛田神活动。村民举行祭神活动的场面,为荒凉的边塞增添了生机。一时间,土地庙前箫鼓齐鸣,老人们又是给神像敬献酒水,又是叩头烧香,女巫们则在神像前频频献舞。他们的目的是求得田神泽福,保佑丰收。全诗语言自然流畅,场景生动活泼,充满浓郁的乡土气息和朴实的生活情趣。

唐玄宗天宝十载(751)三月,安西节度使高仙芝调任河西节度使,在安西任职的岑参随高仙芝来到西部名邑凉州。在经历了漫漫瀚海的辛苦旅程之后,诗人在花门楼酒店蓦然领略了道旁榆钱初绽的春色和七十老翁安然沽酒待客的诱人场面,醉人的酒香完全驱散了旅途的疲劳,于是写下了一首《戏问花门酒家翁》诗。

在凉州这块充满生机、富有活力的土地上,各族人民友好相处始终是主流,"汉人耕耘,蕃人畜牧",他们以各自的辛勤劳动创造了辉煌灿烂的凉州文化。中唐诗人王建的《凉州行》,则描写了凉州多民族共同生活的另一种图景。凉州沦陷于吐蕃后,胡人日渐汉化,汉人日渐胡化。胡人的汉化,是学习汉人的农桑生产,以加强他们的经济实力和武备;汉人的胡化,却只是学习胡人的音乐歌舞,作长夜荒淫的宴乐。作者在诗中表达了对大唐国势日趋衰落而国人沉迷歌舞宴乐的担忧,揭示出胡人汉化和汉人胡化的现实,表明唐代的凉州,民族的交流融合已达到很深的程度。

中唐诗人李端的《胡腾儿》描写凉州胡人背井离乡、有家难回的辛酸,发出"胡腾儿! 胡腾儿! 故乡路断知不知?"的呼唤,写出了凉州尽入吐蕃,丝绸之路中断的现实,既表现了诗人对胡人的深切同情,也表达了对凉州失陷的深切忧虑,暗含对中唐国事的叹惋。

马祖常,元代色目人,进士出身,官至御史中丞、枢密副使等。他是中国文学史上用汉语写作的少数民族作家之一。元仁宗延祐四年(1317),他以监察御史出使河西。在河西走廊,他目睹了故乡的山山水水和草原沙漠戈壁,感受了故乡人的生活和情感,尤其是体验了祖辈自西域到中原的辛苦,使他敏感的心弦受到强烈震撼。他在河西写下了不少纪行诗,以对河西特有的感情,描绘了河西迷人的自然风光和多样的民族习俗,表现了浓厚而诚挚的西域情结和寻根情结。其中《河西歌效长吉体》很有特色,寥寥 56 字,使人对河西人的妆饰、衣着、婚嫁、宗教、商贸、饮食、酒俗等一览无余,是一幅浓郁的民俗风情画。

李元辉:阅读凉州词,凉州独特的民族风情和多民族的生活图景让人向往。凉州词中也有很多描写自然风光的诗句,请您简单介绍一下。

王其英:好的。这也是凉州词的特色之一。凉州词形象地描绘了凉州壮伟奇丽的自然风光。凉州边塞浩瀚、壮阔、雄奇的景象是历代诗人着意描写的对象,黄河、长城、大漠、祁连山,常常出现在诗人的笔下。

王之涣初到凉州,面对黄河、边城的辽阔景象,听着《折杨柳》曲,有感而发,写下一首《凉州词》:"黄河远上白云间,一片孤城万仞山。羌笛何须怨杨柳,春风不度玉门关。"这首诗是一幅描绘西北边地壮美风光的画卷,也是一首对出征将士满怀同情的怨歌,表现戍边战士思念家乡的情怀。两者统一于 28 个字中,字字珠玑,句句精彩,情景交融。

唐开元二十五年(737)春天,王维奉命前往河西节度使府慰问将士,在赴凉州途中,写下这首纪行诗《使至塞上》,记录了他前往边塞途中的所见所感,其中"大漠孤烟直,长河落日圆"一联,写塞外奇特壮丽的风光,画面开阔,意境雄浑,是近人王国维称为"千古壮观"的名句。

1000 多年后的清朝末叶,曾任左宗棠戎幕,后历陕甘总督的杨昌浚,应同乡、好友左宗棠之约西行参佐新疆军事。当时阿古柏侵略军已被消灭,新疆已经收复。作者一路目睹道旁杨柳成荫,感慨万端,即景生情,写了一首《左公柳》,特别是第三、第四句,"新栽杨柳三千里,引得春风度玉关",化用王之涣《凉州词》"羌笛何须怨杨柳,春风不度玉门关",反其意而用之,巧创新意,在不经意间颂扬了左宗棠的造林功德,把创造性的艺术手法和崭新的时代精神融为一体,不仅对诗歌创作,而且对倡导植树造林、保护生态环境产生了深远的影响。

品读凉州词,凉州景物既有陆游"凉州四面皆沙碛,风吹沙平马无迹"的荒凉境况,也有张珰美"雁塞沙沉一掌平,夜来如水漾轻盈"的温柔沙乡;既有胡釴"雪映祁连白,尘飞大漠黄"的壮美,也有俞明震"风吹大月来,南山忽沉晦"的苍凉。明清时期,许多诗人和官员纷纷拿起如椽大笔,写下许多歌咏凉州的诗歌。

李元辉:有不少作者,他们因久居凉州,对凉州的山山水水有着长期的细致观察和深刻体验,其作品具有强烈的真情实感和浓郁的地方气息。

王其英:是的。在他们的笔下,既有"黄沙白草两茫茫"(朱诚泳《陇头吟》)的大漠戈壁,也有"云英英,风沙沙,此时一白无天地"(李于锴《雪山歌》)的冰川雪山;既有"长川历历抱西凉"(张珰美《凉州八景·黄羊秋牧》)的大河溪流,也有"膏腴成亩各西东"(张珰美《凉州八景·绿野春耕》)的良田沃土;既有"山开地关结雄州"(沈翔《凉州怀古》)的雄伟地势,也有"一峰突兀白云中"(戴弁《咏塔诗》)的古塔危楼;既有"凉州四边沙皓皓"(王建《凉州行》)的苍茫旷野,也有"细草柔黄平铺茵"(张澍《忆海藏寺》)的迷人小景,或清秀细腻,或雄浑粗犷,或萧索凄凉,或开朗豪放,显示出诗人们不同的创作风格和个性特征。

李元辉:除了上述四类作品,凉州词中还有其他富有特色的内容吗?

王其英:有,这就是我要讲的第五类。凉州词还细腻入微地抒写了边月歌舞和闺妇幽怨。自南朝以来,边塞诗中常常出现边塞征夫和闺中思妇并呈之景,借由关山塞外的征夫思念,联想到闺妇独守,两方场景形成强烈的对比。唐代诗人柳淡的《凉州曲》中"九城弦管声遥发,一夜关山雪满飞"两句,抒发戍边的感怀,闻歌思人、见雪思人,思念家园,也牵挂家中的闺妇。征夫经历战火的洗礼,忍受边地的苦寒,夜深人静时,望乡情切,内心期盼早日团圆。

李元辉:唐代著名的边塞诗人李益,祖籍甘肃武威,其诗歌成就在"大历十才子"之上。您能不能谈一谈李益的诗词成就?

王其英:好的。我以前对李益有所研究,写过《唐代武威籍诗人李益及其诗歌成就与影响》等文章。李益,字君虞,祖籍甘肃武威市。他是一位诗名早著而又长寿的诗人,对中晚唐的影响很大。唐代宗大历时期,有钱起、卢纶、李端等十位优秀诗人,被誉为"大历十才子"。有人把李益列入"大历十才子",其实不然,李益的诗歌成就远远高于"十才子",是这一时期唐诗的最高成就。

概括李益的生平和创作,可以分为三个阶段:24岁前,是束发读书,谋取功名,开始诗歌创作的阶段;24—59岁期间,是三受末秩,五在兵间,诗歌创作的繁荣阶段;59—84岁去世,是仕途畅达,生活惬意,诗歌创作稳定阶段。他以最高职位礼部尚书衔致仕(退休),享年84岁。在后世的评价,可能受到蒋防传奇小说《霍小玉传》产生的不良影响。明代汤显祖的《紫箫记》和《紫钗记》,则一反《霍小玉传》的影响,使李益赢得了对爱情忠贞不贰的美名。

李益的诗,按题材分,有边塞诗、咏怀诗、山水诗、妇女诗、酬赠诗等几类,以边塞诗的成就最高。他的边塞诗从多方面真实而形象地反映了边塞战争的状况、边塞风光的奇丽、从军生活的乐趣,闪烁着现实主义和爱国主义的光彩。这里重点分析他的两首边塞诗。

第一首《从军北征》:天山雪后海风寒,横笛偏吹行路难。碛里征人三十万,一时回首月中看。

这是李益享有很高声誉的边塞诗。诗人以敏锐的观察力和深刻的感受力,摄取了一个场面壮阔、意境苍凉的行军镜头,描绘了一幅天山大漠雪后月夜军旅图,反映了艰难出征的戍边景象和久别思乡的沉郁情怀。

第二首《夜上受降城闻笛》:回乐烽前沙似雪,受降城外月如霜。不知何处吹芦管,一夜征人尽望乡。

这首诗以生动的比喻、鲜明的色彩描写了边地寥廓凄清、寂寞苦寒的景色,由景见情;再写由闻笛而引起的普遍的望乡之情,感慨至深。边地辽阔苦寒,连明月也肃杀清冷,芦管之声哀怨凄凉,征人们夜不能寐、翘首望乡也就在情理之中了。这两首诗可以参照欣赏,参照理解,参照体味。

后人评价唐诗,认为李益这两首七绝和王昌龄"秦时明月汉时关"(《出塞》)、王之涣"黄河远上白云间"(《凉州词》)"皆边塞名作,意态绝健,音节高亮,情思悱恻,百读不厌也"(清施补华),是唐人七绝中的珍品。特别是《夜上受降城闻笛》,明人胡应麟极为推崇,认为是中唐七绝之冠:"初唐绝,'葡萄美酒'为冠;盛唐绝,'渭城朝雨'为冠;中唐绝,'回乐烽前'为冠;晚唐绝,'清江一曲'为冠。"就是说李益的这首诗和王翰《凉州词》、王维《送元二使安西》、刘禹锡《柳枝词》一样,是整个唐代七绝的最高成就。

李元辉:凉州词确实是千年历史陶冶下的不朽遗存,是汉风唐韵洗礼过的文字精粹,是古城武威悠久灿烂的文化见证。

王其英:嗯,你这个评价很到位。确实如此。从初唐至盛唐近100多年间,大唐疆土不断扩大,丝绸之路畅通,经济文化高度发达,人们对边塞的认识也日益丰富,不仅不感到那么荒凉可怕,而且还感到新奇可爱。盛唐时期,边塞生活已经成为诗人们共同关注的主题。在这方面成就最高的是在武威生活、工作过一段时间,有过边塞生活体验的王维、高适、岑参,他们都有不少描写凉州的诗歌传世。同期的还有王昌龄、王之涣、王翰、崔颢等,他们都有不少边塞诗的名作。

我前面从讴歌历史文化、反映重要战事、再现民族风情、描绘自然风光、抒写闺妇幽怨五个方面简述了凉州词的主要内容和成就,又对武威籍诗人李益及其诗歌创作做了专门的介绍,并简析了几首凉州词,意在说明凉州词题材广泛,从多侧面反映了当时的社会状况和文化风貌,或抒写建功立业的理想抱负,或描写残酷惨烈的战争场面,或叙述艰辛寂寞的从军生活,或描绘瑰丽多彩的边塞风光,或展现独特奇崛的民族风情,或诉说人生经历的悲欢离合,或表达儿女情长的相思情绪,或揭露黑暗不平的社会现实,等等,所有这些,在凉州词中都有不同程度的反映,从不同角度提炼和展示了凉州词的艺术魅力、文化精神,再现了历史生活,从艺术的角度打开了人们认识凉州的视野,从中领略到浑厚灿烂、气象恢宏、开放包容、创新发展的凉州文化。

李元辉:听了您对凉州词精辟的分析和概括,让我们如沐春风,更让我们感受到了您的学识渊博。下面您能不能给我们再讲一下凉州词的精神境界?

王其英:可以。接下来我简单谈一下凉州词的精神境界。通过上述分析,我们不难品读出凉州词蕴含的美学风格,体现了一种阳刚之美,其精神境界概括起来体现在以下三个方面。

第一,英雄主义是凉州词尤其是唐代凉州词的最高精神境界。凉州词中所闪耀着的英雄主义火花,形成于汉唐盛世,展现了中华民族勇于进取、善于胜敌、彻底清除边患的英雄气概。细读唐代凉州词,我们可以体味出诗中表现的英雄主义情怀与文人们立功扬名的世俗观念。王昌龄"黄沙百战穿金甲,不破楼兰终不还"(《从军行》)、李益"伏波惟愿裹尸还,定远何须生入关(《塞下曲》),字里行间高扬着英雄主义的时代精神。可以说,唐代凉州词中的边塞诗大都是英雄主义的战歌与颂歌。

"安史之乱"之后,唐朝国势陡衰,英雄主义衰弱,表现在凉州词的创作上即是气骨顿衰。宋朝之后,或因强敌入侵,或因异族统治,士人的英雄主义精神基本丧失,凉州词失掉了社会生活之本源及时代精神的滋养。但诗人们或专注凉州民俗事象,或展现凉州地理风光,或怀古与感伤,通过缅怀在这块土地上产生的英雄来抒发自己的理想与追求,这实际上是英雄主义的另类表现。

第二,爱国主义是凉州词的不朽主题。如果说英雄主义是凉州词尤其是唐代凉州词的思想内核,那么爱国主义则是整个凉州词的基本精神与不衰主调,是凉州人民凝聚、发展和走向强大的精神财富。表现之一是写出了将士们英勇战斗的风采与气概,表现出对戍边将士的爱国精神与英雄风采的赞颂;表现之二是善于表现激烈紧张的战斗场面与气氛;表现之三是抒写胜利后的欢乐与喜悦。

第三,人道主义与悲悯情怀是凉州词的情感内蕴。表现之一:因战争本身的残酷性和多发性,老于军中或血染沙场已成为一种常态。一些诗写得或触目惊心,或凄清哀怨,或含蓄委婉,具有很强的感伤情调。表现之二:对军队中存在的种种弊端予以揭露。有些诗句写将军们纵情声色,以战士的鲜血与白骨换取自己的功名,李广、狄青等与士兵同甘共苦的名将,成为诗人怀念和歌咏的对象,例如"谁能更使李轻车,收取凉州入汉家"(张籍《陇头行》)。表现之三:长期戍边他乡,表现出浓烈的思乡之情。乡愁与矢志交织在一起,情调凄凉。有些抒写征夫思乡之情,凄清婉转,惆怅无限。

以上呢,就是我总结出来的凉州词的精神境界,不一定准确,还请大家再研究,再认识,再升华。

李元辉:凉州词具有多样的艺术手法,请您给我们谈一谈。

王其英:好的。接下来我再简单谈谈凉州词的艺术手法。凉州词体裁兼善,歌行体(即古代乐府诗)、古体诗(即古风)、近体诗(即格律诗)皆有,大大丰富了凉州词的形式和风格,特别是唐代的凉州词,达到前所未有的高度。凉州词大都取材新颖,构思巧妙,形象奇特,常用联想、对仗、夸张、对比、比喻、拟人等艺术手法的巧妙运用,有力地突出了主题,创造了意境,表达了感情,开拓了境界。品读凉州词,诗人所运用的艺术手法比较多样。

第一是善于用典。运用典故是诗歌常用的手法之一,凉州词中用典之处较多,通过用典,将历史与现实融为一体。

第二是对仗工整。凉州词中一些对仗工整的诗句已成为凉州形象的特称联,如王维"大漠孤烟直,长河落日圆",已成河西大漠雄奇壮阔景象的代称。

第三是夸张与白描手法的广泛使用,使人有如临其境,如闻其声的感觉。

第四是写景与抒情相结合。例如张珩美的《夏五游莲花山》《凉州八景》是写景与抒情结合得比较完美的精品力作。在诗人笔下,不论是清风明月、田园旷野、雪山大漠、春耕秋收、古塔危楼、钟声晓角,还是视角、触角、听觉、知觉,都有一种超凡脱俗的感觉,既给人一种自然美、艺术美的享受,也有一种历史、人生的沧桑感。

第五是叙述与议论相结合。白居易的《西凉伎》,通过对老兵和西凉伎的刻画,"卒章显志",直抒胸臆,渲染感情,深化了主题。张籍的《陇头行》,语言直白,切中时弊,在慨叹中充满忧思,在忧思中饱含企盼。戴良的《凉州行》,通过边塞自然环境的描写和战地生活的渲染,既有怨愤填膺的抒情,也有感慨万千的议论,表达了诗人无可奈何又恨铁不成钢的愤懑之情。

第六是描写山水和田园各具特色。凉州词中有不少山水田园诗,通过对凉州山光景色、田园生活、郊野风景的描写,表现凉州的山水之美、田园之美和农民淳朴自然的生活场景,反映了诗人的田园情结。张骏的《东门行》是凉州词中最早的一首田园诗,通过对迷人的郊野风光的描绘,表达了对农耕文化中人与自然和谐共处的向往之情,在艺术上堪称上乘之作。陈炳奎、郭楷是凉州田园诗的代表诗人,他俩的诗乡味十足,韵味无穷,充满着浓厚的生活情趣,语言清新流畅,格调明丽自然,表现了诗人热爱农村、热爱农民、热爱大自然的情感。

第七是描写音乐、歌舞艺术生动具体。音乐、歌舞艺术往往用语言艺术是难以名状的。凉州词中有四首诗,即李颀的《听安万善吹觱篥歌》、李端的《胡腾儿》、元稹的《西凉伎》、白居易的《西凉伎》,描写音乐、歌舞生动具体,把难以名状的乐舞艺术描摹得不仅可闻可见,而且可感可触,不仅是凉州词中的精品力作,也是中国诗歌中描摹音乐、歌舞的杰作,而且对后世的此类诗歌创作产生了重要影响,对凉州歌舞走向全国有着巨大的影响。

第八是梦游与追忆相结合。中国诗歌中有很多游梦诗,通过梦境的描写表达自己的理想与追求。元稹、陆游本没有到过凉州,但他们的咏凉诗写得自然流畅,既符合生活的逻辑,又合乎感情的表达。《西凉伎》用"吾闻"二字起句,使描写的内容建立在对凉州广泛的社会共识之上。相比之下,张翙的《梦乡偶成》、张澍的《忆海藏寺》、岑参的《河西春暮忆秦中》也是记梦诗,抒写诗人在久居异乡时对家乡、对亲人音容笑貌的眷顾,完全是一种自我情感的外泄。《梦从大驾亲征》直接标明是梦游中的情景,通过飞腾美好的想象,洋溢着国家复兴的激情,既是作者的理想,又是中原有识之士的呐喊。

总体而言,凉州词意象宏阔、浑厚灿烂,语言通俗流畅、清新自然、精炼工稳、洁净明快,展示了中华诗歌的艺术魅力和文化精神。

凉州词在艺术上刻意求新、构思精工、想象丰富、情景交融,在抒写边塞艰苦的军旅生活之中渗透着激昂慷慨的情感,在描写凉州奇异壮丽的风光之中体现着热爱祖国的情怀;在创作方法上,继承了我国古典诗歌的优秀传统,既有现实主义,也有浪漫主义,在很大程度上反映了富于浪漫气息和进取精神的"盛唐气象"。

从创作风格看,现实主义与浪漫主义及其二者的结合当属主流。按时代分而言之,唐代之前的凉州词以现实主义为主,且有唯美主义的追求;盛唐时期的凉州词是以英雄主义为主体的积极浪漫主义;宋元明清时期的凉州词既写凉州风物之实,又不失理想情怀。

李元辉:接下来,请您给我们讲一下凉州词在中国文学史上的地位吧。

王其英:诗、词、曲都是音乐化的文学形式,凉州词、凉州乐舞对唐宋诗词和元曲均产生过深刻影响,并伴随着盛唐的声威远播,作为友好交流的文化使者而传播到周边的许多国家。

关于凉州词的地位呢,我总结了下面三点,不知是否到位。

第一,成为一种影响深远的诗题。"凉州"既是诗的题材,也是诗的题目。"凉州"作为诗人歌咏的对象进入诗歌创作,创立了以"凉州"为题材的一种边塞诗体例,形成中国文学史上具有深远影响并为历代众多诗人引入创作的一种诗题。我们知道,河西四地都入诗题,除《凉州词》外,另有《甘州》《酒泉子》《敦煌曲》和《伊州》。《甘州》,又称《八声甘州》,唐玄宗时教坊大曲之一,取边塞之地甘州为词曲牌名,另有杂曲《甘州子》(《甘州曲》),以宋代词人柳永的

《八声甘州·对潇潇暮雨洒江天》为名篇。《酒泉子》，原为唐教坊曲调名，本意为歌咏酒泉地名的小曲，后用作词牌名。《敦煌曲》，或称《敦煌曲子词》《敦煌歌辞》，唐、五代敦煌民间词曲。首先，《凉州词》影响巨大，《甘州》等词曲缺乏《凉州词》的巨大影响，很少产生有全国影响的、诗评家眼中的压卷之作；再则，历史上的凉州可以涵盖河西、河陇乃至西北地区，甘州等地则不能；其三，《凉州词》所写内容都是西北地域内容，《八声甘州》已作为词牌名，所写内容不限于甘州，可以是任何地方的。

第二，成为中国优秀诗歌的代表之一。凉州词作为中国优秀诗歌的代表之一，它的出现标志着西部文学在中国文学史上已占据一定地位并产生广泛影响。凉州词产生以来，无论哪种选本，无论数量多寡，王翰、王之涣的《凉州词》都在必选之例，普遍进入从儿童启蒙读物到各级各类学校教科书中，同时也是历代诗歌评论家赏析、比较和指导入门者的必选范例。其他如王维《使至塞上》、李益《夜上受降城闻笛》和《从军北征》、岑参《凉州馆中与诸判官夜集》、王昌龄《出塞》和《从军行》、李白《关山月》等歌咏凉州的诗歌，都是诗歌中的绝响，历代诗人和诗评家击节叹赏，好评如潮，成为中国诗歌中的经典，使得凉州词成为中国西部诗歌的崇高典范，后世诗歌一种永恒的追求。

第三，成为凉州文化的重要标识。凉州文化内涵丰富，博大精深，但毫无疑问凉州词是家喻户晓、深入骨髓的文化标识和文化记忆，也是凉州文化的灵魂。一种诗题，一座名城，响彻着唐诗的绝响，承载着凉州的辉煌。

李元辉：最后，请您再给我们讲一下凉州词对后世的影响。

王其英：我再简单谈一下凉州词的影响，不一定准确。我也总结了三点。

第一，创造了一种影响后世文学艺术发展的经典品牌。以凉州词为代表的诗歌以及包括《凉州》大曲、西凉乐、西凉伎、凉州（梁州）词（曲）牌名等的形成、发展、演变，使凉州成为中原乐舞的主要源头之一，创造了一种影响后世文学艺术发展的经典品牌，为我国文学、音乐、舞蹈、戏曲等艺术增添了新鲜血液，为对我国古典戏曲艺术的成熟做出了重要贡献，影响深远。

第二，创造了一种影响后世的美学形象和精神境界。凉州词所描写的西部地域环境和民俗事象，在诗风和美学追求上极具有北方风骨，如瀚海大漠、旷野秋草、冰天雪地、明月落日，还有歌舞、美酒、琵琶、长风、长河、长云，其特点是辽阔荒寒，是奇伟雄壮，即雄浑、磅礴、瑰丽、豪放、浪漫、悲壮的一种阳刚之美,身处其中的诗人必然产生激昂豪迈、凄清悲壮的情怀,将这些景象化为意象则必然壮伟奇崛,进而形成以大气阳刚为主的风格与审美追求。

凉州景象与江南大异,凉州风情亦然。诗人从军入幕或游历边塞异域,征战生活自然是最能表现北方风骨的主要题材,但边塞战争比起民族交流融合来讲究竟不是主流,故而在凉州词中表现的多是凉州风物和民族间的经济、文化交流。以唐代凉州词为例,不仅各族人民在凉州杂居、互市、通婚,共同生活,就是那些从戎的将军们也常常在一起饮酒夜宴。岑参《凉州馆中与诸判官夜集》、元稹《西凉伎》、李端《胡腾儿》、白居易《西凉伎》等,就写出了凉州乐舞的魅力与其对当时社会生活的影响和各民族间的文化交流。凉州词中描写凉州风情的名篇名句,以王维、高适、岑参为突出,在凉州词中大放异彩。也有不少作品写诗人自己的边塞征战及日常生活,仅就诗题如《从军行》《凉州行》《出塞》《使至塞上》等便可看出诗与诗人生活的联系,表现出与其他生活不同的风格和审美追求。

凉州词的阳刚之美在思想内容上主要表现为豪迈雄壮的气概、一往无前的精神、慷慨悲悯的情怀、深沉真切的情感;在艺术上,则表现为笔力雄健、境界阔大、气象宏伟、语言明快、音调铿锵,重风骨气势而兼有意境,即所谓孟子"充实之谓美,充实而有光辉之谓大"(《孟子·尽心下》)。

凉州词影响至今,作为西部文学的典范和中国古代诗歌的经典,其写作技巧、创作风格、语言特点,常常为后人所效仿。

第三,创造了众多脍炙人口的名句而提高了凉州和武威的知名度。凉州词众多名篇中,有不少脍炙人口、家喻户晓的名句。这些经典名句已成为极具魅力的宣传词,也是凉州大美形象的公益广告。

(李元辉、李文钧整理)

139

寻觅武威姓氏文化起源的陈有顺

陈有顺

陈有顺先生在查阅资料
（供图:陈有顺）

字仲达,1956 年 12 月 28 日出生。武威市凉州文化研究院名誉研究员,陇右姓氏文化与谱牒研究学者,中国民俗学会会员、中国地名与姓氏文化专家委员会学术顾问、甘肃中国传统文化研究会会员、河南省姓氏文化研究会家谱委员会研究员、山东省散文学会会员。早年在《甘肃日报》《甘肃文史》《民主协商报》《甘肃经济日报》《甘肃工人报》《武威日报》《管理学家》《中外科技美学》《寻根》《谱牒学论丛》《回族诗刊》及《诗意人生》等报刊发表散文、诗歌、杂文、报告文学及文史作品、论文等 500 余篇,其中多篇荣获省、市级一、二、三等奖。近年在搜狐网、今日头条、河南姓氏文化网以及中国民俗学会、凉州文化研究院官方网站发表"凉州著姓"20 余种 50 余万字。著有《中国历史文化名城系列丛书今日武威》《陇右陈氏文史考》《甘肃武威陈氏族谱》《武威名宦:明代沔国公陈友年谱简编》及《敦煌遗书与凉州著姓》等。

陈有顺先生讲述了自己青少年的人生经历,如何走上写作之路,重点追溯了他搜集各种家谱、史料的艰辛历程,尤其是研究武威姓氏文化的心路历程,展示了武威姓氏文化的渊源。

一、研究武威姓氏文化的心路历程

张长宝：陈先生，您好！非常感谢您接受访谈。您做了很多凉州姓氏文化研究的工作，发表了研究凉州著姓方面的论文，出版了《敦煌遗书与凉州著姓》。今天，我们就想和您谈谈凉州姓氏文化。

我们了解到，您参加工作以来，没有在文化相关单位工作过，最后在区发改局退休，但您一直热爱、执着于凉州文化。您能给我们讲一讲，是什么机缘让您走进文化研究的领域。

陈有顺：关于我与凉州文化，尤其凉州姓氏文化的渊源，以及我撰写《敦煌遗书与凉州著姓》这本书的背景，这要从十多年前我纂修家谱说起。在此之前呢，我先简单地介绍一下我自己。我年轻的时候喜欢文学，写过一些诗歌、散文和报告文学之类的东西；后来一段时间搞过新闻学，也是《甘肃经济日报》的特约记者，后来是记者，成立甘经报社驻武记者站的时候我是主要筹建人之一。所以说我搞文字还是有一点基础的。写家谱的过程中间我又喜欢上文史、方志、碑铭考据，因为搞家谱与文史、方志、碑铭等有很密切的联系。我一边收集家谱资料，一边把一些随时发现的有价值的史料整理成文史资料，在《凉州文化研究》及省内外报刊上发一下。再一个就是在市政协办的《武威政协》、省政协办的《民主协商报》上也偶尔发一些东西。在修家谱的过程中，我搜集了《甘镇志》《肃镇志》《顺天府志》《敦煌县志》《五凉全志》等 20 多本地方志，还有《陇右金石录》《兰州古今碑刻》以及武威城乡四面八方的陈氏家谱，包括一些老谱和新谱，我都收集了。在这个过程中间难免和其他姓氏的人也碰到一起，聊起来的时候，就发现凉州从古代到现在，有些大姓很有历史价值。由于我们的族谱被烧掉了，仅凭一些八九十岁的老人的口述，说我们最早的先人姓啥叫啥名字，原来是干啥的，啥时候从哪里来武威的，就凭这些东西要搞出族谱，谈何容易。所以我除了在武威考察以外，在山东、安徽、河南、北京、新疆等这些地方也考察过。在考察时就发现了许多与我们先人有关的东西，最后完成了族谱。完成族谱后我就想把武威的这些大姓一一整理出来，所以近三五年吧，我就开始撰写。截至去年（2019），我就写了 20 多个大姓。另外还有 20 多个大姓,我也还在写,已经写了 5 个。如果有可能的话,我准备在《敦煌遗书与凉州著姓》的基础上再搞一个续集。你们可能要问到敦煌遗书与我们凉州,或者说与我们的姓氏有啥关系。实际上这个不难理解,搞文史的人多多少少都知道一点。我接触到敦煌遗书也就是三四年前,不单单敦煌遗书里有凉州九个大姓的记载,地理书里也有好多,什么宋姓、胡姓、赵姓、唐姓、令狐姓等这些大姓。实际上莫高窟有相当一部分的窟是祠窟,所谓祠窟就是家族的祠堂。壁画里所谓的供养人,实际就是他们的先人,某个大姓的先人,比如索姓窟里面就有索姓先人的供养像。当时他们不修庙,不修家庙,也不修祠堂,就在洞窟里面供养先人,每年一到大节就会去祭拜。我是研究姓氏文化的,这对我的启发比较大。敦煌与我们凉州大姓有啥关系? 我们现在说的凉州是小凉州,古代的凉州是大凉州,因此我们搞文史研究的,搞姓氏文化的,视野要开阔,要以大凉州的历史为背景,这样才能不受拘束。河东早先也是大凉州里的地域。比如我最近写的胡姓,就是安定胡姓,那在全国都是赫赫有名的,你不能不说是我们凉州的大姓;还有天水堂(包括金城)的赵姓,在历史上天水也是大凉州的范围。所以我下一步写的这几个大姓,并不都在小凉州,但古代的时候确实是大凉州的。后面写的令狐姓、翟姓、氾姓、宋姓等也都与敦煌遗书有关,敦煌是这些大姓的郡望。武威郡在历史上也是这些大姓的郡望。敦煌主要的姓氏,索姓,最早出于敦煌,但是他为啥后来在凉州兴起来了? 因为敦煌毕竟是一个偏僻之地,不易于长期生存,而那时候凉州是都城,官僚阶层的人大多居住在这里。所以,一方面是执政的需要,一方面也想生活过得更舒心、舒服一些,大姓就迁徙到凉州来了。当然要真正追溯起来,河西的凉州大姓,并不是当地的人,是从中原或南方的一些文化发达的地方过来的。因为魏晋三国时期、五代十六国时期,中原战乱比较多,好多文化人和富豪,拖家带口,把所有的家当和书籍都带到这里避难来了,安家来了。他们在当地也要生活,也要讲学上课,就办了私塾,培养一些人才。后来中原地区安定下来了,大部分人又迁回到故土,他们真正的故土还是在中原和南方。比如说民勤,民勤90%的人都是中原人和江浙一带南方人,并不是原居民。他们的好多家谱都说镇番,就是民勤之前的地名,他们修李姓家谱、王姓家谱、陈姓家谱等,追溯他们的先人,都是从南方过来的。明朝档案总汇里面有镇番卫军户的记载,说明民勤的大部分人是明朝的时候屯兵过来的,就像现在的兵团,战争结束后这些部队就驻扎在当地,开荒种地,定居下来。屯兵政策在明朝的时候比较盛行。

说到这些大姓的代表人物大家都清楚,比如说张姓的代表人物是张轨;廖姓的代表人物是廖彦邦,廖彦邦做过凉州公,廖家的家谱里面有记载。再比如说索靖父子、牛鉴、吴允诚、贾诩、石碏、曹议金、段秀实,历史上这些人物都是赫赫有名的,史书里都有记载。我就是专门围绕这些姓氏做文章,当然在研究过程中也牵扯到他们的一些历史遗迹,比如说碑刻,不研究这些碑刻,你就不知道这些大姓的繁衍生息的故事或者他们的一些政治生涯。

说到武威的姓氏文化,有一个人物我们不得不提,这个人就是张澍。张澍一生的贡献有两个方面:一个是姓氏文化,他的《姓氏五书》,大家都赞誉,比如说钱仪吉称张澍的《姓氏五书》为“绝学”,梁启超、鲁迅对张澍也十分崇拜;二是发现了西夏碑!

我们知道张澍修了不少志书,包括武威的《凉州府志备考》以及在四川、江浙一带任职的时候修当地的方志。但是他最大的贡献,与武威老百姓密切相关的,我认为就是姓氏文化。我们如果不把武威的姓氏文化传承下来,那是一大损失。可以说,不单对武威姓氏文化,乃至全省或者全国姓氏文化,张澍都是一面旗帜,而且是永不褪色的一面旗帜!我研究姓氏文化,张澍的《姓氏五书》是重要的参考书之一,因为我研究的 20 个大姓里面,甚至后面的大姓里都引用了张澍《姓氏五书》里的一些记载。实际上张澍的《姓氏五书》也是集古代姓氏书之大成。清代以前,贾氏有四代人既是谱牒大家也是姓氏大家,尤其是宋代的时候,姓氏书的修撰最发达。张澍的《姓氏五书》囊括了清代以前所有姓氏书的精华,所以只要研究了张澍的《姓氏五书》,清代以前的姓氏书就可以只做参考了,我佩服的就是张澍的这一点。只要把张澍的《姓氏五书》研究透,对姓氏文化也就研究透了,我个人是这个观点。

二、武威姓氏文化的独特性

陈有顺:我刚才遗漏了一点,姓氏与地名的关系,有一篇论文是贵州师范大学王雨菡、党国锋二人撰写的《武威地区乡村聚落地名文化景观分析》。从某种意义上讲，这篇文章佐证了我指出的姓氏文化与地名之间的密切联系。这篇论文指出，武威的地名中含姓氏的有7988个，占地名总数的66%，这些地名里头含着159个姓，我还才仅仅写了二三十个姓。当然其他的姓可能名不见经传，也许是些"芝麻"小姓而已，历史上没有留下什么痕迹。我因为姓氏文化方面的研究，有幸被中国民俗学会吸收为会员，又被中国民政部下的中国地名学会地名与姓氏文化专业委员会聘为专家顾问。我很惭愧，我就是发表了几篇姓氏论文而已，其中关于陈姓的论文呢比较多一些。我还对一些小地名进行了考证，比如说康宁有个躲难坪，再比如说王城堡，这两个地名是咋来的？这些地名的考证，我也在网上发布了，引起了地名与姓氏文化专业委员会的关注，吸收为顾问。搞姓氏文化活动的时候，我也认识了一些国内研究姓氏文化方面的一些大家，真正的大家，比如说中国科学院的袁义达老先生，他是《中华姓氏大辞典》的作者，我们姓氏文化界的老前辈，现在已经70多岁，退休了；还有王大良，一个大学教授，中央电视台姓氏文化专栏的一个主要受访者，主讲姓氏文化的；上海的钱文忠也做过姓氏文化的讲座，而且至今还在做；吉林省委党校宛福成教授也是姓氏文化的专家，我加入地名与姓氏文化专业委员会实际上是他推荐的，因为他看到了我好多的文章。姓氏文化在山西、河南是最发达的，那里也有几个姓氏文化研究的专家，比如山西省社科院副院长兼家谱中心主任张海瀛、张晨父子和李吉老师。实际上，国内最早研究姓氏文化的是山西省社科院。20世纪80年代他们有个家谱委员会，每年出版一本《谱牒学论丛》，前几年我在《谱牒学论丛》上发表过一篇文章，是李吉、张晨主编的。张晨的父亲去年(2019)秋天已经不在了，他和其他人合编了一套《中华族谱集成》，1995年出版发行了，一共100册，收录李王张刘陈五姓族谱共93种，是山西省社科院的一个大工程。再就是河南姓氏文化研究会会长林宪斋、家谱委员会会长魏怀习等。

　　你要是和这些专家、学者聊起武威的凉州大姓，他们实际上并不了解，因为这个原因与我们自身有关，我们过去对姓氏文化几乎没有涉猎。我从张澍的《姓氏五书》来看，从民国到现在，不要说武威，甘肃也几乎不见姓氏方面的书籍，所以袁义达老先生在我那本书的后面写了几句话，意思是他搞姓氏文化50多年了，几乎就没有见过西北地区姓氏文化方面的只言片语。当然，他是对张澍不了解,因为他只搞姓氏,不搞文史。我认为这是我们的一个缺憾,就是我们对姓氏文化宣传力度不够,出版的东西也不多,所以人家不了解武威的姓氏。所以我这本书出版后或者我在网络上发表的一些文章,使他们感到惊讶,哦!原来凉州这个地方有这么多的大姓,而且还是郡望!河南才是我们全国百家姓、全国大姓的郡望,怎么现在好多郡望跑到凉州去了?我写的20个大姓的郡望和发源地都在凉州,不在河南。我在一篇论文里陈述了这个观点:诚然,河南是我们全国的姓氏文化的中心地带,百分之七八十的大姓都出自河南,但是三分之一的姓氏是出在凉州,大凉州。比如,武威的廖姓、石姓、史姓,以及天水的赵姓,安定的胡姓,敦煌的索姓,你在全国范围内研究这些姓,就不能不提凉州,这是我感到荣耀的地方。这些大姓要研究起来,"凉州"两个字是绕不过去的,所以我认为凉州姓氏文化的潜力相当大。你再到南方看一下,比如广州,广州的陈氏祠堂修得美轮美奂,耗资巨大;还有广东怀集的石姓,他们把"武威堂"作为文物保护起来了;广东云岩的廖姓祠堂就是"武威堂",建筑的图片在我这本书里面收录了,可惜是黑白的。可是我们武威这么大的地方,找不到一个"武威堂",这是我感到难过的地方。这与我们的文化观念还是有关系。

我前面说的张澍的两大贡献,一大贡献是姓氏文化,另一大贡献是发现了西夏碑。西夏碑的发现促进了我们对西夏文的研究,没有西夏碑的发现我们对西夏文一无所知。我觉得张澍这两大贡献比他的诗文集、地方志的贡献还要大,对我们武威而言这两大贡献也是最实际的。

下面,我就再谈一谈我对凉州文化,尤其是姓氏文化的一点认识。我认为研究凉州文化,首先要解放思想,把我们的视野放开,我们不能仅仅盯着我们小凉州或者武威这块地方,再或者河西这块地方,你要站在大凉州的历史背景下来研究凉州文化,这是我的视野。另外一个就是胸襟要开阔。我研究凉州的这些大姓后,发现这些人的胸襟相当开阔,他们才能成就大事业,在五凉历史上才能留下这么辉煌的篇章。我们如果没有这种开放的胸怀,也就是说包容性,文化上也要有包容性,也就是说搞姓氏的,搞文史的,搞金石的,搞其他的,都要互相取长补短,互相借鉴,互相交流,这对自身也是一个提高,在交流过程中也会有一些新的发现,而且这些文化都是互相关联的,不能割裂开来。这个就是我说的胸怀。再一个就是要敢作为,这是我个人的感受。我不是科班出身,不是文化部门出身,我是搞经济的,所以对文化是一个门外汉,对历史所知有限,也就是我前几年补了些课,对司马迁的《史记》、刘知几的《史通》才有所研究。我对古代的诗文,以前涉猎过,像《古文观止》《昭明文选》及唐诗宋词等,这些书都读过。《唐书》《宋史》《明史》《清史稿》《资治通鉴》这些书,虽然没有经济力量购买,但是能从网上下载。书不一定非要通读,围绕你研究的领域,寻找一些你认为有价值的来研究。民国时的国学大师马瀛写了一本书《国学概论》,说一个人要研究历史,没有十年的功夫,不熟读唐诗宋词、《资治通鉴》、二十四史等,是成不了气候的。但一个人一生不可能把二十四史都研究透,不可能把历史上的典籍都一一读完,生命有限,精力有限,我们难道就望而却步吗?就不搞研究了吗?于是马瀛从另一个层面补充,要放开手脚,根据自己的实际情况,适当可以进行一些力所能及的研究。我受他这句话的鼓动啊,联系到自己,我也是个门外汉,就放开手脚放胆子闯一闯。所以,我们要研究凉州文化,要研究姓氏文化,首先要了解大凉州的背景,其次要有大胸怀,再次要敢写。我所说的敢作为就是要敢写,至于写出来以后就交给专家们鉴定,交给历史去评定,但是如果你不作为,你不写,那什么东西也弄不出来,这就是无知无畏。无知无畏从某种意义上讲并不完全是贬义,无知并不是说完全不知,也就是说在有知的情况下要无畏,这样怕,那样怕,你就搞不出东西。像我既不是文史科班出身的,又对历史不了解,何谈这些东西哩?不过就是修了个家谱,但是如果你要放弃,要妄自菲薄,那《凉州著姓与姓氏文化》这本书就胎死腹中了,对不对?

三、难忘而坎坷的少年经历

陈有顺:我后面讲的就是我个人的亲身经历。我在撰写家谱和研究姓氏的时候,厨房里烧上开水,或者煮上洋芋、红薯,到书房里就忘了,锅烧得干干的,这么厚的锅焦巴就烧上了;还有的时候我在厨房里接水,水壶比较大,接水慢着哩,又回到书房里去了,尽头(赶你)记起来,厨房里已经水漫金山了,都漫到客厅了。哎呀,你说你一件事情一件事情干,为啥要这样呢?搞文字的人应该都有体会,人的思路一到那个时候,根本就停不下来;你如果停下来,马上就记不起来。所以搞文字研究的人，有时候就是痴呆，不是真的痴呆，而是投入太多了，就忘记了一些事情。我在讲家谱的时候，说到这些水漫地、锅烧干的亲身经历时，下面听的人都哭开了，有时候确实是古人说的头悬梁、锥刺股，废寝忘食。何止是废寝忘食，熬到两三点的时候很多的，甚至有熬通宵的时候。那样苦熬会要了你的命呢。

我出生于 1956 年，出生地是兰州小西湖，兰州小西湖有一个硐沟沿。我的小学就是兰州硐沟沿小学。

我的这个经历也比较坎坷，虽然说我们家在兰州，那时候经济并不宽裕。我捡过垃圾，这不是笑话，我拾过马粪、驴粪。因为在兰州睡的是烧炕，早晨天不亮的时候，拉着一个四轮子的那种小拉车，转轴子，木头板子钉上，上边儿放着个筐筐（背篓），早早地出去拾马粪。那时候汽车少，交通不发达，晚上我睡着后，梦里都能听到马车吱扭吱扭的声音，自己就起床啦。天不亮，起床以后拉上车子就拾马粪去了，从小西湖一直拾到西站，西站回来筐子就拾满了，然后晒下，到冬天晚上的时候烧炕。我父亲一人工作，母亲干的是临时工。小的时候，没有零花钱，一到礼拜六放学或者礼拜天就拾垃圾去，背着个背篓拾垃圾。那时候能拾上些破铜烂铁拿到废旧回收站卖掉，让我们买本小人书看。那时候我相当喜欢看小人书，小人书也算是文化读物，初级读物嘛。

1969 年的时候，城市居民开始下乡了。当时有个口号，我们也有两只手，不在城里吃闲饭。我妈是积极分子，我父亲是厂长，所以厂长夫人要带头下乡。我妈下乡时，就把我们弟兄四个连她一起下放到武威大柳公社王城大队了。1969 年，我当时刚小学毕业，下乡就到这里来了。到这里后，我在王城小学、王城中学上学，高中是在武威四中上的。那时候我们吃不饱，穿不暖。这一点不隐瞒，到青黄不接时就没有粮食吃了。我们家里有四个男孩子（小妹是后来 1970 年在武威出生的），正是吃饭长身体的时候，夏秋分粮是按工分，就是按挣的工分多少分粮，而我妈呢，又是妇女队长，又是共产党员，救济粮几乎就挨不上。那时候的人比较正统，按现在的话是先进性相当强，吃苦在前，享受在后。我母亲为啥成优秀共产党员，那是真正干出来，拼出来的。所以说那时候我们的生活相当艰难，我们是从苦日子过来的，我们这一代人呢，经历的一些事情你们肯定没有经历过。

四、我如何走上写作之路

陈有顺在书房工作
（供图：陈有顺）

陈有顺：我高中毕业回乡以后，因为我还会说几句普通话，王城大队搞了一个宣传队，我就成为宣传队的一员。那时候县里每年都搞文艺调演，我们宣传队每年也参加调演，我曾经在文化广场戏台上表演过，说过帽子工厂的相声。我们宣传队有两三个节目，先选拔到公社，公社再选拔到区上，区上再选拔到县上，县上再选拔到文化广场来表演，所以我们也是"过五关斩六将"，到文化广场表演了一次。这是个小插曲。后来这个宣传队也没有撤，搞了个农科队，给我们划了些地，平时就种地，农忙的时候就忙，农闲的时候就开始排练节目，每年春节期间的表演和每年公社、区上调演都要参加。可能这样有个两三年时间吧。

1977 年，我都高中毕业三四年了，高考恢复了，于是我就不想当演员了，回家复习功课去。宣传队同意了，说是娃娃们的大事，不能耽搁。我从 1977 年开始参加高考，头一年落第了，第二年考了个小中专，我们大柳公社也就只有两三个人考上小中专。1978 年考上的小中专,中专毕业以后我最早是在亚麻厂工作,后来叫饮料厂。我们最早的那个小香槟,就是我参与开发出来的。一开始我在亚麻厂做亚麻板子,就是胡麻秆子粉碎以后,打出来的细麻送到麻纺厂,剩下的麻渣就压成板子,可以当床板。后来又搞蘑菇,请黄羊甘肃农大的教授来。我是技术员,因为我是工科出身,就负责种蘑菇。20 世纪 80 年代初我就是"蘑菇大王",蘑菇种得很好。那时车间化、工厂化种蘑菇,在大厂房、大车间里头用角铁焊成书架子一样的架子,上面铺上木头板子、麦草,再把菌种种上。工人先在实验室里把手套戴上,用酒精消毒的烧杯和试管把种子接上,种子培育好,铺到上面,用塑料盖上。种蘑菇时要注意穿上雨鞋、雨衣,拉上水管子,喷水保持湿度,铁架子上下的湿度和温度要保持在一定的范围内,要经常看着温度表和湿度表。武威最早有蘑菇就是从饮料厂开始种植的。

再后来就是搞小香槟饮料。我们到河南那边学习了一下,就把小香槟做出来了。后来还搞过汽水,还搞过胡萝卜汁,你们可能都有印象。胡萝卜汁估计你们还喝过。那都是我们在 20 世纪 80 年代初的时候,在厂里搞出来的东西。

那时候我是技术科负责人,有时还兼着秘书科的工作,经常写一些报告和总结之类的东西。1984 年初,经贸委看上我了,因为我的笔杆子还可以,每年的总结都是我写的,办公室和秘书的事也是交给我的。我调到经贸委后也在技术科,从副科长到科长,在经贸委干了八九年。1985 年《武威日报》创刊,我和李田夫比较熟悉,经常也在一起,虽然他年龄比我大一些,大个十来岁。当时我在报纸上已经发了很多东西了,小报基本上隔三岔五有我的文章,小武威报有合订本,上面随便一翻就能找到着了,《武威日报》创刊的时候,我的文章就多得很了,隔三岔五有我的新闻报道和头版头条。那时候我的名字不是现在的"顺",是尧舜的"舜"。现在这个"顺"是身份证上的,以前那个"舜"是我的笔名。在 1987、1988 年的时候,甘肃经济日报社看上我了。因为我的好多文章在《甘肃经济日报》上发表以后,影响比较大。《甘肃经济日报》想在武威设一个记者站,主编向大明委托我负责。刚开始我是特约记者,后几年"特约"去掉了,直接是记者。大约是 1994 年初开始筹建记者站,方案也做出来了,就等正式确定。

后来由于一些客观原因,我没有继续在记者站工作,但是我还经常写东西,写通讯、小报告文学、散文一类的东西。在 20 世纪 80 年代初的时候,冯天民搞过一个文学讲习班。我写过一篇文章,是武威第一次文学讲习班的真实记录。讲习班结束以后,我们编了一个《春草集》,是本诗集。那时候没有打印机,就是手刻蜡版,蜡版纸上印出来的小册子。那本诗集里有我的七八首短诗。

我们年轻的时候就喜欢文学,后来喜欢新闻,再后来喜欢谱牒文史。你写本书,没有些文字功底,行吗? 不然的话,你一个门外汉,能搞出来吗? 绝对搞不出来的。同时呢,我比较关注我们地方经济的发展,就仗着这些文字功底,再加上我经常与经济部门打交道,20 世纪 80 年代末 90 年代初我出过一本书叫《今日武威》,是上海三联书店出版的。《今日武威》是《中国历史文化名城系列丛书》中的一本。这本书是精装本的,不厚,中英文的。《历史文化名城系列丛书》一套 62 本,有《今日武威》《今日张掖》《今日西安》《今日北京》等。我负责写工业交通、科技卫生,这部分共有 5 万多字,是这本书里写得最多的。

我刚才说到搞经济研究,我因为在经济部门工作多年,有些文字功底,就专门对区域经济的研究下了些功夫。我写过十几篇经济论文和十几篇有关经济工作的文章,当时地委有个《武威工作》,现在还有这个杂志,党校有一个《天马论坛》。我这十几篇论文很多都发在国内的一些比较有影响力的刊物上。我写过影响最大的一篇文章是《天马经济研究概论》。这篇论文之前我还写过一篇《试论铜奔马文化艺术研究与武威经济发展的关系》,在《中外科技美学》杂志上发表的。我在这个基础上扩充内容,写成《天马经济模式研究概论》,在中国管理科学院《管理学家》杂志上发表了。我与《管理学家》的主编策划,以杂志社的名义和武威市委、市政府的名义搞一个天马经济论坛,讨论一下武威的经济如何发展,天马、铜奔马与我们武威经济有没有联系,联系在什么地方,如何在这些方面把文章写好,也就是文化和经济如何搭起来。我们过去有句话叫"文化搭台,经济唱戏"。当时有这么个想法,但是后来夭折了。这件事向市领导们也汇报了,虽然红头文也下了,但可能有其他原因,这个论坛没有开起来。其实这个论坛做起来是相当好的,因为经济理论和实践是相辅相成的,有的是理论在前、实践在后,有的是从实践中出来的理论。我后来又写了几篇这方面的文章。

五、收集家谱的艰辛历程

陈有顺：家谱、族谱收集的过程，我再重复啰唆几句。

我们搞家谱是一张白纸，因为就凭老人的两句话，那个祖先叫啥名字，做过什么，啥年代从哪里来的，就这么几句话，搞出上下两本，这么厚的两本族谱，10多万字，耗费了我10年光阴。为啥搞这么长的时间？就是巧妇难为无米之炊么。你手头没有东西，你怎么写？我先把武威城乡四面八方姓陈的情况查清楚，然后把看到的老谱、新谱收集一下，看一下有没有相关的联系。再就从武威地方史志开始，《五凉全志》《凉州府志备考》，还有武威地方上的旧的史书。《凉州府志备考》，我是花了100块钱从文庙门口人家手里买下的，三本小册子。《五凉全志》，我是从兰州旧书摊上花了100多块钱买下的，那是七八年前的事了。这个史书里有我们先人的名字，叫陈友，《五凉全志》"名宦"一章里有记载。民勤的李玉寿先生有一本《民勤家谱》，他还校注了《镇番遗事历鉴》，这部书里记载了我们先人在明清时期打仗的过程。后来我又搜集了《甘镇志》《甘镇府志》《肃镇志》，这三本志里面也有我们先人的详细记载，虽然也就是寥寥百十来个字，但是对我启发相当大，我甚至可以说是欣喜若狂啊。我们在世八九十岁的老人口耳相传，说我们祖先是指挥使，在史志中一看，他就是指挥使。这和文字记载就符合了，也给我鼓了不少劲。我就顺着书上说的先人来的地方去考察。比如说他最早是西域人，他们父子追随朱元璋打天下以后，被安置到安徽全椒。我就通过全椒县志办把明朝天启年间的县志搞来，翻出来一看果然有记载。陈友先人在25本史书里都有记载，《宁夏志》《甘镇志》《甘凉府三镇志》《顺天府志》等。最后我选了陈友的传记25篇，撰写了25篇考文。虽然各书记载的内容大同小异，有些相似，有些不同，但是都值得收藏、收集。最近几年，国家档案部门编纂出版了一个中国历代名人的系列丛书，明朝部分里面不单有陈友，还有达云、吴允诚等，我就把这些记载一一记下来。

我研究这些志书的时候，不可能光看陈友那段，基本上志书要通读一遍。在通读的过程中，我就发现很多的大姓。我到北京考证过，到新疆考证，到山东、河南也考证过。有传说我们有一个先人是从山东巨野过来的,所以我到巨野也去了。我发现段家的家谱,是因为到新疆去找失去联系50多年的堂兄姐弟三人。因为你在家谱里搞世系录的话,就要把武威老家所有的这些陈姓家族的人普查一遍。有一个陈姓的人,1951、1952年跑到新疆去的,和我们断掉联系了。我拐弯抹角打听到以后就去了。我们互相都不认识,但是有这种亲情关系在,一见如故,他的相貌和我父亲、我叔叔太像了,因为他们都是一个爷爷传下来的难兄难弟,所以我一看就认出来了。嫂子姓段,段家的家谱就在他们家里哩,函套包装的一套5册,我当时就用相机全部照下来了。所以有些姓氏的资料是在我自己在修谱过程中无意中发现的,像段氏的,还有吴家的、达云的。中国历史档案馆里有明朝的历史档案,姓陈的人记载了三四十号,其他大姓也都有。我现在写的20个大姓,全部收集到我这本书里了。有一些小传就没办法全录,只能把名字放进去,说明他是干啥的,是贡生,还是指挥使,还是总兵。中国历史档案馆里这两本书价值相当大,对研究武威明清历史和姓氏是很有启发的。在收集这些档案和史志的过程中,我无意中收集到《兰州古今碑刻》《陇右金石录》,收集这些书也不容易。

更让我感动的是搜集到的李鼎文生前的两本书。这两本书啊,我在一篇文章里提到过,就是《我的书缘》。李鼎文的大名是我小时候就如雷贯耳的,年轻的时候我想拜访一下,但是我两次去都没有见到人,没有缘吧。但是我在旧书摊上搜到了两本书,一本《李于锴遗稿辑存》,一本《续敦煌实录》,这两本书都是李鼎文校注的,而且扉页有李鼎文的亲笔签名,一本是送给权少文的。权少文你们都知道,他也是了不得的人物,武威的权氏家族我下一步也要写。权少文在民国时期是甘肃省政府的参议,赫赫有名,人称权爷,大文豪,蝇头小楷写了一本书,上千页哩。钱玄同亲自写了百十个字的小序,好多民国时期的大家十分赞赏他的这本书。我看了一下,蝇头小楷写得确实漂亮。权家的根子在河东天水那边,最早权家出了个宰相呢,所以说写起来很有意义啊。因为有两页的签名和甘肃师大历史研究所的大红印章,就说这两本书流传到社会上,还碰巧叫我收集上了。我没有见上老爷子的面,他的书叫我收集上了。《续敦煌实录》是张澍编,李鼎文校注的,是一本人物传,记载的都是敦煌的大姓,索姓、曹姓、宋姓、令狐姓、氾姓、张姓等。所以我的姓氏文章里就有《敦煌遗书》里头的东西,某种意义上说也是一种缘分,书与人的缘分。你搞姓氏文化研究,你研究的这些历史人物,这些书籍就自然而然地就跳到你面前了,别人搜集不到,就你搜集到了。所以在搜集资料过程中间啊,有很多有趣的瞬间,确实跟人说起来也很有意义。你说这几本书,为啥单单你就收集上了,而且还是亲笔签名的。李鼎文的那几个钢笔字也不是很攒劲,但是人家这文化修养,也是大儒啊。我还收集了几本好书,如潘挹奎的《武威耆旧传》等,我就不再说了。

我的书柜已经放不下书,我客厅里的沙发上全放满了。现在我的书房进人都已经非常困难了。老婆子经常说我,书桌上除了电脑、打印机,周围全是一摞子一摞子书,包括地上,包括家具上,连闲放的小箱子上全是书。所以说我很喜欢书,我小时候就喜欢看书,我上学的时候,中专是18块钱的生活费,我每个月能节省出2到3块钱来买书。三年后毕业,我已经有两箱书了。毕业的时候就托人把这两箱书带到车上,背回来了。再到后来工作,有时候也买书,为这和老婆子发生一些争执。这也很正常,因为你要过日子哩。尽管如此,我还是力所能及买些书。后来退休这几年,工资也高了,家庭负担也轻了,就更要买书了。可以说只要是我喜欢的书,想方设法要搜腾到手,搜腾不到,我掏钱也要从网上下载下来。我好多写论文用的参考书啊,那都是我掏钱买的。能买上的书我就买上,买不上的就像《全唐文补遗》,也是我偶然发现的。《全唐文补遗》收录的全是碑刻,武威的大姓在书里基本都能找到,所以《全唐文补遗》是重要的工具书。我那天和人家开玩笑着,说我的研究目标已经很明确了,我的工具书也已经很明确了,就张澍的《姓氏五书》《敦煌遗书》和《全唐文补遗》,够我今后几年挖腾、研究了,其他的涉猎一下就行。

陈家寨的陈姓人和我有血缘关系,我这边的一个先人在清代乾隆年间跑到陈家寨子,那个先人的画像穿黄马褂,坐着,黄马褂上有"皇恩浩荡"四个字,以及官帽,那是相当逼真。

陈家寨子的那个八条轴屏的字是唐发科写的。唐发科是何许人?武威解放前,现在的十中,那时候叫万寿宫小学,他是校长,和贾坛这些人物都是武威当地的文化名人。新中国成立后他是武威第一任副县长。搞姓氏研究也好,搞文化研究也好,如果对历史上的名人不了解,对武威历史上名人著作不熟读,说实话是搞不成的,没有这些阅历不行。唐发科写陈氏有个文举人,和唐发科关系不错。我也是看了以后才知道武威历史上的这些文化名人,才知道他们的这些东西,然后我又搜腾他们写下的一些东西。

你看前几年旧城改造,我也很惋惜,武威四街八巷我也跑了,有些古民居,我都拍下照片,也了解这个姓氏的老宅子里住的啥人,原来出过啥人。我搞民居考察,当时也是从姓陈的人开始的。海子巷里有一个陈家大院,听说是从山西过来的一位有文化的大商户,庄门上有一块匾写着"太丘风范",最后也拆掉了。总之,研究姓氏文化也是有苦有乐,钻到里面也有兴趣。我说得太多了,颠三倒四的。谢谢你们!

（杨琴琴整理）

宣传武威文化的宋振林

宋振林

1948年9月出生。毕业于西北师范大学中文系。1982年参加工作，曾任武威市委宣传部副部长、武威市作家协会主席等职，先后出版《天马之都》《神驰天马》《武威探古》《澳华梦·澳华人》等历史文化专著及文学作品，主编或参与编写《今日武威》《爱我中华 爱我武威》《武威历史文化丛书》等书籍50多部，撰写电视脚本《武威——天马的故乡》《月圆凉州》等60余部，撰发新闻稿件3000多篇，获全国好新闻三等奖、甘肃省社会科学最高奖—佳作

宋振林先生在查阅资料
（供图：宋振林）

奖、甘肃省"五个一"工程奖、中央五部委优秀报告文学奖等多种奖项。

宋振林就《红柳》《西凉文学》的兴衰、凉州文化品牌的宣传打造、专业文化研究队伍的打造等方面，讲述了武威文化宣传、文学创作过程中的艰辛和不易，给我们展现了一段极不平凡的人生历程。

一、个人荣誉和成就回顾

武威雷台天马景区
（摄影：刘忠）

柴多茂：宋先生，您好！非常感谢您接受访谈。您曾出版专著和主编、参编关于武威历史文化的书籍 50 多部，在省内外报刊发表散文、文学评论、报告文学、电视专题片解说词等文学作品 80 余万字。今天，我们就请您谈谈武威的历史文化。请您介绍一下您从西北师大毕业以后，在市委宣传部工作期间，所从事的一些宣传文化方面的工作，包括新闻报道、历史文化、文学创作等，以及获得的一些重要的奖项。

宋振林：我是 1982 年的元月从西北师范大学毕业的，分配到武威，那时候叫武威县，到今天已经 40 年了，所以说在武威市的宣传战线上，我是时间最长的一个，39 年没换过部门。我在宣传部，刚一开始搞宣传工作，到 1984 年的时候，原来搞宣传报道的人走了，我就到宣传报道组搞新闻报道。因为大学里基本上没接触过新闻报道，所以开始我写的稿子，上稿率很低。1985年，《武威日报》创刊之后，我在实践中琢磨着怎么样写，怎么能上稿，新闻的敏感性就逐步加强了，后来上稿率就高了。1985年7月，我写了一篇《武威姑娘闯关东》，写的是武威大柳桥坡的两个姑娘到东北去传授腐竹制作技术，在一两个月里挣了2万块钱。当时已经很了不起了，所以我就写了这个报道。过去"闯关东"是为了生活，现在咱们属于落后地区向先进地区传输技术，所以这篇报道当时被中央电视台和甘肃电视台作为重要稿件播出了，而且获得了当年的"全国好新闻"三等奖，开了武威新闻报道的一个先河。从那以后我对搞新闻报道的信心大增，现在有时候还在报纸上发，就是发得少了。我算了一下，我这些年新闻报道共发表了3 000多篇。

20世纪武威有个《红柳》杂志，是文艺刊物，当时主编叫李田夫。作家协会改选以后，我被选为武威作家协会的副主席。我从那个时候在文学创作和新闻报道同时开展。在文学创作上，我主要办了一个《西凉文学》。办公用房就是现在区文化馆那个地方。当时冯天民是文化馆的副馆长，他给我们腾了一间房子，作为作家协会办公的地方。一开始我们想办三期，但是后来影响越来越大，到现在一共办了40多期了，已经办了整整22年了。这都是我和李学辉、冯天民、谢荣胜几个人搞起来的，李学辉还当选了省作协的副主席。

在文学创作上，我出了两本书，一本叫《神驰天马》。"神驰天马"是赵朴初先生到武威参观的时候给武威题的字。我觉得这个字很好，我本身是外地的，不是本地人，就把《神驰天马》作为我文学创作的一件作品发表了，30来万字。另一本书叫《武威探古》。2007年，我又写了一个长篇报告文学，10万字，《澳华梦 澳华人》，写的是在澳的武威华人领头人张学武。

后来我慢慢熟悉了历史文化，感兴趣得很。1998年，我认识了市文化局局长严五林，他让我负责编写武威历史文化丛书，我们就拟了10个题目，我写的是《天马之都》。这套丛书由文化局负责出版，还装了个匣子，是武威第一套历史文化丛书。我们把10本书编出以后，市文化局局长又变成陈永坚了，他就负责出版，我负责书稿的校对。2001年丛书出版。兰州大学赵郦生教授给我的这套书写了序言，其他的每一部都是请了外地的名人作序。

我已经退休十九年了，休息时间，我就搞写作。基本上这几年我自己感觉没有荒废，获得了国家级、省级、市级的各种奖励，有上百次。我获得的最高奖的作品是《武威就是中国历史文化名城》，获得全国好新闻三等奖、甘肃省社会科学奖佳作奖、甘肃省"五个一"工程奖。"全国好新闻"三等奖有 3 000 块钱奖金，当时不得了。《武威，天马的故乡》获得了"五个一"工程奖，是甘肃省的最高奖励。

21 世纪初的时候，为了发展武威的文化事业，我们创办了藏传文化研究会与五凉文化研究会。我记得当时在文庙旁召开的成立大会。我是五凉文化研究会的副会长兼秘书长。这些年，我出版了《天马之都》和《神驰天马》，还参加了市志办组织的市志编纂工作。当时李保卫是专员，聘请我当主编。我负责撰写武威文化旅游这部分，也参与了其他一些章节的编写讨论。我在市志办兼职工作了十几年。

除了这些，我还参加了凉州区志的编撰工作。凉州区志第一部编到 1989 年为止，第二部是 1989 年到 2010 年，我作为编审。我还参加了《武威党史》的编写，我当时是凉州区政协委员，这个工作也是我的一份责任。

武威的大云寺、凉州古钟楼很出名。2001 年，有个日本和尚来到武威，想把大云寺、凉州古钟楼怎么建起来的，写一部书。当时我和文化局的一个专家，还有博物馆的黎大祥都参加了，编成书。最后因为经费问题，这个书没有印出来。

还有一些武威历史之谜没解开，铜奔马到底是什么时代的？到现在还没有说定呢，光这个铜奔马名称现在就有十几个了，谁也不敢说绝对的。我的想法就是引起大家对武威历史文化的重视。我感兴趣的事有两件，第一件是编印《爱我中华 爱我武威》。《爱我中华 爱我武威》是个小册子，介绍武威历史文化的方方面面。那时候我和王琴到北京去搞校对，由北京写作学会出版的。北京写作学会会长是谁？刘绍棠，中国有名的乡土文学作家。1995 年 7 月，我们到了北京，正好刘绍棠去世了。我们那时候住在北京师范大学，做一些乡土教材。那里蚊子特别多，蚊帐去掉以后把我们咬得很难受。当时全国到处编写乡土教材，给中小学生普及家乡的地理历史文化知识。李宝生当时是武威教委主任，他也很热心，他发动的编写工作，要求每个学校，只要三年级以上的都使用乡土教材，让武威的学生们了解武威历史文化。那时候一本书才 4 块多钱啊，教材出版后在武威创了个奇迹，印刷了 10 万册。

再就是参与筹建五凉文化博物馆，编写相关资料。我是从 2019 年 10 月开始参与这项工作的,一直到 2020 年的春节,一共参加七八次活动吧。

退休后,我被聘请为《武威日报》报刊阅评员。他们的总编加上我四个人给新闻报道挑毛病,每次都能挑出一堆,文字错误太多了。虽然现在挑个错别字不容易,但我每次还能挑出个十几处吧。我当报刊阅评员十几年,其他人都不干了,我到现在还干呢。我一方面看报,另一方面也增加自己的文字功夫,给我增加校对知识创造了条件。我从退休到现在这十几年没休息,一直写作。刚退休那几年基本上没事干,就有人找我,主要是写电视专题片解说词。我给几十家单位写过电视专题片解说词,基本上都被采用了。

去年(2020 年)以来五凉文化这方面讲得多一些。武威很早就成立了历史文化研究会,但五凉文化研究会除了自己研究,整体上没什么好成果,也没怎么开展活动。我刚刚提到,武威历史之谜有 24 个啊,铜奔马是其中重要的一个,还有其他的什么花木兰之谜啊,什么武威疆域到底有多大啊,什么《葡萄酒诏》之谜啊,好多到现在都没解决。我在《甘肃日报》上发表这类的文章比较多。

二、统筹推进宣传研究创作

柴多茂:请您谈一下对于今天凉州文化的宣传与打造有什么意见、建议?

宋振林:咱们武威在全省文化研究和文学创作已经走在前列了。据我所知,武威文学创作在全省一直都是在前列的,除了兰州之外。咱们凉州文化研究院成立以来,干了这么多事情,还出了这么多书,其他地方都没有。我的想法,第一个就是要打造凉州的历史文化和历史文化的名人名片。咱们现在要打造一些历史文化的名人名片。一个人出了名以后,当地紧跟着出名。像陕西,一说起陕西,大家马上就想起路遥、贾平凹、陈忠实,全国都知道,就是名气大呀,这些名人就带动了地方的历史文化。第二个方面,我觉得应该对武威的历史文化研究更深入一步,不要老嚼别人嚼过的馍。现在我发现有几个年轻的同志写稿子还有点新意;但老的人员,因为他学习少,炒剩饭不变,确实意义不大。我们应该围绕武威历史文化方面的疑难问题,就刚才我提到的那 20 多个疑难问题,能解决一个也好,解决几个也行。你们这次出版《凉州府志备考校注》,把过去的错误一并进行改正,最起码是教授专家来进行校对和修正。

过去大家就是写文章,现在看来写文章还不行,要通过电视广播宣传,包括各种新媒体,进行全方位的宣传。像李元辉他们上次制作的《话说五凉》短视频就是用新的手段进行宣传普及,就很好。

凉州文化在中国历史上是很了不起的,大家都看了很多资料,包括专家教授讲的。凉州文化确实值得宣传,但是有很多东西还没弄清楚,不能仅仅靠外地的专家学者,还要依靠我们本地的。凉州文化研究院的成立有非常重要的意义,把我们本地的研究者都团结起来了,形成一个凉州文化研究的团队。当然外地的专家学者,名望大,没有他们带头或者起头,在全国是得不到认可的,所以说要把这些人挂在我们的名片上,但是还要以咱们本地的历史文化研究者为主。咱们研究武威历史文化、凉州历史文化,就要有资料。咱们这书也多,资料也多,实物也多。要以这些名人为我们的领军人物,这对凉州文化在全国得到认可是有很大的好处。同时挂本地的几个专家,像孙寿岭,在西夏文化研究方面,虽然影响在全国不算大,但也算小有名气了吧。如果能把这支队伍作为本地主力军,再加上有名的那些人当领军人物,对我们以后发展很有好处。我的想法就这么些。关键就是打造一个凉州历史文化名人团队,再把武威的文化研究透,这样我们就能把武威研究些名堂出来。

三、打造专业研究队伍

柴多茂:请您谈谈对凉州文化的展望,比如,您刚刚提到的要团结本地的一些专家学者,把外地的一些名人也吸纳进来,形成研究的团队,走在全省文化研究的前列。

宋振林:我主要是搞文学创作的,在文化研究方面,像王其英、黎大祥,这些人都参与进来。除了有些日常工作需要他们帮忙,也让他们做一些专题,参与凉州文化研究院的一些具体工作。

柴多茂:我们了解到,您以前一直在做行政方面的工作,也做文字方面的工作。请问您是怎么协调二者的关系的?

宋振林：我如果手头有工作，我就基本上干行政工作，在休息或者没有事儿的时候就忙文字工作。别人闲的时候一般就是喝酒、打牌，我也不爱这些，就自己写点儿东西。我2008年正式退休，退休以后我还搞了很多工作。比如说凉州区委宣传部要培养写作的人，那时候部长是屈永红，他把爱好新闻写作和文学创作的人组织到一起，请我给他们讲了十几节课。我还在外地讲了好多课，在电力局、学校，还有街道讲过课。那时候，市委党校还聘请我做客座教授。

柴多茂：您老家是哪里的？

宋振林：我老家河南开封，生在宝鸡，长在甘肃。1953年就到兰州了，在兰州待了两年，又到了天祝县打柴沟。我在打柴沟生活了四年，小学是在打柴沟上的。我们家1959年到的武威。我原来在窑街矿区干了9年，当工人的时候我就搞文学创作，写过几篇短篇小说，大学里也写过两篇，后来再没坚持下去。1969年元月到窑街矿务局，1978年的5月离开，考上大学了。我是第一批参加高考的。王琴和我是同班同学。我们一开始对上师范学校不感兴趣，我第一志愿就报的是北京大学，第二志愿报的是兰州大学，第三志愿才报了西北师大。西北师大上了4年吧，毕业分到武威的有五六个人，其他的都各自想办法。我就分到武威市了（当时还是县级市）。我们那时候对当老师都不太感兴趣，因为那时候老师的待遇不好，但我现在后悔没当老师。结果我直接就被分到区上了，分到宣传部。

柴多茂：我有两个小问题，第一个问题就是我们单位现在都是比较年轻一点的人，在做凉州文化的研究，想请您谈一下对我们的期望，或者谈谈您年轻的时候是怎么做研究的。

宋振林：没什么经验。我出书都是十几年以前的事儿了，到现在一共出了四本书。最早的一部就是那个长篇报告文学。我刚才说，我参与编写的书可太多了啊，起码有五六十部，还有文明市民手册、专题片解说词等。出书要以新为主，要新鲜，尤其历史文化研究方面，你要有新东西。一般读者最喜欢看有新意的东西。所以有新打算、新选择或者新的题材很重要。比如李学辉以巴子营为核心来选择人物，他的故事都是围绕巴子营，他老家在武南，关键要是写小说的话，最主要的是故事情节和人物形象。一部小说的成败就在于这两方面。《水浒传》完全是按照人物形象来吸引人的，《红楼梦》《西游记》啊，都是以人物形象取胜的。

柴多茂：您之前经常做新闻报道，写新闻稿肯定也特别多，是吧？

宋振林：是的。新闻宣传这一块，现在我基本上不写了。新闻要的是新，题材新，人物新，事件新。我现在写一些文学方面的。小说要塑造人物，不要求真实人物，小说不受时间局限。

柴多茂：我们对外宣传武威也好，推荐武威也好，您有没有好的意见或者建议？

宋振林：就我刚才说这个事情，建立团队要干啥？就是在宣传上要多样化，要深一些，要新一些。现在武威历史文化的东西很多，但是有新意的还不多。你要想吸引广大读者注意，你就要在新、深上下功夫。你别看这几个字儿，要达到可不容易。

（张长宝整理）

甘肃长城普查的亲历者朱安

朱安

1965年11月8日出生。1988年6月
兰州大学历史系中国史专业毕业,现为武
威市文物考古研究所副研究馆员。主要
从事文物考古及武威地方史相关的研究
工作。

朱安先生以亲身经历展现了野外调
查工作的艰辛与团队合作精神,展示了
第二调查组野外调查和资料整理的主要
过程。

朱安先生
(供图:朱安)

中国长城是世界上规模最大的文化遗产,其建造时间之长,分布地域之广,影响力之大,是其他文物不可比拟的。长城是中国古代伟大的防御工程,凝聚着我国人民的坚强毅力和高度智慧,体现了我国古代工程技术的非凡成就,也显示了中华民族的悠久历史。1987 年,长城因其独特的历史、艺术和科学价值,被联合国教科文组织整体列入世界遗产名录。

2006 年 8 月底,甘肃省文物局在山丹县开展的全国长城资源调查试点工作进入第二阶段,我被抽调参与试点工作,野外工作结束后,参加了室内资料整理工作。2007 年 2 月至 2009 年 7 月,我作为第二调查组组长参与甘肃省明长城资源调查工作,负责完成武威市、白银市景泰县和靖远县部分地段、兰州市市辖区及临夏回族自治州永靖县境内长城资源野外调查工作和资料整理工作,并通过了国家长城项目组验收。2010 年 3 月至 2011 年底,负责完成武威市凉州区和民勤县及金昌市境内早期长城资源野外调查工作和资料整理工作,通过了国家长城项目组验收。通过艰苦的田野调查工作,基本摸清了武威市、白银市景泰县和兰州市市辖区境内明长城的走向和分布情况,摸清了武威市凉州区、民勤县和金昌市境内汉长城的走向与分布情况。

一、学习培训

2006 年 8 月底,下达的文件通知我到甘肃省文物局,报到之后我有幸去山丹县参加省文物局组织的全国长城资源调查试点工作,从此与长城结下了不解之缘。

8 月 30 日,我和同时被抽调来自基层文博单位敦煌博物馆的杨俊、嘉峪关文物景区管理委员会的许海军、高台县博物馆的赵万钧、张掖市文物保护研究所的刘晔海、庆阳市博物馆杨军锋以及来自甘肃省测绘局于江明等人在省文物局会合,第二天坐车抵达山丹,开始参加省考古所组织的田野调查试点工作。在省文物考古研究所陈国科、韩翀飞等人指导下,我们从山丹县老军乡丰城堡长城开始了长城测绘调查工作。大家学习了怎样采集 GPS 点位,怎样测量、详细描绘长城墙体、单体建筑和关堡、相关遗存现状及周边环境信息,怎样采集调查单位照片、录像等多媒体信息一系列工作方法,在近一个月的时间里顺利完成了山丹县田野调查的第二阶段工作。

参加全国长城资源调查培训班
（供图：朱安）

9月28日，山丹县田野调查工作结束，试点工作转入室内。我们从山丹县撤到了省考古所，开始室内资料整理工作。参加整理工作的有我和刘晔海、杨军锋、许海军、定西市博物馆的杨万荣、临洮县博物馆的杨海东、山丹县博物馆的王延璋等人。我们对试点期间在临洮县采集的战国秦长城和山丹县采集的明长城文字资料进行了认真的整理、汇总、修改、完善，对采集的照片、录像、绘图等资料进行了整理、分类、汇总。截至11月底，室内资料整理工作完成。2007年12月由省文物局、省文物考古研究所编著的《临洮战国秦长城 山丹汉、明长城调查报告》由甘肃人民出版社出版，全书25万字。通过参加此次全国长城资源调查试点工作，我熟悉了长城资源调查工作的基本流程、方法和相关程序，也增强了对长城的认识和参与长城调查工作的自豪感和责任感。

2007年1月31日，甘肃省文物局与甘肃省测绘局召开联席会议，决定成立以省文物局局长苏国庆和省测绘局局长牛岸英为组长的全省长城资源调查工作领导小组。小组下设办公室、督导组和五个工作组。我担任了第二调查组组长,负责武威、白银、兰州市境内长城资源田野调查工作。

3月8—19日,全国长城资源调查培训班在北京居庸关举办。我和杨俊、刘晔海、杨万荣、杨军锋及来自省文物局的梁建宏、赵剑飞,省文物考古研究所的陈国科,省基础地理信息中心的李克恭、李永生、杨锡祥等11名学员参加了这次培训。在居庸关培训期间,我和宁夏考古研究所的同志分在一个组参加现场实习,对居庸关长城进行现场测量和信息采集。其中一个叫周赟的学员给我留下了深刻的印象,他严谨、认真、求实、负责的态度令人难忘。培训班结束后,来自全国所有长城资源调查省份的学员参观了明十三陵。

4月20—28日,甘肃省长城资源调查培训班在嘉峪关市举办,来自甘肃省长城沿线各市、县、区和甘肃省基础地理信息中心共39个单位的49名学员参加了培训。从此甘肃省长城资源调查工作转入全面调查阶段。

5月17日,《甘肃省长城资源调查工作实施方案》正式实施。5月18日,甘肃省文物局印发《关于抽调人员参加全省长城资源调查工作的通知》,从各市、区、县抽调基层文博人员充实到四个调查小组。第二调查组由我和凉州区文体局胡红生、古浪县文体局邢玉龙、景泰县博物馆寇宗栋、兰州市八路军办事处纪念馆陈勇、省测绘局徐东江组成,负责武威、白银和兰州市境内长城资源调查工作。之后,全省各调查组成员集中到兰州,认真学习甘肃省文物局和甘肃省测绘局联合印发的《甘肃省长城资源调查工作实施方案》与国家文物局和国家测绘局联合印发的《长城资源调查工作手册》。调查队员们到兰州市地方志馆、省图书馆和兰州市图书馆查阅相关史料,为田野调查工作做前期准备。

6月8日,各调查小组工作设备配发到位,标志着全省长城资源调查田野工作全面启动。我们第二调查组使用武威市文物局和白银市文物局两辆车,调查准备工作基本就绪。

二、炎热的凉州

6月12日第二调查组在武威集中,入住金长城宾馆。13日对调查组成员

开展长城资源调查工作
（供图：朱安）

做了简单的动员，并对调查组成员进行详细的分工，对相关器材进行了解和熟悉，学习了长城资源调查规范和有关制度，同时与凉州区文体局进行接洽，通报了长城资源调查工作实施方案。14日，我们通过与航摄片对照后，确定了凉州区与古浪县长城的交界点，即黄羊河农场二分场春风水渠豁口处是凉州区长城调查的起点。随即我们到现场开始了野外试调查工作，根据不同的分工，队员们有的拿出皮尺开始测量，有的拿出表格和笔记本开始文字记录，有的拿出 GPS 手持机开始测点，有的拿起照相机开始拍照，有的手持画板开始绘制文物草图，测绘局的徐工在航片上刺点。

6月15日，凉州区长城资源调查工作正式开始。我们在凉州区与古浪县交界处举行了本组长城调查的启动仪式，武威市文物局副局长魏翔行、凉州区文体局副局长刘万虎等人参加，武威市电视台、武威日报社为此项活动进行了新闻专题报道。本组的调查工作如期有序地开始了。

6月17日，我们第二调查组和第三调查组（负责张掖、金昌市境内长城资源调查工作）进行联系，到他们的驻地永昌县水源乡东沟三组村民家，参观了第三调查组的工作驻地，了解了他们的工作进度以及有关情况，相互讨论调查工作的有关问题。

6月19日，为方便工作，我们调查小组全体队员由武威城内金长城宾馆搬到长城乡前营村六组村民孙天虎家住宿。

6月23日，省文物局为我们送来调查用的摄像机，国家基础地理信息中心升级了长城资源调查采集系统。此后，我们对前几天调查的点段进行了补录摄像。至此，我们第二调查组内部分工基本确定，由我负责整体协调和录像，胡红生负责拍照和文字录入，邢玉龙负责长城墙体文字记录，寇宗栋负责单体及关堡相关遗存等文字记录，陈勇负责GPS测点和绘图，徐东江负责野外航片刺点。就这样，大家按照各自的分工，按部就班地开展调查工作。

6、7月份的凉州，骄阳似火，热浪滚滚，天气十分炎热，队员们顶着酷暑、冒着高温奋战在调查现场，不到几天，大家的胳膊、脖子、脸上就晒起了一层皮，手也晒黑了。大家早上乘车出发，到达长城调查现场，进行详细的登记、记录；到了中午，找一处阴凉地或背风处一起吃饭。大家席地而坐，拿出随身携带的肉夹馍、饼子、榨菜、卤蛋、火腿肠、方便面等便餐，就着水吃起来，有时在麦田里，有时在墙根下，有时在沙窝里。吃饱后席地而躺，闭上眼睛休息半小时，接着开始下午的调查工作。晚上回来吃完饭后，就开始整理填写长城野外调查资料。长城现场资料整理工作一般都是在晚上或者在下雨天进行的，我们尽可能在当天或者几天之内将野外调查获得的记录、数据、照片、图纸等都整理完毕，以免发生遗漏、遗忘的风险。调查队员们在完成手头各种资料整理、完善后，我都要检查一遍，进行修改完善才放心。在调查期间，队员们走在沙漠边缘或是沙漠中，一会儿就汗流浃背，而在沙漠中又找不到人家，况且车辆无法过去，有时带去的水不够喝，大家只好咬牙坚持，直到有人家的地方要点水喝。就是在这样的情况下，大家没有一个叫苦叫累的，也没有人因此而退缩。有一次，在五墩村北调查一段墙体时，由于车辆无法通过，大家在沙漠中走了将近4公里，已经很累了。如果从另一端返回，距离车辆能够到达的地方稍近一些，但是当时与司机没能联系上，大家只好又返回出发点，这样来回走了七八公里，天气又十分炎热，队员们又渴又累，衣服都被汗水湿透了。但大家都咬牙坚持，互相鼓励，好不容易才返回车上。

7月16日，我们开始对野外调查资料进行初步汇总整理，充实文字记录、完善绘图、整理分类图片和摄影资料，并将获取的所有资料录入长城资源调查采集系统。至 7 月 19 日,凉州区境内长城调查田野工作基本结束。

凉州区共调查明长城墙体 53 段,长 63 203.5 米;单体建筑 58 座,城堡 6 座,其中保存较好长城墙体有 2 890 米,保存一般的有 9 680 米,保存较差的有 19 593 米,保存差的有 15 511 米,消失墙体 14 343.5 米。保存较为完整的墙体高 5 米,部分墙体上还残存女墙。我们还完成了凉州区境内部分汉长城的野外调查工作,调查汉长城墙体 1 段,长度 1 200 米;汉代烽火台 3 座。

明长城凉州段分布于区境东北部,分为两道,一道位于区境东北部,一道位于区境东部,两道长城在黄羊镇土塔村东的铧尖旮旯相交汇。

区境内明长城一道自古浪县入凉州区黄羊镇土塔村,从黄羊镇土塔村七组东南约 1 000 米起,以东南-西北走向经黄羊镇长丰村、广场村、黄羊河农场一分场,在黄羊河农场一分场末段转为西南-东北走向,经甘肃省农垦农场、甘肃省农业大学农场、清源镇新东村、新地村、长城乡前营村、岸门村,在月城墩(敌台)附近转为西北-东南走向,再经长城乡新庄村、高沟村、长城村、五墩村、九墩滩生态建设指挥部、富民村、红水河村,向西北延伸至民武(民勤-武威)公路红水河大桥西侧进入民勤县境。这一道长城长 59 870 米,大致为东南-西北走向,是"旧边"长城的一段,修筑于明正德年间(1506—1521)。

另一道自古浪县永丰滩乡新河村入境至黄羊河农场二分场,从黄羊河农场二分场东南 2 000 米(满家豁口)起,经黄羊河农场二分场至黄羊镇土塔村东,与东南方向而来的旧边长城相交于土塔村八组东 1 200 米的"铧尖旮旯",长 3 333 米,大致为东-西偏南走向,是"松山新边"长城的一段,修筑于明万历二十七年(1599)。

三、在天祝跋涉

7 月 20 日,第二调查组入住天祝县教育宾馆,我们与天祝县文体局取得了联系,汇报了准备在天祝开展田野调查工作的情况,局里派天祝县文化馆李钰同志配合参与此项工作。随后我们在天祝县博物馆查阅了第二次普查有关天祝长城的资料和《天祝县志》等,积极准备开展野外调查工作。24 日,接省文物局梁建宏通知,我们开始初步整理凉州区的田野调查资料,纸质文本的电子录

开展长城资源调查工作
（供图：朱安）

入基本完成，并对电子文本初步进行校对、修改。7月26日，纸质文本的电子录入工作全部完成，GPS采集点登记表录入完成，但凉州区调查照片登记表和录像登记表尚未填写，纸质文本亦未填写完成，凉州区资料整理工作暂告一段落。

7月27日，我们到野外现场踩点，确定了永登县与天祝县交界处天祝县长城调查的起点。28日早晨8点，我们到两县交界的华藏寺镇界牌村，正式开始天祝县境内长城资源调查工作。

7月30日，省长城资源调查督导组在兰州集中检查调查资料。省督导组检查了全省各组调查资料，大家汇报了各自工作情况，督导组提出了修改意见，有关领导讲话，对下一步工作提出了要求。31日，全省长城资源调查工作座谈会在兰州召开，听取各工作组汇报，就调查纪律、标准规范和经费使用等加强要求，省文物局副局长廖北远和省测绘局副局长苗天宝出席会议。我和邢玉龙代表第二调查组到兰州参加了这次会议，入驻银鑫宾馆。会后配发了新电脑，各组报销了近期的费用，各自回去继续开展田野调查工作。

8月20日，第二调查组顺利完成了天祝县境内长城资源的田野调查工作，包括部分汉代壕堑的野外调查工作。8月17日，为方便调查工作，我们调查组从天祝县华藏寺搬到古浪县城,租住在一户民房中。21—28 日开始在室内整理汇总野外调查资料。

8 月 30 日—9 月 1 日,明长城资源调查阶段性工作会议在内蒙古呼和浩特市召开,由省文物局办公室主任马玉萍带队,我和梁建宏、杨万荣、刘晔海、杨俊等参加了这次会议。会议听取长城沿线西部省区工作汇报,总结交流工作中碰到的困难和问题,汇报研讨调查记录,并就相关问题形成共识。在这次会议上,新疆维吾尔自治区和青海省首次纳入全国长城资源调查范围,两省代表参加了会议。我在会上见到了我高中时的老同学于志勇,他时任新疆维吾尔自治区考古研究所副所长。老同学好久未见面,这次遇见自有一番感慨。

会后,我们于 9 月 3 日返回兰州,第二天各组报销完近期费用后,于 5 日返回各自调查现场,继续开展调查工作。9 月 6—16 日,我们一边整理资料,一边外出调查,补充完成了天祝县境内部分明长城墙体的野外调查,弄清了打柴沟镇金强驿村和暗门村境内金强河两岸明长城主线的走向情况,并补充完成了乌鞘岭长城副线,即乌鞘岭东长城的田野调查工作,之前我们误将其作为壕堑进行了登记。

天祝县地理环境较差,交通不畅,山大沟深,有的烽火台我们需要半天时间爬山上去,队员们不顾体力透支,风雨无阻地参加野外调查,跋山涉水、顶风冒雨习以为常,困难可想而知。在调查石洞沟梁长城时,突遇雷雨交加,每个队员浑身上下都被雨水淋湿,一个个都成了落汤鸡,鞋里灌满了雨水,有的队员不慎在山上滑倒,浑身沾满泥水,冰凉的雨水夹杂着汗水,队员们一个个冻得浑身打战,但没有一个叫苦叫累,就这样艰难地从山顶上摸爬滚跌下到山下。

7 月 27 日—9 月 16 日,我们完成天祝县境内长城资源田野调查工作。调查境内长城墙体 18 段,长 55 899 米;单体建筑 36 个,关堡 3 座;另外调查境内汉壕堑 33 708 米,烽火台 1 座。

天祝县境内明长城分布于县境中南部,大体呈东南-西北走向,有主线一道,支线和副线各一道。在乌鞘岭安门村一带向南分出一道支线,在乌鞘岭南麓沟口主线东侧又有一道副墙。

明长城主线东南由永登县武胜驿镇富强堡村入境,起自华藏寺镇界牌村四组甘新公路和兰新铁路交会处,沿庄浪河(又名金强河)南岸经华藏寺镇、水泉村、过街村、岔口驿村、三里墩村、打柴沟镇铁腰村、大庄村、至深沟村跨过金强河至安门村三组南(刘家嘴),经宋家庄沿兰新高速公路东侧至乌鞘岭沟口安门村一组,沿乌鞘岭南麓爬坡而上,翻越垭口经乌鞘岭北麓安远镇南泥湾村、柳树沟村,止于安远镇大泉头村一组北约 250 米油坊台烽火台,与古浪县磨河湾长城相接,大致呈东南-西北走向,长 47 246 米。

明长城支线西南起自打柴沟镇石灰沟村三组马牙雪山石尖帽山脚,沿石洞沟梁山脊蜿蜒而上,曲折延伸至山脚下,过金强河,经金强河北岸浅山地带,止于打柴沟镇安门村东北 120 米乌鞘岭沟口,呈西南-东北走向,长 5 698 米。明长城副线位于主线东侧 20—110 米,即乌鞘岭东长城,长 2 955 米。

四、寒冷的古浪

开展长城资源调查工作
(供图:朱安)

9 月 17 日,我们与古浪县文体局取得了联系,调阅了第二次普查资料中有关长城的资料和《古浪县志》等,熟悉了古浪县境内长城的相关情况。9 月 18

日,队员们一大早出发,到达天祝县与古浪县交界处的油房台烽火台,开始古浪县境内长城资源的田野调查工作。9月24至10月13日,阴雨连绵,除了国庆期间休息几天外,大家都在室内整理资料,直到14日,天气放晴,我们才外出开展工作。

11月7日,古浪县境内明长城野外调查工作基本结束。之后,大家在室内整理田野调查资料,直到11月14日,古浪县田野调查工作基本结束。

其间,9月21日,武威市文物局局长赵多锋一行到我们驻地慰问调查小组全体成员,给我们带来了牛奶、月饼、水果等慰问品,给大家以极大的鼓舞,增强了我们田野调查工作的信心。11月10日,国家长城调查项目组副组长、中国文物研究所杨招君和省文物局副局长廖北远、梁建宏等一行到武威市文物局看望第二调查组在武威的调查队员,翻阅了调查资料,并提出了修改意见。

10月3日,甘肃省长城资源调查督导组印发《关于长城资源调查验收工作的若干意见》,长城资源调查资料验收工作即将开展。

10月,甘肃省长城资源调查工作领导小组办公室下发《甘肃省长城资源调查工作手册》给各调查组。同月,甘肃省长城资源调查督导组制定了调查登记表范本(草稿),下发各调查组试用。从此,我们开始按照范本填写登记相关调查资料。

9月18日至11月14日,第二调查组完成了古浪境内长城资源田野调查工作。调查古浪境内西南部和北部两条长城,记录长城墙体54段,长度150 843米;单体建筑103座,关堡3座。

古浪县境内明长城分布于县境西南部和北部。明长城有三道,一道位于县境西南部,一道位于县境北部,两道长城之间另有一道胡家边长城将两道长城连接起来。

第一道是古浪县西南部正德年间修筑的旧边(也称"冲边")长城,起自天祝县与古浪县交界的油房台烽火台,经黑松驿镇磨河湾、称沟台、芦草沟、小坡、尚家台和十八里堡乡十八里堡村,过黄羊川河、上铁柜山,经黄家暗门、灰条湾、边墙岭,顺古浪峡东山岭而下,过石头沟口,沿定宁镇马家沿、长流村、定宁村、石家墩村、肖营村、韦家庄、土门镇中西湾村、来家湾,过古浪河,经泗水镇光丰村贾家团庄、光辉村郑家楼、圆墩西入凉州区境内,大致呈南-北略偏东走向,长53 266米。

第二道是明万历二十七年(1599)修筑的长城,称为新边长城,从景泰县原红水乡的保进墩西入古浪县境,经昌灵山北麓直滩乡大岭村、裴家营镇岳家滩、哈家台、沙河塘、上下王庄、李家庄村,过大靖镇北青山寺、黄家台,进入西靖乡山区地带的七墩台、赵家地沟、朱家湾、大台沟、马场,到土门镇台子村转而北上,经黄花滩乡二墩村、永丰滩乡新西村、土门林场、新河村、新建村至古浪县与凉州区交界处满家豁口进入凉州区境内。这一道长城蜿蜒曲折,大致呈东南-西北走向,长 86 853 米。在新边长城经过直滩乡关爷庙村一带地段,又有一道支线长城呈弧形将附近的一处水源地圈在其中,两端与主线墙体相连,长 4 196 米。

第三道是胡家边长城。它从泗水镇光丰村贾家团庄起沿古浪河(干涸河道)东岸北上,呈西南-东北走向延伸,经土门镇下西湾、贾家后庄,到胡家边村转而向东,再经任家庄、朱家西滩、土门镇新胜村宁家墩、马家庄拐向偏南方向,到土门镇青石湾村暗门(俗称马圈旮旯),与新边长城相接,将新旧两条边连接起来。这一道长城大致呈弧形,为西南-东北-东南走向,长 10 962 米。

在古浪县调查期间,正逢暮秋阴雨连绵的天气,气候变化无常,时而高温,时而气温骤降,入冬后有时下雪,队员们先后都不同程度地患了感冒,加之部分地段山大沟深,汽车无法到达长城附近,只能靠两条腿走路。在古浪峡一带,龙沟河和古浪河在长城与公路之间,好多地方无桥也无路,队员们只能涉水过河,冰冷刺骨的河水和河床里尖利的石头,让人踩上去感到钻心的疼痛,冰冷的河水让队员们冻得直打哆嗦。有时山下还是细雨绵绵,山顶却是雪花飘飘。就在这样艰苦的环境中,没有一个队员因此而退却,只要是能出野外,大家都能克服困难,坚持出去调查。长城就这样在队员们的一步步测量中蜿蜒而过。队员们不怕风吹、雨淋、寒冷,有时上山调查一个烽火台需半天时间,为了加快调查的进度,中途无法吃饭,不得不忍饥挨饿。有时,下过雨雪的路很难走,鞋底沾满了黏泥,行走十分困难,队员们互相帮助,你扶我,我拉你,上陡坡,下深谷,走沙漠,穿荒滩。在古浪县西靖乡山区一带,交通不便,汽车无路可行,加之这里居民已搬迁到黄灌区,偶尔只见牧羊人,问路难,行路更难,只能靠两条腿走路。有一次调查完后赶到公路边时,天已经完全黑了,回到驻地队员们累得骨头都散架了,有时还要继续在灯下整理一天的调查资料。尽管这样,大家仍没有一句怨言。

五、沙漠中的民勤

开展长城资源调查工作
（供图：朱安）

11月14日，第二调查组入住民勤县迎宾招待所，开始准备民勤县境内长城资源田野调查工作。我们与县文体局和县博物馆取得了联系，汇报了开展长城资源田野调查工作的实施方案，民勤县博物馆派李进民同志参加调查小组的工作。之后，我们查阅了民勤县第二次普查资料中有关长城方面的资料和《民勤县志》等，做好了在民勤县境内开展长城资源田野调查的准备工作。

11月16日，民勤县境内长城资源田野调查工作正式开始，队员们又精神抖擞地投入工作中，直至12月17日，民勤县境内长城资源田野调查工作基本结束。

民勤县共调查长城墙体31段，长度160 816米；烽火台47座，关堡6个。

11月20日，国家文物局文物保护与考古司印发河北、甘肃、山西和陕西四省长城调查登记表范本，我们以此为据开展调查资料的登记工作。12月4日，我到第三调查组驻地临泽县平川镇，把凉州区调查资料送给督导组检查验收，并与第三组就调查资料存在的问题进行了交流，下午随督导组返回武威。

12月10日，为加快调查资料的录入工作，省文物局给各调查组配发了两台台式电脑。

在民勤县调查期间,由于这里长城大都处于沙漠边缘或者戈壁滩上,加之车辆无法到达长城附近,多数情况下我们只能靠两条腿走路,走进沙漠还得原路返回,有时走在连绵的沙丘上,经受着寒风的吹打,人的体力消耗很大。加之民勤的长城又多被风沙埋压,消失段较多,有时找到一段墙体很不容易,连航片图纸上也查不出详细的走向,只能凭我们的双眼辨认,这样在沙漠中就很容易走偏,等找到墙体了,又得返回到这段墙体的起点,这样无形中增加了工作量,导致效率不高。当时正值初冬时节,白天时间很短,为了赶时间、赶进度,我们尽量早点起床,不顾外面刺骨的寒风,向工地开进。由于到墙体附近的路途较远,有的同志脚底磨起了血泡,仍然咬牙坚持;有的同志因不适应民勤的干燥气候,嘴上裂开了口子,造成饮食方面的诸多不便。民勤的温差很大,有时早晨出发时还冻得人打冷战,中午时太阳却晒得人汗流浃背,把棉衣脱了,寒风又吹得人脊背发凉,好多人不同程度地患了感冒,只好吃药打针。在这样恶劣的环境下,大家咬牙坚持,有时为了找到在沙漠中消失的墙体和烽火台、关堡等,往往要走上十几公里,来回二十几公里是常有的事。但是队员们都没有一句怨言,没有一句牢骚。就这样大家在沙漠戈壁滩中一天天坚持干到底,从来没有人因此而耽误调查工作。

民勤县境内明长城有两条。一条是从凉州区九墩乡红水河东岸过民勤-武威公路入境,经扎子沟林场、麻家湾、小西沟林场进入永昌县境,全长14 698米,其中消失段扎子沟林场-小西沟林场长达11 464米,走向大致为东北-西南向,呈弧线进入永昌境内。另一条长城从扎子林场扎子沟2号烽火台起,经重兴乡扎子沟村、杨坝村、薛百乡河东村、石羊河林场,苏武乡的学粮村、五坝村、邓岔村的沙漠腹地,至于苏武乡龙二村。这段除沿线几个烽火台外,墙体全部消失,只残存扎子沟长城约3 000米。大致走向为西南-东北,在重兴乡扎子沟村北转为南-北向,经重兴北红崖山水库、薛百乡河东村向东北,再经羊路乡方家墩拐向西北,至苏武乡龙二村,长城转为南-北偏东25度,经苏武乡下东川转为东南-西北,在苏武乡泉水村,墙体呈东-西偏南15度,经石羊河农场大滩分场,墙体呈东-西走向,至大坝乡八一村,又转为东北-西南走向,经大坝乡文二村至大坝乡城西村,墙体转折为由北向南延伸,经薛百乡张八村,民勤县治沙站、薛百乡更名村、宋和村、河东村以北的沙漠边缘,南下至红崖山水库西侧,转为东北-西南向,至花儿园乡的羊圈墩又转为东-西走向,经马棚圈墩、牛毛墩、蔡旗乡野潴湾农场进入永昌境内,这段长城大致呈一个"几"字形,全长146 118米,其中整体消失两段,消失墙体长达69 740米。

民勤县野外调查工作结束后,调查组队员集中到武威,在室内整理资料,室内整理工作到2008年1月20日结束。

春节将近,调查工作暂时告一段落,大家休整过年。

六、狂风中的景泰

武威长城遗址
（摄影：刘忠）

2008年2月21日,以国家文物局印发的调查登记表范本为基础,省长城资源调查领导小组办公室印发甘肃省长城资源调查登记表范本,各调查组正式以此为规范整理调查资料。

2月27日—3月7日,全省各调查组主要成员齐聚兰州,集中封闭整理2007年野外调查资料。

3月3日,全省长城资源调查工作会议在兰州召开,总结2007年调查工作,从六个方面对2008年工作进行安排部署,尤其是对各调查组分工和工作重心进行调整,决定暂停其他时代的长城资源调查,确保明长城资源调查工作进度。我和刘晔海、许海军(第四调查组第二任组长)、杨万荣参加了此次会议。各调查组汇报了过去一年来的工作情况,总结了野外调查的经验与感受,提出了各自存在的问题,大家进行了深入的交流,对我们日后各自开展调查工作都产生了积极的影响。

各调查组工作重心由此转移到集中精力开展明长城调查上,各调查组工作分工也进行了部分调整。原计划由第二调查组负责的兰州市和白银市部分县区调查任务分别改由第一调查组和第四调查组承担,第二调查组只负责白银市景泰县境内和兰州市市辖区境内长城资源调查工作,白银市靖远县和平川区境内及兰州市榆中县和皋兰县境内长城资源调查工作由第一调查组承担,兰州市永登县境内长城资源调查工作由第四调查组承担。

3月11—12日,青海省文物考古研究所副所长任晓燕带领青海省长城资源调查有关人员来到兰州,与甘肃省长城资源调查工作领导小组办公室和部分调查组同志进行了座谈,就调查中存在的问题进行深入交流。我和另外三位组长参加了这次座谈会。

4月25日,调查组成员在景泰县集中,入驻永新宾馆,准备开展景泰县境内长城资源调查工作。我们与景泰县文体局取得了联系,通报了开展野外调查的相关情况。甘肃省文物局副局长廖北远一行到景泰县检查文物安全工作,顺便到调查组驻地看望了调查工作队员。队员们很受鼓舞,对接下来的调查工作充满信心。第二天,大家查阅《景泰县志》和第二次普查中有关长城的资料,熟悉了景泰县境内有关的长城资料,做好了野外调查的各项准备工作。

4月27日,队员们正式到索桥堡北黄河西岸边的新边长城起点开始景泰县境内长城资源调查工作。至6月17日,顺利完成了景泰县境内长城资源田野调查工作。

5月30日,省督导组梁建宏和薛黎钟(省测绘局)来景泰县验收我组凉州区和民勤县的调查资料,对两县调查资料提出了修改意见,我们对此进行了认真的修改完善。6月1日,验收工作结束,完成了凉州区和民勤县资料的交接。

之前,靖远县境内长城资源调查工作已交由第一调查组承担,但因种种原因,局里临时决定,靖远县境内黑山峡至平川区空心楼段长城田野调查工作由我组承担。6月2日,调查组全体队员随省文物局梁建宏一行赴靖远县,与靖远县文化体育局接洽,调查了解该县境内长城资源分布情况,与靖远县博物馆有关同志进行了座谈,初步掌握了一些情况。第一调查组也到了靖远县,准备开展白银市靖远县和平川区境内另一道长城的调查工作。我们两个组也对有关事宜进行了初步交流。之后,大家继续在室内整理调查资料。

6月6—15日,调查组全体成员随督导组到古浪现场检查验收古浪县长城资源调查资料,先后到东升掌烽火台、老城城址、裴家营长城1段、三官台、台子长城、胡家边长城1段、唐家墩、双庙长城、石头沟长城、石头沟2号和3号烽火台、铁柜山长城、铁柜山1号烽火台等地现场检查验收。我们对督导组提出的古浪县调查资料中存在的问题进行了全面认真的整改。

我们在景泰县的调查工作历时54天,对景泰县境内的长城进行了详细的调查和测量,共调查记录墙体48段,长度69 445米,其中土墙56 946米、石墙671米、山险墙6 608米、烽火台78个、关堡5个、相关遗存1处。

在景泰县调查工作开始时,正值春夏交替之际,多大风天气,有时在现场做记录都很吃力,衣服被风吹得哗哗响,大风能把笔记本吹破,迎风行走感觉阻力很大,眼睛被沙尘迷得睁不开,而且长城墙体和单体建筑大多处在人烟稀少的山区,车辆无法到达,只能靠两条腿走路。我们每天都早早地向工地赶去,找附近的村民了解当地的情况和道路的状况。有时到达现场时,忽然狂风大作,只好暂避在背风的山窝处,等待大风的停息。由于时间紧迫,为了尽快完成工作,中午就以方便面、饼子、火腿肠等充饥。这里地形复杂,有较平坦的川滩盐碱地,墙体边因碱蚀而变得松软,脚踩上去有一种陷脚的感觉,走在上面很费力;又有陡峭的高山,墙体大多处于陡峭的山脊顶部,顶部较窄,加之有的是突起的岩石,走在上面有晃晃悠悠的感觉,一边走一边还要量测数据、现场记录、拍摄录像和照片资料,调查的艰难是不言而喻的。就是在这样的情况下,大家从未叫过一声苦,在互相帮助和鼓励中紧张而有条不紊地工作着。每当遇到特别陡峭的山,个别同志因身体状况爬不上去,大家临时相互替代,按时完成其他人承担的工作,做到分工不分家,体现出一种团结合作的精神。正是有了这样的精神,我们才能顺利地完成长城资源田野调查工作。

景泰县境内明长城从黄河西北岸的索桥堡起,经芦阳镇索桥村、响水村、麦窝村、教场台村、城北墩村、马鞍山村,过一条山镇沙台子村、草窝滩镇清泉村、青石洞墩村、上沙沃镇段家井村、三眼井村、陶家山,经红水镇龙口村、红沙岘村、昌灵村、牦牛圈,西入古浪县境,总体走向为东南—西北,所经响水白土梁、芦阳水沟山,红水长寿山的石块垒砌墙体,利用了山的陡峭建起,现存的墙体两侧的块石多已垮塌,其余大部分的墙体因土质疏松,经年久风雨侵蚀,大多坍塌呈土垄状,局部仅存残迹。20世纪80年代,大搞农田基本建设期间,长城遭到前所未有的破坏,自草窝滩至八道泉的约12千米的长城被夷为平地;土地承包到户后,大段的墙体又遭到耕地的蚕食。保存较好的墙体在省建工局农场内,长约400米。景泰县境内长城为明代万历年间(1573—1620)修筑,后期修缮情况无详细的记载。景泰县这段长城既有石块垒砌的墙体,又有黄土夯筑的墙体,还有山险墙等,其修筑特点是依山就势,因地制宜,就地取材,删繁就简,根据山势的走向,大多沿陡峭的山脊而筑,这样既省工省料,又增强了长城的防御功能。

七、大山中的靖远

武威长城遗址
(摄影:刘忠)

　　6月18日,第二调查组到甘肃靖远县与宁夏中卫市交界的黑山峡东岸的观音崖一带,开始靖远县境内长城资源野外调查工作,队员们仍居住在景泰县永新宾馆。

　　6月24日,省督导组赶赴景泰县检查验收我组古浪县、天祝县野外调查资料。26日,队员们随督导组到天祝县现场检查验收资料,先后到松山新城、安门2段长城、乌鞘岭长城1段和2段,石洞沟梁长城以及上疙瘩烽火台、金强驿烽火台、乌鞘岭吊沟烽火台等地进行现场检查,对提出的问题进行了整改。在检查安门长城2段时,梁建宏同志意外受伤,头部被铁丝网划破,大家赶紧把他送到打柴沟镇卫生院进行了消毒和包扎处理,缝了一针。简单治疗后,他又带伤继续开展检查工作。28日,督导组验收完了古浪县、天祝县调查资料,办理了相关手续,提取了调查数据库资料。

　　6月29日,我和邢玉龙、胡红生、徐东江等去靖远县与第一调查组商量靖远县长城资源调查资料衔接问题,对工作编号进行了明确:我们第二调查组从0001号到0299号;第一调查组从0300开始编起,一直往下编,直到调查的最后一个点。

　　7月13日,我组承担的靖远县境内长城资源田野调查工作基本结束。此后,我们在室内整理资料,直到24日我组承担靖远县境内田野调查全部完成。

　　靖远县山大沟深,长城大多利用山险和黄河陡峭的河岸,在山顶筑烽火台,给调查工作带来异常的困难。调查山顶烽火台的时候,大家经过山边羊肠小道的长途跋涉,好不容易到达山脚下开始爬山,看着山上陡峭裸露的岩石,望着山下滔滔的黄河,队员们都要鼓足百倍勇气,沿着陡峭的山岩手足并用奋力向上攀登。在攀爬山崖过程中,向山下回望使人有眩晕的感觉,有时山坡上有一层碎石,脚踩上去很滑,稍不留神就有滑倒的危险。头顶烈日当空,天气炎热难耐,调查队员个个汗流浃背,气喘吁吁,口渴难忍,还要背上足够的水和重要的器材设备,困难是可想而知的。

　　在6月19日调查双漩顶烽火台时,到达目的地大庙村时已是上午11点多了。由于我们不熟悉去烽火台的路,就在村中找了一个向导带路,从大庙东边的黄拉牌沟出发,经鸡山湾到达山脚下,翻越断头山,沿着黄河边崎岖的小路,走了3个小时到达双漩顶烽火台附近的山下,已是下午3点多了。望着近在眼前的烽火台,大家都心凉了半截,只能望山兴叹,因为烽火台位于黄河边陡峭的岩石山崖上，山体陡峭，山岩嶙峋突出，比高在 400 多米，要从正面爬上去是不可能，要绕道来回还得四五个小时，并且向导也不熟悉背面到底有没有可到山顶的缓坡，天黑前根本无法回到车上，连带路的向导都累得不行了。由于对情况不清楚，没有充分估计到时间的关系，出发前没有带上足够吃的东西，只带了些水，这时队员个个都饥肠辘辘，疲惫不堪，因此大家只能放弃登上去的想法，原路返回。回到车上已是五点多了，大家累得连话都不想说了。

这里交通闭塞，道路崎岖不平，车辆根本无法通行，几次因对路况不熟，车辆只能在山沟内向里面慢慢行进，这也是驾驶员的良苦用心，每每看着我们艰难的跋涉，想尽量向山底靠近一些，以减轻我们走路的艰苦。但往往事与愿违，车根本无力爬上山坡，我们只好下来推车，车陷在冲沟中松软的砾石上只能一点点地移动，就在大家齐心协力推拉中才摆脱困境。有一次，其中一辆车的离合板被烧，车轮无法转动，两辆车被困于山中，我们只好下山，在村中雇了一辆农用三轮车和几个年轻力壮的小伙子才把被陷车辆拖到了相对平缓的地方。这时已是夜幕降临，摸着黑夜在村民的带领下，另一辆车经过山沟中的沙石河床把我们带到了村内，找到一家小卖店，买了点方便面和矿泉水，几个人顾不得吃一点东西就返回走向山中，因山上留下看车的三个同志也没吃东西和喝水。大家拿上手电筒，沿山边的小路向山上深一脚浅一脚地摸索前进，当到车上的时候已是晚上 11 点多了。这时山顶大风扬着尘土，我们匆匆就着矿泉水啃了几口方便面，又沿小道返回到山下的车上，四个人在车上眯了一晚。第二天早上天蒙蒙亮的时候，留下两人修车，其他人返回驻地，已是中午了。像这样艰难的情况只是我们调查工作一个小小的缩影。

大风、烈日伴随艰难的跋涉，黄河岸边、夜晚、狂风中焦急地等待摆渡过河、蜿蜒崎岖、陡峭的山路上车辆缓慢盘爬，路边是陡峭的悬崖，开车的不敢侧目，坐车的提心吊胆，遭受狂风暴雨更是家常便饭；省测绘局的徐东江同志，已是年过半百的人了，在我们这个调查组算是老同志，每天除干好本人负责的调绘工作，还要协助组长做好每天的各种计划和制定行经的路线，但他从未有过丝毫怨言，工作兢兢业业，被同志们风趣地称为"徐老头"；寇宗栋同志在这个组是较年轻的同志，在干好调查工作的同时，在日常生活中能够积极主动帮助其他队员，助人为乐；调查队员陈勇同志也是工作认真积极。像这样的事在我们调查组不胜枚举。

靖远县境内长城自宁夏回族自治区进入靖远县,始于黑山峡观音崖烽火台,经兴隆乡大庙村鸡山湾、营坪、夹道、碾子沟口、双龙乡义和村、仁和村、吊沟沟口、城北滩,石门乡小口村东南的胡麻沟口、青崖沟口,这段大致呈东北-西南走向;自青崖沟口、无名沟口、坝滩、枣茨滩、火石滩、墩墩梁,至于平川区空心楼村柳树沟河北的边背后山烽火台,这段大致呈西北-东南沿黄河岸蜿蜒而延伸。长城基本沿黄河东南岸分布,大多以黄河的陡峭岩石岸堤为天然屏障,局部在河滩、河湾和山沟沟口处修筑封沟墙,在河岸边的制高点筑烽火台;处于河滩和河滩的墙体大多被平为耕地和果园;保存较好的墙体大多处于山口处;保存较长的一段墙体是仁和长城,长约 610 米。

八、黄河边的兰州

兰州黄河铁桥
(供图:朱安)

7 月 25 日,第二调查组全体成员移师兰州,入驻七建集团招待所,准备开展兰州市境内长城资源田野调查工作。7 月 28 日,调查组与兰州市文物局进行了接洽,查阅和了解兰州市市辖区境内长城分布和走向情况,随后我们又到甘肃省测绘局地理信息中心,提取了兰州市境内 1∶50 000 地图资料,为田野调查工作做好准备。

7 月 30 日,队员们到兰州市城关区与榆中县交界的来紫堡乡桑园子村,正式开展兰州市境内长城资源野外调查工作。直到 8 月 16 日,第二调查组终于完成了兰州市境内长城资源野外调查工作。

兰州市境内分布有两道明长城,一道在黄河北岸,另一道在黄河南岸,由于年久风蚀、自然坍塌、人为破坏等因素,特别是 20 世纪 50 年代开始大规模的城市建设,长城墙体大多被毁,现存墙体极少。经过我们实地调查和查阅相关史料,墙体走向基本清晰。

黄河北线长城走向和保存情况:黄河北岸的长城,据地方志载起于兰州城关区盐场堡,西行经金城关、安宁区十里店、刘家堡、安宁堡、沙井驿,北折经皋兰县中心乡九合村南的福儿沟,入大路沟,经西固区河口乡大滩村老爷庙,西行翻白土坡,至永登县苦水乡。

根据我们现场调查,北线长城总长 30 310 米,其中消失长城 26 929 米,山险 2940 米,残存墙体 441 米(实际存在墙体 356 米,消失 85 米),现存墙体在城关区盐场堡靖远路朝阳村居民区内,有 73 米的残存墙体,被居民利用做了屋墙和院墙,在安宁区现存的有沙井驿堡和望远墩(烽火台),墙体已荡然无存;西固区河口乡大滩村老爷庙的大路沟内现残存墙体 283 米、烽火台 2 个、关堡 2 座。

黄河南线长城走向和保存情况:黄河南岸的长城大体为东西横贯,由东向西自榆中县来紫堡乡罗泉湾村,进入城关区,横穿兰州市区,经小西湖、土门墩、七里河区崔家崖、西固城、梁家湾、西固区新城,沿黄河南岸西行至河口乡八盘峡村东南黄河南岸边,与永靖县盐锅峡镇扶河村小茨沟长城墙体相接。

根据我们现场调查,南线长城总长 53 163.4 米,其中消失长城 52 972 米,残存墙体 191.4 米,现存墙体在城关区拱星墩 7437 军工厂和兰州军区第一干休所居民区内,有 39.4 米的残存墙体;七里河区残存有笋罗堡,墙体大多已荡然无存;河口乡八盘峡村东南黄河南岸边残存墙体 152 米、烽火台 3 座。

九、在永靖结束

8月25日,第二调查组赴临夏回族自治州永靖县境内开展长城田野调查工作。我们与永靖县文体局取得联系,汇报了我们准备在永靖县境内开展长城田野调查工作的情况,永靖县博物馆派朱敬平同志配合我们工作。

8月26日,我们到临夏永靖县与兰州西固区交界的盐锅峡镇小茨沟村开始实地野外调查工作。由于永靖县境内长城墙体大部分消失,在大家齐心协力的配合下,仅用5天时间就顺利地完成了任务。至8月30日,永靖县境内明长城田野调查工作基本结束,之后,我们对野外调查资料进行了整理、登记和录入。

永靖县境内的长城分布在黄河北岸的狭长阶地上,岸边阶地高于河床20—150米,墙体距黄河岸边20—250米,均为黄土夯筑而成。长城自兰州市西固区进入永靖县,从盐锅峡镇小茨沟村西北黄河岸边起,经下铨村、上铨村、上车村、下车村,至于盐锅峡水电站大坝南侧的山崖下,大致呈东北-西南走向。

境内长城全长12594米,残存墙体96米,沿线烽火台2座。从调查的情况来看,墙体大部分消失,据当地知情者讲,早在20世纪60年代被平为耕地,现在残存的墙体大多处在村庄内,之前被村民利用作为院落和屋墙,之后被逐步蚕食,现存少量断断续续的墙体也正面临被平毁的危险。因为大多墙体是作为村民的屋墙被幸存了下来,村民一旦新建房屋,残存的这点墙体难免被铲除,使永靖县长城消失殆尽。在调查的过程中我们曾向当地管理部门说过此事,呼吁采取有力措施,保护好残存在村庄内的长城墙体。

永靖县长城调查野外工作是我们第二调查组野外调查的最后一站,所以当工作结束后,大家从心里有一种说不出的喜悦,自豪之情溢于言表。回顾一年多的野外调查工作,感受颇多。首先是能够参加这次史无前例的长城专题调查工作,感到无比自豪,在一生中留下了一段美好记忆和特别的收获。第二是为今后的长城保护工作打下了基础,使我们在今后的工作中对长城有着和别人不一样的情感,将使这种情感融入今后的工作中。第三是在我们徒步调查的过程中对每一段长城墙体和每一个烽火台进行测量,就好像在和古人对话,可以从一个全新的角度了解长城、了解历史。第四是在工作中和兄弟单位的同志有了更好的地学习交流机会,从相识到成为工作上的好战友、好同志。

永靖县长城资源调查工作结束以后,大家暂时回各自单位休整一段时间。

十、整理资料

9月3—8日,国家文物局文物保护与考古司世界遗产处副处长刘华彬带队检查我省长城资源调查工作。5日,到达凉州区九墩滩长城九段现场检查,发现部分墙体因浇灌麦田开挖豁口,当场严厉批评省局陪同人员和市局有关领导,要求尽快整改存在的问题。

9月28日,省文物局就明长城资源调查有关问题向国家文物局文物保护与考古司做书面汇报。同年12月20日,刘华彬副处长回电,就关堡、女墙与垛口、敌台与烽火台的定名问题做出明确指示,并要求对不在明长城沿线的明代烽火台按照长城资源调查标准规范进行调查登录。各调查组对资料中的敌台和烽火台进行了彻底的修改调整。

10月8—9日,甘肃省文物局组队赴宁夏回族自治区交流学习。我和刘晔海、杨万荣、张斌(第四调查组第三任组长)及省文物局郑兰生、梁建宏等参加了交流学习,在宁夏回族自治区考古研究所查看了他们的调查资料和整理工作情况,参观了宁夏回族自治区博物馆和须弥山石窟及固原市博物馆等。

10月22日,全省调查人员在兰州市集中,开始封闭整理野外调查资料,标志着明长城资源田野调查工作基本结束。大家入驻银鑫宾馆,开始了漫长的室内资料整理工作。

11月1日,国家长城资源调查工作项目组组长、中国文化遗产研究院副院长荣大为莅临兰州,指导检查甘肃省长城资源调查工作。8—9日,国家长城资源调查项目组副组长杨招君一行来甘肃省检查长城资源调查资料,对资料整理工作提出了修改意见。各调查组对有问题的资料进行了认真修改。

11月15日,甘肃省明长城资源调查资料顺利通过国家第一阶段检查验收。各调查组队员们终于松了一口气。

11月20—24日,甘肃省长城资源调查人员组队赴陕西省考察学习,大家与陕西省的部分调查队员进行了座谈,交流了调查心得。其间大家参观了汉阳陵、唐乾陵、秦始皇兵马俑博物馆、陕西省博物馆等。

12月20日,甘肃省长城资源调查督导组编印《甘肃省长城资源调查资料全面整理阶段问题汇编》,指导调查资料的整理工作。大家以此为据开展全面整理修改工作。

12月25—27日,我、邢玉龙和定西市博物馆杨万荣、张军及省文物局梁建宏等赴靖远县与宁夏回族自治区中卫市交界处的黑山峡,就两省区明长城交界事宜开展实地踏勘,认为仍以观音崖烽火台为两省区任务分配点为宜。随后,甘肃省致信宁夏方面长城资源调查负责人,告知相关意见,同时将相关情况书面上报国家文物局文物保护与考古司。

2009年1月1日至4月23日,省长城资源调查督导组甘肃省明长城资源调查资料逐县进行省级验收。我和队员们多次陪同督导组赴现场参与我组调查资料检查验收。

2月17—20日,国家长城资源调查项目组组织有关专家赴靖远县与宁夏回族自治区中卫市交界处的黑山峡实地考察和论证,我和第一调查组组长杨万荣,省文物局郑兰生、梁建宏等全程陪同到现场考察。

4月18日,明长城长度发布仪式在北京八达岭长城举行。国家测绘局和国家文物局正式宣布全国明长城总长度为8851.8千米。这是有史以来第一次获取的最精准的明长城长度。队员们都为能亲自参与调查工作感到无上光荣和自豪。

4月27—28日,甘肃省明长城资源调查资料顺利通过国家验收,甘肃省明长城资源调查工作终于告一段落。之后,部分队员回原单位,我和几个队员留下,将通过国家验收后的甘肃明长城资源调查资料全部打印装订成册,计107卷247册。直到7月初,此项工作顺利完成。

6月10日,国家文物局印发《关于推进秦汉及其他时代长城资源调查工作的通知》,早期长城资源调查提上了议事日程。

6月13日,甘肃省文物局主办、省测绘局协办的《爱我中华 护我长城——甘肃省明长城资源调查成果汇报展》在甘肃省博物馆开幕。展览以图片的形式展示了全省各调查组的工作经历和调查成果,展览至6月30日闭幕,各调查组队员们参与布展和展览开幕的相关工作,为此生能亲自参与调查工作感到骄傲与自豪。

7月1日,甘肃省文物局印发《甘肃省文物局关于委托开展明代独立烽火台调查并下达经费的通知》,甘肃省明代独立烽火台调查工作正式启动。武威市境内独立烽火台调查由景泰县博物馆承担。

7月初,明长城调查资料装订打印成册后,我回到了单位,不料竟大病一场,在兰州住院治疗2个多月,出院后回家休养。

9月26—30日,全省早期长城资源调查集训在庆阳市举行。我因在家养病未能参加,殊为遗憾。

十一、甘肃早期长城普查

武威长城遗址
(摄影:刘忠)

2010年3月12日,甘肃省早期长城资源调查工作在酒泉市金塔县启动。4月22日,甘肃省文物局印发通知,专文安排早期长城资源调查工作。4月27日,国家文物局印发《关于建立秦汉及其他时代长城资源调查进度情况定期汇总制度的通知》。同日,甘肃省文物局和西北大学签署协议,委托西北大学承担甘肃省定西市(临洮县、渭源县、陇西县、通渭县)和庆阳市(环县部分、镇原县)战国秦长城调查任务。

4月29日,甘肃省文物局与武威市文物考古研究所签订目标责任书,委托我所开展武威市凉州区、民勤县和金昌市永昌县境内早期长城资源调查工作。

甘肃省河西早期长城资源调查共组建 7 个调查组,我所是第二调查组,调查组成员由张振华(组长)、朱安、韩小丰、黎树科、李锦(司机)和永昌县博物馆曹生奎组成。武威市天祝县和古浪县境内早期长城资源调查工作由第一调查组(由敦煌研究院考古研究所副所长王建军任组长,队员有中国文化遗产研究院许慧君、凉州区文体局胡红生、古浪县文体局邢玉龙、八路军兰州办事处纪念馆陈勇和永登县博物馆范鹏程等)承担。

经过半年多的休养,我的身体基本康复,于是又投入紧张的早期长城调查工作中。

5 月 16 日,第二调查组队员在山丹县与永昌县交界的绣花庙(古称定羌庙)一带,与第三调查组(由张掖市文物局组队)成员相聚,在省文物局项目办梁建宏和孙晓峰的指导下,确定了两个组早期长城调查的交界地点,采集了GPS 点位信息。

5 月 19 日,我们调查组到凉州区与古浪县交界的六墩村与第一调查组会合,两个组就两县(区)早期长城交界点问题进行了对接。大家共同踏勘了六墩子和七墩子烽火台及两个台体之间疑似长城墙体的部分地段,最终确定此处无长城墙体,以七墩子作为两县(区)早期长城调查的交界点。

6 月 22 日,队员们到吴家井乡吴家井村七墩子(烽火台)正式开始凉州区境内早期长城调查工作。至 7 月 12 日,野外调查工作基本结束,我们在室内整理资料。8 月 9 日,凉州区早期长城资料整理工作基本结束,数据库资料也经过初步审核完成。

同三年前一样,在凉州区调查期间,正值盛夏时分,烈日炎炎,酷暑难耐。队员们头顶烈日,行走在田间地头,跋涉在沙漠边缘,为寻找一段墙体、寻找一个烽火台不辞辛苦地奔波,默默无闻地奉献。河西的早期长城因年代久远,保存情况不是太好,好多遗迹早已湮没在历史的长河中,寻找起来十分不易,要有新发现很难。因此,队员们要反复地调查询问,多方打听,走很多的冤枉路,来回折腾,有时跑好几天才有一点线索,工作起来实在不易。

凉州区境内汉长城东南起于凉州区吴家井乡与古浪县永丰滩乡交界的七墩子(烽火台),与古浪县四墩至七墩消失长城相接,在七墩子西北约 2 000 米处以壕堑的形式向西北延伸;在头墩营城址东南,九墩子(烽火台)西北红水河西岸与红水河交汇,壕堑结止,壕堑总长 7 181 米。在此汉长城以红水河为险,大致由东南向西北延伸,经长城乡红水村、西湖村、大湾村、岸门村、高沟村、上营村,在十二墩村一带越过红水河,在十二墩(烽火台)附近止,此段水险长20 900 米。在十二墩西北约 6 000 米处出现夯土墙体,大致由东南向西北延伸,在长城乡五墩村八组东北红水河东岸与明长城相交汇,汉代墙体两侧被明代墙体所叠加,此后汉代、明代墙体沿红水河东岸蜿蜒延伸,大致呈东南-西北走向,经五墩村十二组、九墩滩生态建设指挥部富民村、红水河村,在武威至民勤公路红水河大桥西侧进入民勤县重兴乡境内,与民勤县扎子沟林场汉(明)长城相交汇。本段长城沿线的部分烽火台在明代被整修后继续利用。

在 7 月 4 日调查途中,在九墩滩 5 号敌台西北侧约 400 米处,发现一段长达 82 米的墙体近期被新移民到这里的九墩滩指挥部富民村五组和六组村民挖去垫地,此段墙体在这儿有一个大的弧形拐弯,墙体走向由西南-东北走向转为东南—西北走向。

7 月 8 日,省文物局杨惠福局长到我所,检查了我组调查资料,对我们调查工作提出了具体的要求,指出了我们工作中存在的不足,并要求我们抓紧时间尽快完成本组承担的三县区境内的早期长城调查任务。

8 月 14 日,队员们到永昌县朱王堡乡郑家堡五社西北 3000 米的喇叭泉长城起点(民勤县与永昌县交界处),开始永昌县境内早期长城资源的野外调查工作。

8 月 16 日,接到省文物局通知,参加全省长城资源调查工作座谈会,我们准备了相关资料,打印了文本和照片册页,完成了汇报的演示文稿。8 月 17 日,省文物局项目办在兰州集中检查全省早期长城资源调查资料。各组互相交流查看资料,发现了一些存在的问题。这次交流对下一步开展工作有很大帮助。

8 月 18 日,全省长城资源调查工作座谈会在兰州召开,省长城项目办孙晓峰(抽调自麦积山石窟艺术研究所)讲话,提出了调查登记表存在的七个方面的问题,让大家回去进行对照检查。国家遗产研究院主任杨招君讲话,对甘肃的调查工作给予了肯定,并希望甘肃必须在年底完成调查工作。会议总结了上半年调查工作,安排部署了下半年调查工作。这次会议对今后的早期长城调查工作产生了较大影响。

8 月 22 日,我们继续在永昌县开展早期长城资源野外调查工作,9 月 15 日,我们入住永昌县君泰宾馆,这里离永昌县长城近一些,方便开展野外调查工作。10 月 8 日,永昌县境内早期长城野外调查工作基本结束。

本次调查登录永昌境内汉长城墙体 29 段,长 88 419 米,壕堑 30 段,共计 63 285 米,单体建筑 10 座。

永昌县境内汉长城东南与民勤县小西沟林场汉长城相接,起自朱王堡镇郑家堡村五社西北 3 千米,经朱王堡镇郑家堡村和水源镇新沟村、西沟村、西沟农场、方沟农场、华家沟农场、河西堡镇青山堡村、上三庄村、寺门村、鸳鸯池村、沙窝村、河西村,过金川峡、金川峡水库、城关镇金川西村、圣容寺,至红山窑乡毛卜喇村、王信堡村、水泉子村,止于永昌县红山窑乡水泉村与山丹县老军乡羊虎沟村界沟处,阎家壕北庄西北 13 200 千米荒草滩,与山丹县绣花庙壕堑 1 段和羊虎沟壕堑 1 段相连。

汉长城大部分地段被明代改造利用,以红山窑乡毛卜喇村毛卜喇堡为界,堡以东汉长城主要以墙体为主,局部地段有山险和山险墙;堡以西汉长城主要以壕堑为主,局部地段有墙体。其中在红山窑乡王信堡和水泉子一带,汉代壕堑有 2 道,一道距明长城不远,位于明长城墙体北侧,相距约数米至数百米;另一道则距明长城较远,相距几百米到两三千米,当地人称斜壕。在一些要害的地方,特别是在王信堡村北一段,汉壕堑竟有数道,构成了严密的防御系统。在王信堡一带,在明长城北侧还有一段汉代墙体残存。

另外,在水源镇西沟村半截墩滩新发现 1 段壕堑,从形制看,应为汉代壕堑。在红山窑乡毛卜喇村九社(宋家湾)西北有 1 段汉长城墙体,在红山窑乡毛卜喇村西北大车路沟和小车路沟之间有 2 段山险墙和 1 段壕堑。在红山窑乡水泉村七社(阎家壕北)西北孤山子一带还有 1 段山险墙,即水泉子山险墙。

我们在永昌县调查期间,从第三调查组得到了一个消息,说是内蒙古自治区阿拉善右旗调查队在阿拉善右旗与金川区交界的王爷井一带发现了一条壕堑,我们将这一情况向省文物局项目组做了汇报,省局同意我们将金川区纳入早期长城资源调查范围。我们决定到金川区去找找这条壕堑,按照内蒙古阿右旗文保所最新提供的多个点位,详细查看了这一带的地形和道路,商量确定了去王爷井的行走路线。9 月 16 日,我们赶赴内蒙古阿拉善右旗,想与旗文管所领导取得联系,但因种种原因未能接洽上。于是我们根据他们提供的点位,通过 GPS 导航去寻找,但找了两天,直到 19 日,未能找到王爷井壕堑。

10 月 8 日,我们在当地牧羊人的协助下终于找到了王爷井壕堑,并且发现了青羊大坂烽火台和曹大坂至青羊大坂山险。至 10 月 19 日,金川区境内早期长城调查工作基本结束。

在金川区调查期间,印象最深刻的就是为了寻找王爷井壕堑,我们寻找了整整两天,走了不少冤枉路,一个来回就是大半天。由于下着小雨,山路湿滑,我们在龙首山中翻山越涧,摸爬滚跌,费尽心力未能找到目标,心中的郁闷可想而知。后来终于柳暗花明,找到了目标,顺利完成了调查任务,大家都很开心愉快。

本次调查登录金川区境内汉长城墙体(山险)1 段,长 10 800 米,壕堑 1 段,长 2 107 米,单体建筑 8 座。

金川区境内汉长城起自民勤县与金川区交界的黑水墩(烽火台),经二墩、喇嘛池墩、青土井烽火台、潮水墩,至曹大坂烽火台,以烽燧线的形式沿阿拉善台地边缘呈东北-西南走向。此后汉长城以险峻的高山为天然屏障,以山险形式向西南延伸,自曹大坂烽火台至青羊大坂烽火台。在青羊大坂烽火台西侧,汉长城以壕堑形式出现,呈东南-西北走向,分布于龙首山深处海拔约 2 700—2 800 米的青羊大坂和青洼大坂山脊上,止于甘蒙交界的王爷井一带,与内蒙古自治区阿拉善右旗青洼大坂壕堑相接。

10 月 21 日,省文物局文物保护与考古处(原文物保护处)处长肖学智和梁建宏来我所,对我组早期长城调查资料进行检查,并到凉州区九墩滩生态建设指挥部红水河村九墩滩汉长城 14 段进行了实地现场查看。

10 月 27 日,我们调查队员赶赴民勤,入住民勤宾馆,准备开展民勤县境内早期长城调查工作,民勤县博物馆派李进民参与调查小组工作。10 月 28 日,我们到金川区与民勤县交界的黑水墩一带,找到了距此不远处的四方墩(烽火台)开展调查工作,民勤县早期长城野外调查工作正式开始。至 11 月 25 日,民勤县早期长城野外调查工作基本结束。从此,大家进入室内,开始了漫长的资料整理工作。

民勤境内汉长城分为两道:一道是令居塞,位于县境西南部;一道是休屠塞,位于县境中部绿洲边缘。烽燧线大体分为两路。

令居塞以墙体形式存在,后来被明代改造利用,这段墙体由凉州区九墩滩生态建设指挥部红水河东岸过民勤—武威公路入境而来,经重兴乡扎子沟林场、蔡旗乡官沟村、蔡旗村、麻家湾村、小西沟林场进入永昌县喇叭泉林场。

休屠塞因两千年来环境变迁,大部分被流沙淹埋,现呈现为烽燧线形式,从扎子沟林场 3 号敌台起向东北经红土墩、陈家墩、阿喇骨山墩、鸳鸯池墩、茨井墩、柳条湾墩、营墩、沙嘴墩、仲家墩、抹山墩、枪杆岭山墩,至古休屠泽(即今白碱湖西岸),此处以水险的形式拐向西北延伸,至青土湖南岸,然后拐为东北-西南走向,经民勤三角城城址、民勤连城城址、民勤古城、芨芨井墩向西南至大西河西岸,经井泉河墩、岔河子墩、小井子墩、下原墩、四方墩,沿汉代民勤绿洲边缘,经黑水墩进入金昌市金川区境内。由于沙漠侵袭,这些烽燧线上的烽火台相互间距离不等,有些已消失无存,而从白碱湖至青土湖这段水险早已随着古休屠泽的消失被滚滚沙土所淹埋。

十二、整理验收

武威长城遗址
(摄影:刘忠)

11 月 21 日,甘肃省长城资源调查督导组印发《关于做好早期长城资源调查资料整理工作的通知》,各调查组相继完成田野调查,转入室内资料集中整理阶段。

12 月 15—16 日,甘肃省早期长城资源调查资料整理交流会在兰州召开,各调查组就相关问题进行了讨论交流,并就相互交界处的调查资料进行了对接。

2011年2月28日,甘肃省文物局印发通知,安排部署早期长城资源调查省级验收工作。4月20日,省文物局出台《全省秦汉及其他时代长城资源调查省级验收办法》。5月5日,省长城资源调查督导组开始对瓜州县长城资源调查资料验收,标志着早期长城资源调查省级验收启动。各调查组认真开展资料的规范、修改、完善和信息补充等工作。

8月11日,省文物局印发通知,就做好早期长城资源调查国家验收准备工作进行部署。其间,各组对调查资料反复进行了规范、修改和补充完善工作。8月23日,甘肃省早期长城资源调查省级验收工作结束。

10月22—23日,甘肃省早期长城资源调查资料顺利通过国家验收,标志着甘肃省早期长城田野调查工作得到了国家的认可,大家心中悬着的一块石头终于落地了。

12月2日,景泰县博物馆承担的明代独立烽火台调查资料通过省级验收,甘肃省明代独立烽火台调查结束。这次共调查烽火台725座(包括个别清代和部分汉代修建、明代修葺利用的烽火台)、关堡8座、相关遗存46处,为日后长城调查报告的撰写提供了新的资料,补充完善了明长城防御体系的资料。

12月7日,甘肃省长城资源认定和调查资料整合工作启动,标志着甘肃省长城资源调查田野调查工作全面结束。我和几位组长参与了长城资源认定和资料整合工作。

2012年的春节前夕,甘肃省长城资源调查资料上报至国家长城资源调查项目组,标志着甘肃省长城资源调查工作基本结束。

回顾这五年来的长城调查工作,心中感慨万千,仿佛所有的经历就在眼前,我为能参与这次调查工作感到荣幸,更感到骄傲和自豪。习近平总书记在甘肃考察时强调"长城凝聚了中华民族自强不息的奋斗精神和众志成城、坚韧不屈的爱国情怀,已经成为中华民族的代表性符号和中华文明的重要象征。要做好长城文化价值发掘和文物遗产传承保护工作,弘扬民族精神,为实现中华民族伟大复兴的中国梦凝聚起磅礴力量",我们将为此而不懈地努力工作。

(注:为与长城普查数据保持一致,文中相关乡镇地名沿用普查时的名称。)

(朱安供稿)

传承研究非遗文化的冯天民

冯天民

1948 年 2 月 15 日出生。1968 年高中毕业下乡插队知青,当过营业员、文艺宣传员,文学创作员。从事群众文化工作 40 多年,热爱民间文学研究。中国民间文艺家协会会员、甘肃省民间文艺家协会名誉理事、甘肃省戏剧家协会会员、甘肃省音乐家协会会员,历任武威市文联副主席、武威市民间文艺家协会主席、武威市作家协会名誉主席、凉州区文化馆馆长。武威市凉州文化研究院名誉研究员。作品主要有《凉

冯天民在民勤瑞安堡
(供图:冯天民)

州怪杰杨成绪》《凉州怪侠小张六》《牛鉴的传说》《凉州钟的传说》《灵渊池的传说》《沙金台的传说》等,参与编写《甘肃民俗总览·武威卷》。2002 年,与杨若冰合著出版《武威历史文化丛书 民俗风情》。2011 年 9 月,与李武莲合编出版《凉州贤孝精选》,第一次将 19 部凉州贤孝由师徒口传形式收集整理为文本记载形式。第一届至第七届甘肃武威"天马"文化旅游节大型文艺演出总导演。2000 年被评为"凉州区文化事业功勋人物"。

冯天民介绍了源远流长,既融汇了多种文化,又具有浓厚地方特色的西凉乐舞、凉州贤孝、凉州宝卷、凉州攻鼓子的历史渊源、传承演变与当代转化。

一、融合了多种音乐的西凉乐

冯天民等在进行传统音乐表演
（供图：冯天民）

李元辉：冯先生，您好！我们首先聊一聊西凉乐。西凉乐是凉州文化的代表之一，请您给我们谈一下西凉乐的历史渊源。

冯天民：对于西凉乐，其实我也没有深入的研究。但是，在历届"天马节"的时候，我都用过这个题材，也就是在接触这个的时候，找了点资料看了看，同时也实践了一下。从我的了解来看，西凉乐在凉州文化中是非常重要的、独特的现象。西凉乐是由音乐、舞蹈、杂技、戏曲综合而成的一种大型艺术。西凉乐是由凉州本土的少数民族音乐、中原汉族的雅乐，还有西域的龟兹乐、印度的音乐，交流融合而成的大规模音乐舞蹈艺术。西凉乐流传非常广，而且优美、动人，在中国的音乐史上占有重要的地位。

根据《隋书·音乐志》和《唐书·音乐志》的记载，西凉乐是隋朝的国乐七部乐之一、唐朝的国乐十部乐之一，而且名列前茅，排名第二，地位仅次于中原汉族古乐清商乐之下,所以说西凉乐是非常重要、独特的。北魏的著名诗人温子升的诗"远游武威郡,遥望姑臧城。车马相交错,歌吹日纵横",写的就是西凉乐当时在凉州的盛况。还有唐代的大诗人岑参曾经写道"凉州七里十万家,胡人半解弹琵琶",杜牧写的诗"唯有凉州歌舞曲,流传天下乐闲人",都是写的西凉乐的盛况。这些大诗人的千古名句,是对当时西凉乐流行盛况的生动描绘,也是非常到位的诠释。因此,从根本上说,西凉乐就是凉州本土音乐,就是凉州的少数民族音乐,和汉朝的宫廷音乐,也就是中原的雅乐,还有印度的音乐、龟兹音乐结合的综合体。

李元辉:我们一提到西凉乐就会追溯到西域的龟兹乐,它们之间有什么关系?

冯天民:要说西凉乐的渊源,得从它的本土音乐说起。西凉乐最早产生是在秦朝灭亡之前的很长一段时间,在河西地区,也就是现在凉州的这一块地方,居住着一个非常古老的游牧民族,叫作月氏族。月氏族是一个非常强悍的,也是十分喜爱音乐、能歌善舞的民族。月氏创造的舞蹈就有胡旋舞、柘枝舞。而且月氏民族非常喜欢音乐,他们的乐器有箜篌、琵琶、羌鼓、笛子。羌鼓也叫作羯鼓,就是羯羊的那个"羯"。这个羌鼓据说就是月氏民族独创的乐器,等于羊皮鼓、手鼓。这个乐器在中国音乐史上有记载,说是"八音之领袖,诸乐不可比也",在乐队中起着指挥的作用。可以想象当年的月氏人骑在马上演奏乐器,羌鼓就起领头的作用,节奏快慢、情绪的高涨低落等,都是它来指挥的。可以说月氏的音乐就是当年的本土音乐。

后来匈奴人打败了月氏人,把月氏人赶跑了,占了月氏人的地盘,当时还不叫凉州。匈奴人赶走月氏人,把月氏人的牛羊、财产以及音乐继承下来了。匈奴人也是十分爱好音乐的民族,能歌善舞的民族。因此,匈奴人的音乐也就吸收了月氏人的音乐。也就是说,月氏人的音乐又传给了匈奴人。匈奴人的音乐也非常发达。到汉武帝开始建立河西四郡,就把匈奴人的音乐带到京城长安,在长安的宫廷里流行起来。史书记载"李延年典乐府",就是当时汉武帝的乐师叫李延年,"典乐府"就是他主持乐府的工作,"多用西凉之声"。这个记载说明汉武帝建立河西四郡之后,西凉乐进入长安,进入宫廷。公元349年,印度人给凉州送来了一个12个人的乐队。这个乐队的乐器就有箜篌、琵琶、笛子、铜鼓、毛圆鼓、都昙鼓、铜钹、贝等。因为印度人特别注重打击乐,所以乐队里有三种鼓。这就是印度音乐注入西凉乐、融合到西凉乐中。

李元辉：所以说，西凉乐就是逐步融合、传承的一种音乐。现在一提到西凉乐，说它和西域的龟兹乐以及后凉吕光有密切的关系，您给我们讲一下。

冯天民：印度音乐融入西凉乐之后，公元383年，前秦苻坚派大将军吕光征西域，西域的30多个国家归附。收复了龟兹之后啊，吕光就班师东还。他从龟兹出来的时候，史书记载"以驼二万余头致外国珍宝及奇伎异戏、殊禽怪兽千有余品，骏马万余匹"，就是说有两万多头骆驼驮着珍宝，还有奇伎异戏。所谓奇伎异戏者，就是西域的杂技、音乐啊这些。由于淝水之战后，前秦大乱，吕光便消灭凉州刺史梁熙，占据姑臧，并先后讨平割据势力，统一河西，在396年自称天王，国号"大凉"。在吕光统治时期，凉州的音乐就将月氏的音乐、匈奴的音乐、印度的音乐，又加上龟兹带来的音乐，融合发展成比较完善的一种音乐了。所以从这一个角度说，西凉乐就是凉州本土的少数民族音乐和汉族的清商乐、印度的音乐还有龟兹的音乐交流融合而成的一种音乐。

二、西凉乐舞：唐代宫廷艺术的瑰宝

西凉乐舞
（摄影：赵大泰）

李元辉：说明吕光不仅是一名大将军，对音乐也有造诣，很感兴趣。您再给我们谈一下西凉乐的传承经过。

冯天民：西凉乐的传承，最早还得从月氏人的音乐谈起。最早是月氏人的音乐，然后匈奴人又继承了月氏人的音乐，后来又传到汉朝宫廷，又传到隋朝，传到唐朝。在唐朝时候，有了大的变动。唐朝开元年间，凉州的都督郭知运，把名为《凉州曲》的西凉乐进献到长安，进献给唐玄宗了。唐玄宗听了《凉州曲》，十分喜欢，就在长安的宫廷里经常演奏。当时唐朝的大诗人王昌龄歌颂西凉乐说"胡部笙歌西殿头，梨园弟子和凉州"，就是梨园弟子把凉州曲和在一起唱，又说"新声一段高楼月，圣主千秋乐未休"，皇帝非常高兴，对西凉乐给予了高度的评价。后来，凉州的节度使杨敬述又把印度传来的音乐《婆罗门曲》送给唐玄宗。唐玄宗一听这《婆罗门曲》，比《凉州曲》还要好听，非常高兴，马上就说我们编排《婆罗门曲》和舞蹈。唐玄宗也是非常有才能的人，音乐家，亲自动手修改《婆罗门曲》，然后让杨贵妃带领宫女们排练，他也在旁边指导，不多久就排出来了一个舞蹈。这个舞蹈排出来特别好看，特别美丽，唐玄宗一看很高兴，就起名为《霓裳羽衣舞》。为什么要起名《霓裳羽衣舞》呢？因为舞蹈演员们穿的是薄如蝉翼的服装，还插上羽毛，把宫女们的婀娜多姿表现得淋漓尽致，所以就叫《霓裳羽衣舞》。

安史之乱后，宫廷里的宫女们和伶人们四散逃命，有好多就逃到江南去了，《霓裳羽衣舞》就传到江南。据我所知，明朝有一首很有名的琵琶曲《月儿高》，曲子的注解上就讲，《月儿高》就是根据当年的《霓裳羽衣舞》改编的。流行在上海、江苏南部、浙江西部一带的传统音乐，即江南丝竹，有个曲子《小霓裳》，其实也是《霓裳羽衣舞》。这个曲子一直流传到中华人民共和国成立以后。中华人民共和国成立后，江南的笛子独奏家陆春龄，改编《霓裳羽衣曲》，改编后叫作《霓裳曲》，就是笛子独奏《霓裳曲》。陆春龄演奏的《霓裳曲》古色古香，具有江南韵味，非常受欢迎，当时在人民大会堂给周总理演奏过，还出国表演。此曲最先流行于杭州，据说是杭州丝竹艺人根据民间器乐曲牌《玉娥郎》移植，20世纪二三十年代，王巽之等人将此曲传至上海，经孙裕德等国乐界有识之士的推广，该曲现已成为上海丝竹界喜爱演奏的曲目之一，流传面很广。

三、从《霓裳羽衣舞》到《丝路花雨》

西凉乐舞
（摄影：赵大泰）

可以这样说，《霓裳羽衣舞》的音乐元素一直流传到现在。《霓裳羽衣舞》和《霓裳羽衣曲》都是西凉乐，在 20 世纪 80 年代，甘肃省歌舞团排了一个音乐舞剧，叫作《丝路花雨》，这个舞剧一出来，令人耳目一新，舞蹈是全新的，音乐也是闻所未闻，轰动了全国。编排《丝路花雨》的时候，甘肃省歌舞团的专家们都到敦煌考察调研。《敦煌遗书》里也有关于古代敦煌音乐、西凉音乐的记载，当然那些都是文字谱。文字谱看不出名堂来，但是音乐家们能够根据这些音乐历史素材，创造出敦煌舞的音乐。你看《丝路花雨》里经典的那一段敦煌舞——反弹琵琶，实际上敦煌舞也就等于《霓裳羽衣舞》的翻版。《丝路花雨》经久不衰，一直演出了十多年。在 20 世纪 90 年代初期，我们的天马艺术剧院根据《丝路花雨》的敦煌舞，又排了一个西凉乐舞，整首舞跳七八分钟，名字就叫《西凉乐舞》。实际上还是学习借鉴了敦煌舞的主要元素。《西凉乐舞》在我们本地演出以后影响非常大，外地的人看后说很精彩，音乐也很美妙。

2002—2009 年，武威连续举办了七届天马节。这七届天马节，我都当总导演。当时我的创作理念就是一定要把武威最有特色的东西展现出来。所以，我选定的攻鼓子，必须是七届天马节会的每一届都要表演。因为每一届的客人都不一样，都是外地的。还有天祝的白牦牛舞，特别有特色。再就是《西凉乐舞》。这三个节目穿插其间，每一届的大型文艺表演中都有，而且每一届都出彩。尤其《西凉乐舞》，每一届都表演，非常优美。《西凉乐舞》在编排舞蹈的时候，参考了敦煌壁画中的舞蹈动作。我创作《西凉乐舞》的时候，专门把琵琶曲《月儿高》和笛子独奏曲《小霓裳》放进去。我找来搞音乐的刘期相，他是音乐家协会副主席，我的老同学，让他搞音乐创作。他把音乐创作出来，我来试听。因为市政府很重视第七届天马节，专门请来省音乐家协会的彭根发和另外一个副主席，以及戏曲家协会的王主席，都是专家级的，专门来审查西凉乐的音乐。

尤其 2009 年最后一届天马节，就是第七届的开幕式，市领导把我叫过去说，第七届的主题就是弘扬西凉乐，宣传葡萄酒，要我根据这个主题定位开幕式大型文艺表演的内容。我当时根据他们的要求，直接把第七届天马节开幕式的大型文艺表演命名为《西凉乐》。节目审查以后，专家们也认为非常好。

第七届天马节大型文艺表演的序曲，我定为《万方乐奏贺西凉》。这是 800 人表演的广场舞，由天祝、古浪、武威的好多单位联合起来表演。表演的内容就是西域各国的客人来到凉州，手拿各种乐器、布匹、丝绸等，就在体育场里表演。几十种乐器道具都做好，效果非常好。

文艺表演的第一章是《霓裳羽衣领风骚》。我为这个节目费尽心思了。我找了两个演员，都是专业出身的舞蹈老师。一个是金老师，他当时在卫生局当干部。但是，我知道他是专业舞蹈教师，从宁夏的歌舞团调来的，而且我看过他的表演，单人舞跳得真优美。我就让他做这个节目的主要负责人，并由他演唐明皇。这个节目的主要负责单位是武威卫校，还有一个别的单位，总共 800人的队伍。你想，800 人的表演队伍，排练了一个多月，将近两个月呢。卫校的一个女舞蹈老师，是舞蹈学校毕业的，她扮演杨贵妃。金老师扮演的是唐明皇。800 个美女跳《霓裳羽衣舞》，哎呀，这个规模非常宏大，而且服装设计非常华丽。服装用的是轻纱,色彩非常艳丽,不过价格很便宜。这个节目真是给天马节增光添彩。

那天表演时,序曲《万方乐奏贺西凉》,演员们扮演西域各国的少数民族,穿着各种彩色的服装,拿着各种乐器和丝绸布匹,在广场上表演,给人的印象非常深刻。紧接着就是《霓裳羽衣领风骚》,哎呀,杨贵妃、唐明皇非常漂亮,一上场,在最前面。整个体育场的绿草坪也非常漂亮。

《霓裳羽衣舞》每一届都会表演,都受到热烈的欢迎。尤其是最后这一届,特别好。最后这一届《霓裳羽衣舞》还有个小插曲呢。开幕式表演开始前,丁兆庆对我说:"冯爷,这个欢迎的队伍准备的人太少,只有二十几个女模特,那不行啊,单单调调的怎么做呢?赶紧弄些欢迎队伍。"我灵机一动,把《霓裳羽衣舞》的 800 个女演员全部调到欢迎通道上,站到两边,宾客们一进来,夹道欢迎。最后,丁兆庆说:"天民,你这个主意出得好啊,我们的欢迎仪式着实就给开幕式增光添彩么。"

所以,我觉着第七届天马节是最成功的。西凉乐的传承啊,我们武威是做了一定的工作,但是从天马节到现在,西凉乐舞基本上就再没有人搞过,天马艺术剧院已经解散了,剩下的人数也不多了。天马艺术剧院留下的那些人,现在连《西凉乐舞》都跳不起来。

李元辉:当时从宁夏调过来的那个金老师,现在在哪里?

冯天民:他当时就是四十几岁,正是壮年的时候,现在都快退休了吧。我很了解那个人,他的老婆是体校的武术教练,叫侯月英。我和侯月英很熟,就知道傢(他)是专业的舞蹈教师。现在西凉乐舞要保护传承,那非得有专业的团体,一般的业余团体是不好弄的。我们搞的广场舞属于业余性质。因为它人多阵势大,所以不需要细节上有多么精美的表演,但它必须要声势浩大,有那种气势,用整体效果招徕观众。

四、自费整理凉州贤孝

李元辉:冯先生,您出过一本厚厚的《凉州贤孝精选》,你是怎样想到挖掘整理凉州贤孝的,中间有什么故事?

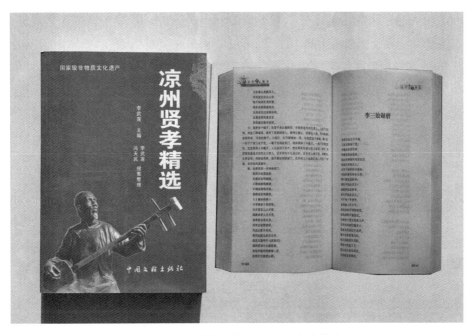

冯天民与夫人李武莲整理的《凉州贤孝精选》
（摄影：刘忠）

冯天民：凉州贤孝是一种古老的民间说唱艺术。2006年，凉州贤孝被列入第一批国家级非物质文化遗产保护名录。我想要搞《凉州贤孝精选》这本书由来已久。但以前我一直没有时间，因为我当时担任文化馆馆长，一天到晚琐碎事情太多，没有时间去弄。我2000年退居二线之后，就马上想到要把凉州贤孝整理一下。因为我知道凉州贤孝的重要性，它在武威的民间文化中是特别重要的，而且我接触的也比较多。所以，从2000年的上半年开始，就是二三月份，我就全力以赴投入凉州贤孝的整理工作中。

当时我找的就是王月、王雷中等好几个老艺人，主要是王月给我演唱。我陪伴了王月一两个月。我把王月安排在文化馆后面的招待所。所以，为了抓紧时间，王月住下之后啊，我就给他说："王爷，你得早上7点到我的办公室里来。"哎，这些老人勤奋得很，像（他）每天早早地在办公室门口候下（等候）了。尤其是王月，给我唱了一个多月啊，四十几天呢。早上7点准时开始，唱到9点，我们就停下休息，我就领他去吃早饭，吃个牛肉面啊臊子面啊。那个老汉能吃得很，一碗牛肉面都吃不饱，还得加馍馍，加鸡蛋。吃完早饭，接上再搞，他主要是唱，唱着弹，我搞录音。我从录音里面听不明白的，还得一句一句再问。因为这个武威话录音根本听不清楚,得一句一句问,哪句话是什么意思,得写清楚。这个就比较费功夫。所以从九点多吃完早饭,我就抓紧时间一直让他唱,唱到12点。12点再休息,再领上傢(他)吃午饭。当然午饭我安排的也可以着呢,傢(他)想吃个行面(一种特色面食)、包子、饺子,这都是我自己掏腰包。吃完以后中午不休息,因为一休息,就要增加天数,费用就多。就再弹、再唱、再喧(聊天)。有些是要喧(聊天)着说的、问的,有些是唱的,一直唱到下午5点。下午5点之后就休息,然后领他再去吃饭。吃完晚饭,晚上再唱一个多小时,到9点左右就带他回文化馆的招待所里住。那是很低档的招待所,一个人住一间房子,所有生活用品都准备好。就这样,我们抓紧时间,到了8、9月份,我已经收集了将近30部凉州贤孝了。我白天收集,晚上回家后我的老婆子(老伴)就打印,打印出来我修改,修改后再打印。就是这样,到年底11、12月,基本上就全部好了。我当时逐字逐句把底稿全部修改好了。底稿打印出来后,我又叫上董堂寿,董堂寿当时已经调到《西凉文学》编辑部了,那个小伙子的文化层次很高,而且对凉州方言很有研究。我让董堂寿帮我认真看一遍,许多方言、土语都修改过来。凉州贤孝里面由许多凉州方言,有些弄错了,怎么推敲都搞不明白,有些在王老师(王继中)出的那本《凉州方言》里都查不出来。董堂寿校对了一遍,我又叫李学辉也再看一遍。李学辉很乐意,说以前他家隔壁有人弹着,他在外面站着听一下,现在乘机好好接触一下凉州贤孝。李学辉又认真看了一遍,把许多方言、土语考证了一下,之后又重新打印。

李学辉给我联系出版社,最后联系了文联出版社。当时要自己筹备经费,出版费、印刷费,一共16万多呢。我自己有几个钱?我向朋友借了些,女人(老伴)问傢(她)的姐姐借了些钱,就交了钱,一共印了8 000册。最后书被拉到我住的银城小区去,家里这么大的地下室,别的东西都腾空,塞得满满的。但是呢,我很高兴,书印得很好,很精致,这部心血之作终于完成了。

五、与凉州贤孝的长期渊源

尽管凉州贤孝搞得这样快,但实际上与我30年以来的工作有关系。我在文化馆工作,接触的贤孝就多了。我最早接触贤孝是在文化馆的文艺宣传队,

武威文化广场上的凉州贤孝表演
（摄影：刘忠）

当时我是 67 届高中毕业生，也是第一届下乡的知青。我 1967 年高中毕业，1968 年 12 月正式下乡，到大河公社。当时下乡后一年多，我觉得很好，因为整个大河公社，连我就两个知青。那里的农民看我们贵重得很、稀奇得很，把我们放到西河大队。西河大队给我们安排了宿舍，但是那房房子（宿舍）很简陋，是一个牲口圈改造的，面对一个打麦场。这个牲口圈原来很大，中间砌了一道墙，后面还是喂马的，就等于在前面隔出一间房子，给我们弄了一个土炕，我们就住下了。

房子虽然小，但是一开门，非常广阔，前面打麦场，视野很开阔。而且住下之后呢，农民对我们照顾得也很好。刚下去的时候，我们自己没有做饭，村子里每家给我们派饭吃。正好大队又在整顿各个生产队，就让我们两个做记录，农民们把我们当作工作组的。当时我很感动，那时候大河公社的农民生活比较差，但是，每一天轮着哪家做饭，哪家就把最好吃的东西拿出来。早晨，小米汤，起码有个馍馍呢；中午么，就吃小米煮饭，晚上就是面条。每家饭做得都很精心，所以，我在大河公社坚持了八九个月。

我从小没有父母亲，爷爷养大的。我的爷爷是老秀才，新中国成立前在兰州上了两个大学，一个优级师范，一个法政学院。大学毕业后，一直就在武师（武威师范）当教师。后来他不当教师了，当大夫，老中医。但是，我下乡期间，爷爷去世了。我把爷爷安葬好，就再没有回到大河公社。我在家里待了两三个月，想这也不是办法，还是到乡里去吧。我就到火车站坐车去了，正好碰上文化馆的赵老师赵孔德。赵孔德和我早就相熟，因为"文化大革命"大联合之后，傢（他）带我们红革会中学生宣传队到各乡镇演出。那时候，各乡镇成立革委会，都要请红革会得宣传队去演出。当时是赵孔德带领我们宣传队，我的笛子独奏、二胡独奏非常好，傢（他）印象很深刻。傢（他）一看见我，就问我干什么去，我说到大河驿插队去。赵孔德说，不要去了，到宣传队，毛泽东思想宣传队来。正好那个时候武威县文化馆要成立一个毛泽东思想文艺宣传队。我问行不行，傢（他）就说，我那个水平没问题，但是得考个试。

所以我再没有去大河公社，就到宣传队考试去了。当时我拉了一个二胡，吹了一个笛子，二胡拉的是《赛马》，竹笛吹的是《战马之歌》，当年流行那个。考官们一听，说没有问题，所以我就到了毛泽东思想宣传队。

当时宣传队就是宣传毛泽东思想，宣传农业学大寨，要排些文艺节目，还有展览等。我第一次接触贤孝弹唱，是宣传队到清水公社，先是赵生辉大寨展览，然后就演节目。当时凉州艺人张天茂是公社宣传队的，和我们同台演出。他唱了一个十唱毛主席、十唱共产党。张天茂那时年轻着哩，四十几岁。休息时，我说："张先生，你的这个三弦弹得可真好啊，唱得也好，你再给我弹一个。"傢（他）又弹了一个三弦独奏《过江》，就是秦腔的一段曲牌，弹得非常好。

张天茂很幽默，他让我也露一手。我就给他吹了一个笛子独奏《战马之歌》。他一听吓了一跳，说："哎呀，你这笛儿吹得这么好，你也是高手。"所以说，从1971年我就认识张天茂了，而且知道傢（他）就唱贤孝故事的。张天茂的三弦弹得可真好啊，弹唱的时候手指翻飞，声情并茂，在弦子上也能听出一定的效果来。这是我第一次接触贤孝弹唱，张天茂给我留下的印象特别深刻，能唱能弹，唱得好，三弦弹得也好。

我们这个毛泽东思想宣传队是临时组织的，没有编制，在1972年就解散掉了。解散后，人员都安排了工作，我被安排到黄羊商店当营业员。1974年，黄羊区号召种葵花，成立了种葵花工作组，我被派去了。一天晚上，我到七里公社的一个村庄去。一个牛院子里坐着一个弹唱凉州贤孝的盲艺人，围着一屋子人听。我们进去之后，那个盲艺人机灵得很，一下子不唱了，说道："听着进来了几个主任，把人吓得心里扑通、扑通的。你们听上个曲儿了就高兴。"这几句话把我们惹笑了，我就说，那就唱一下吧。我记着他唱了个《小姑贤》，那个弦子也弹得好。

李元辉：那个弹唱贤孝的艺人叫啥名字？

冯天民：想不起来了，几十年过去了，当时也没有问俲（他）的名字。这是我第二次接触贤孝弹唱艺人。俲（他）太幽默了，那几句顺口溜，尤其让我印象很深刻。第三次我接触贤孝艺人是1976年了。1976年粉碎"四人帮"之后，我已经到文化馆了。当时文化馆下乡搞文艺学习班。我到柏树公社，办了一个月的文艺学习班，创作宣传"粉碎四人帮"的节目。当时臧祐仁是我的学员，后来他成教委主任了。有一天，我们就在柏树公社会演节目，有几个人弦子和板胡拉得非常好。休息时，我就问他们的名字。冯光生、冯光涛是弟兄两个，冯兰芳当时才十二三岁。她就说："冯老师，我们和你是一个冯家。"我告诉他们，我是杨寨的冯家，叫冯天民。一问他们的排行，我还是他们的叔叔辈。冯光生、冯光涛的那个三弦、板胡拉得真好，灵得很。我记得，冯光涛拉了一个二胡独奏《奔驰在千里草原》，俲（他）从广播里听了，也没有曲谱，就能拉出来，而且拉得非常好，我很佩服。这几个艺人的乐感非常好，难怪阿炳那样的音乐家都是盲艺人出身。这是我和冯家兄妹第一次接触。俲们（他们）就靠表演节目维持生活，队里给俲们（他们）记工分着哩。

六、改编凉州贤孝获大奖

我和艺人正式打交道是1984年。那时邓朴方当了残协的领导，对残疾人的活动特别重视，搞了一个全国盲艺人的戏曲曲艺调演，先在各省搞。我们武威就积极地准备，把贤孝弹唱艺人集中起来，有冯家的兄妹三个，还有臧尚德、李万昌、王月，但张天茂没有来，还有和平的陈先生。我对那个陈先生印象很深刻。这些人在文化馆里集训。我就写了一台贤孝弹唱艺人的节目，第一节目叫《盲艺人重见光明》，大型弹唱，七八个艺人都坐在台上，边弹边唱，共十几分钟。这些人特别爱唱，我的词儿也写得比较生动。《盲艺人重见光明》唱的就是盲艺

新编凉州贤孝表演
（摄影：张学峻）

人的遭遇，在"文化大革命"的时候贤孝弹唱被当成"四旧"清除掉，现在又重新见光明了，得到了继承和发展，又开始唱了。这个节目成为我们的压台节目。

我还写了一个《王婆养鸡》。凉州弹唱艺人唱的其实就是凉州民歌，它不完全是讲贤孝故事的。那个时候正好包产到户，所以我突发奇想，写了一个《王婆养鸡》，内容是王婆办了一个养鸡场，养了这个鸡那个鸡，还有芦花大公鸡，放音乐的是什么机，喂鸡喂水都用机，机械化养鸡，开了一辆手扶拖拉机，拉着鸡去卖，碰见了公社的王书记，王书记抓住了王婆的黑母鸡，带到公社的食堂里，煮成肥母鸡，大家都吃掉了。《王婆养鸡》这个演唱段子非常诙谐有趣，特别是王婆的鸡丢了，她找鸡找不着，到街上骂来了，听起来特别生动、特别可笑。最后省上往北京选送节目的时候，选中了《王婆养鸡》。那是叶玉仙唱的，叶玉仙是校尉公社的艺人。那个老汉长得高高大大，棱鼻子，大眼睛，嗓子特别好。

我和这些艺人接触后啊，从内心里非常敬佩他们。我们文化馆集训的时候，这些艺人在文化馆大厅里住着，生活艰难的情况是常人不可想象的。你看冯家兄妹三个，只有一个瞎妈妈。瞎妈妈也到文化馆里来过，中高个儿，黑红色的大盘脸，身板儿挺直，长得很精神、很健康。这老婆子很能干，虽然眼睛瞎着哩,但傢(她)的家里,灶台厨房收拾得很干净,一尘不染,而且做的茶饭好吃的很。和平公社的陈先生,念过几年私塾,很有文化,非常文雅,像个老先生一样,我和傢(他)的接触也比较多。傢(他)唱的是《关云长单刀赴会》,弹词由傢(他)改编,非常有文采,很有特色。我和陈先生有一个缘分,傢(他)在我的太爷跟前念过书。我的太爷是武威的老秀才,一个贡生。他虽然考了贡生,但是没有功名,一辈子就是个穷读书人,在海藏寺、金塔寺设馆教学,在我们柏树(现在的柏树公社)三坝庙教书。我的太爷一辈子就是个教书匠。陈先生当时就已经是六十几岁了,给人的感觉,纯粹一个老文人。我对叶玉仙印象很深刻。1995、1996年,甘肃省艺研所来了几个教授调查凉州贤孝,想和艺人直接接触一下,要唱得好的艺人。我当时就把教授们领着先到柏树公社看了冯家兄妹。因为叶玉仙唱的传统段子比较多,而且嗓子非常好,所以我领着教授找了叶玉仙。叶玉仙穿的中山服,蓝色的,洗得干干净净,梳着大背头,很精神,站在那里迎接我们。我心里很感动,这些艺人生活那么苦,但是自尊心很强,内心也很充实。

省艺研所在我们武威的调演非常有成效,把叶玉仙的《王婆养鸡》选送中央了,最后被评为全国三等奖。这次调演的组织者是我和文化馆的裴树唐。裴树唐对事业非常热心,他给艺人们每人做了一身白衬衣、黑裤子,又打上领带。我们在兰州军区招待所住着,吃饭的时候,艺人们排成队,穿着白衬衣,打着领带,哎呀,在食堂里是一道风景啊。所以我们在兰州的演出很受欢迎。

1994年或者1995年,甘肃省审计系统要搞一次会演。时任武威市审计局局长郭建光找我,要准备些好节目,一定要拿个奖。首先我策划了一个凉州贤孝,因为凉州贤孝音乐很独特。我用凉州贤孝的形式,编了个节目叫《审计工作者赞》,赞扬审计工作者的。我写的唱词,写审计工作的艰难、曲折,审计工作的不徇私情,里面还有些故事情节。

怎么表演呢?先选了4个女演员,都是我们文化馆的很优秀的。王晓萍,那是20世纪70年代我们武威的歌星啊;马馆长,原来是民勤县秦剧团的业务科长;还有两个女演员,是我们文化馆的辅导员。4个女演员,都是唱得好。我又精心组织了一个乐队。我从歌舞团(后来的天马艺术剧院)请了周明,拉大提琴;还有秦剧团的乐队队长严述尧,拉板胡;音乐家协会主席严中全弹三弦,傢(他)的老婆敲扬琴,还有两把二胡,加上我的笙。小乐队非常精干。我们代表武威市审计系统参加演出。评委都是行家,有当时甘肃省群艺馆杨馆长,搞音乐出身的;还有甘肃省歌舞团团长,写剧本的。会演时,其他州市的节目富丽堂皇,有四十几人的大型舞蹈,有二十多人的大合唱。但是,我心中有数,我们的节目最独特,效果特别好。我们的节目获得全省一等奖。我还写了一个小话剧,王晓萍主演,演的是基层的审计科科长。王晓萍演得特别好,节目获得了二等奖。我们凉州贤孝的继承和再创造,这是第一次。因为精心组织,第一次就一炮打响。

在 1998—1999 年期间,全省建设银行系统也要搞文艺调演。王行长听说我们给审计系统搞过节目,参加会演得了一等奖,就请我帮忙。我创作了《凉州贤孝唱建行》,也是一个表演唱。音乐的素材实际上是凉州民歌的调子。秦剧团 2 个女演员、我们文化馆 4 个女演员,一共 6 个人参加演出。

当时我没有去参加会演。会演结束后,张天龙回来给我描绘:"哎呀,冯爷,这会把我们吓坏了。宣读这个获奖名单,从优秀奖一直到二等奖、三等奖都没有我们的份,最后我们是一等奖。"评委都是专家行家,一听我们的就不同凡俗,音乐非常好,表演也非常到位。后来我记得市劳协(劳动者协会)又搞了一个凉州贤孝节目,到省里得了第二名,也很不错。这些说明凉州贤孝音乐有特色。第七届天马节,我把凉州贤孝用上了,写了一个《凉州贤孝唱葡萄》,在《霓裳羽衣领风骚》《凉州葡萄诏》后上场,就是唱葡萄美酒的。这个节目是 120 人的表演队伍,前面一个人扮演瞎贤,穿上凉州贤孝艺人的衣服,排了舞蹈,也表演了七八分钟哩,特别受欢迎。

所以,我搞凉州贤孝这本书,也与我几十年工作中接触凉州贤孝或凉州贤孝艺人关系密切。我从内心里对凉州贤孝艺人非常敬佩,非常尊重。这些人,日子过得那么艰难,但自尊心非常强,内心很充实,个人修养很好。由于唱贤孝,传统道德在他们身上体现得非常明显。

七、凉州贤孝的起源

李元辉:冯先生,下面再给我们聊一下凉州贤孝的历史渊源是怎样的,有怎样的传说?

冯天民：凉州贤孝啊，它是一种纯民间的演唱艺术，而且演唱者都是盲人、瞎贤，历史上社会地位非常低，因此正史上对凉州贤孝几乎没有记载，但是有传说。传说在秦始皇时代就产生贤孝弹唱了。怎么回事呢？秦始皇当年在各地征调民夫修建长城，把瞎的盲人也抓着去了。但是抓去之后，盲人眼睛看不着，干不成活，秦始皇就很生气，说把抓来的盲人全部杀掉，垫到长城底下去。当时伏羲皇帝听见这话，动了恻隐之心，说这么多的盲人，很可怜，秦始皇把盲人都杀掉，这还了得。伏羲皇帝就变成一个盲人，拿着弦子给秦始皇唱。他唱得又好，弹得又好，唱的是盲人生活的艰辛、艰难，唱的是他们的冤枉、痛苦，唱着唱着，把秦始皇感动了，秦始皇就说这盲人还杀不得。正好这个时候，秦始皇的一个爱妃得了一个大病，治不好。秦始皇就写了一个告示，到处贴上，说找名医给爱妃看病。伏羲皇帝一看是个机会，就去把告示揭了，开了一个仙方，把妃子治好了。秦始皇特别高兴，说有什么要求都提出来，我就给你办。伏羲皇帝就说，这些盲人都是可怜人，第一你不能杀，第二你要给他们一条生路。我现在是这些盲人的祖师爷，我教会他们的就是连弹带唱的手艺，你要在全国允许他们唱，而且要给他们一定的地位，尊敬他们，把他们奉为师父。这样呢，他们就有一口饭吃了。秦始皇一听，很高兴，说你给我的爱妃把病都治好了，你又唱得这样好，那就照你说的办，允许这些盲人到处去唱，奉他们为师父，人们要对盲人尊敬。所以，后世的盲人，一个手艺就是弹着卖唱，一个就是算卦。算卦是伏羲皇帝教给所有盲人的一个技艺。因此，我们的贤孝弹唱艺人基本上都会算卦。为啥？有时候挣不上弹唱的钱，算卦的钱还能挣点。现在的那个王月，也给人算卦。王月那个老汉也很好，多给一百二百不嫌多，三十五十也不嫌少，算卦的钱比唱曲儿的钱来得多。所以，传说中，贤孝弹唱从秦始皇开始的。这些艺人们到处卖唱，到处算卦，维持生计，成为一种职业了。这就是它的渊源。

但是正史上没有这种记载。明朝有个人叫个聂谦，可能是个读书人，爱好比较广泛，写了一本书叫《凉州风俗录》，记载的当然就是明朝时凉州的风俗了。在书中，人家写道"州城喜好娱乐"，虽无戏曲，但有歌曲，以"胡人半解弹琵琶"为最盛。演唱者所用乐曲，已非琵琶，而是弦子。书中又记载了艺人演唱的情况，演唱时弹三弦，唱的声音粗犷粗猛啊，带有塞上古音。唱的是什么呢？唱的是《侯女反唐》，还有一个讲因果报应的，再一个就是《鹦鸽宝卷》，就这三个。看来《侯女反唐》是最早的凉州贤孝,属于国书。凉州贤孝分为国书和家书。国书就是唱国家大事的;家书说的就是家里的小事,非常有人情味的,像《小姑贤》啊,《任仓埋母》啊,等等这些,唱贤说孝的。明朝的时候就唱《侯女反唐》了,可见这贤孝弹唱的产生时代不在秦始皇,起码也在唐宋时代。唐宋时代是说唱艺术最兴盛的时代,唐朝有说书、说经,宋朝有说书。根据孙寿岭先生的考证,宋朝的时候,也就是武威在西夏的时候,已经有了贤孝弹唱,非常盛行。西夏对中原的文化特别崇拜,西夏的文字就是借鉴汉字的笔画、汉字的结构创造的。孙寿岭考证说,西夏专门设立了"唱名法",培养了许多艺人,鼓励他们在西夏的范围内唱贤说孝。当然,从中国文学史上讲,唐朝、宋朝是中国说唱艺术最发达的时候,尤其到宋朝,说书艺人多得很了。明朝聂谦的《凉州风俗录》对凉州贤孝的记载非常详细,用的乐器,唱的内容,甚至艺人表演的表情等,记录很详细。所以,孙爷的文章认为贤孝产生于宋朝,产生于西夏,也有一定的道理,有一定的考据。之后,贤孝弹唱就流传下来,一直到清朝、民国。贤孝弹唱之所以能够流传下来,与从事它的艺人有关系。盲艺人唱贤孝,是一种职业,也是一种专业。盲人为了维持自己的生活,演唱多少能挣几个钱,它是一种职业。如果家里有了盲孩子呢,没别的出路,就是让他学贤孝弹唱,将来能维持生活,所以贤孝弹唱就是这样传承下来了。

八、凉州贤孝的文人化

李元辉:据说清朝有个盛其玉,凉州贤孝从他开始有了较大的提升。

冯天民:这个盛其玉啊,是凉州区长城镇红水村人,清朝末年地主家庭出身的一个秀才。他考中秀才以后却屡试不第。他是地主家的少爷,有钱又爱玩,人又聪明,又有文化,喜欢上了贤孝。他弹三弦,唱贤孝,又有一个好嗓子。盛其玉作为一个文化人,三弦子弹得出神入化。因为他是文化人,记忆力又非常强,贤孝的脚本拿来一读就会,而且即兴演唱的时候,根据故事情节就能唱下来。所以,凉州贤孝在清朝末年的盛其玉手里,得到了一次提高,就是因为文人参与了。文人一参与,演奏手法也提高了,故事情节也很完整。凉州贤孝经过盛其玉的修改加工,唱词也比较精炼了。盛其玉教了好多徒弟,尤其是民国末年到中华人民共和国成立以后，许多人都是盛其玉的徒弟。比如李鸿元的师兄徐高堂，就是盛其玉的弟子。徐高堂唱得也非常好。那个老汉瘦瘦的，在20世纪五六十年代，可以说是贤孝弹唱的领袖人物。说到这个李鸿元，我和他也很有缘分。当年我陪着我的老师柯杨教授在武威农村做过两个星期的民俗调查。柯杨就发现，武威贤孝是非常独特的，应该要搜集整理一下。所以，柯杨走了以后，我就找到李鸿元。李鸿元当年已经82岁了，但还是唱《鞭杆记》唱得最好的老师傅。我把李鸿元找着以后，我记得，一天给他发8毛钱的误工补贴。那时候文化馆出钱，请他来唱。老汉也很高兴，唱了一个星期，每天唱一两个小时，因为他年纪大，唱不动了。唱的过程录音录下，我晚上回去整理。老汉没牙了，一录音，根本听不出唱的是什么，第二天老汉再来，有些听不清的，我再问老汉。《鞭杆记》，我是花了功夫整理的。那是1982年，就这样白天录，晚上听，第二天再纠正、再录。《鞭杆记》描绘的是清朝末年、民国初年武威的一段农民起义。农民起义的领袖人物是齐飞卿、陆富基、杨成绪，杨成绪是幕后策划者。杨成绪是武威的一个老秀才，才高八斗，非常狂傲。杨成绪文章写得非常好，写朱对、吊屏、寿赞啊，根本不打稿子，才气横溢。北城门楼子上有杨成绪题的一个匾：大好河山，那个"河"字拐了几道弯。有人问："杨四爷，这个'河'字你写这么多的弯干什么？"他说："天下黄河十八道弯，我的这才拐了几道弯？"是个狂人。但杨成绪确实有才能。李鸿元当时告诉我，《鞭杆记》是杨成绪写的。杨四爷写好以后，抄上，交给他，他是第一个唱《鞭杆记》的。他还说，他跟着齐飞卿打巡警，参与到故事里面的。《鞭杆记》唱的，齐飞卿召集农民进城，先打巡警，四街八巷的巡警楼子都砸掉，然后把衙门围住。当然毕竟是农民起义，没有完整的组织。衙门里刘胡子的马队，刘胡子可能就是当时的捕快班头，马队一出来，刀砍斧劈，一下子老百姓就吓得四散奔逃，起义等于宣告失败。齐飞卿就跑去内蒙古北套了，陆富基也跑到西营躲起来。又过了三年，就到了宣统三年(1911)，清朝快要完蛋的时候，齐飞卿从北套回来，又策划了一次暴动，还是没有成功。官府抓住了齐飞卿，在武威杀掉了。杨成绪还给齐飞卿收尸、写祭文。所以，李鸿元说是杨成绪写下的《鞭杆记》，我觉着基本属实。为啥？我整理了《鞭杆记》，文章的构成，起承转合，就是文人的手笔，艺人的编造不会那么完整的。所以这个《鞭杆记》非常珍贵。我整理的过程就是这样的。后来王月他们也唱《鞭杆记》，但他们唱的和李鸿元唱的就有出入。

九、凉州贤孝的传承保护

冯天民先生在工作
（供图：冯天民）

李元辉：冯先生，请您再谈一下关于凉州贤孝的传承与保护方面的故事吧。

冯天民：20 世纪 50 年代，1955 年、1956 年的时候，文化馆办过贤孝艺人培训班，就是把贤孝艺人组织起来培训。当时文化馆的老干部赵孔德，一个老文艺干部，也是我的老师，告诉我，当时办培训班，把贤孝艺人登记造册。住在农村比较远的艺人来不了，凡是在城里演唱的就通知了，有 30 多个贤孝艺人。当时还办了一个星期的学习班，向他们宣传延安文艺座谈会上的讲话，以及怎么演新唱新、破除封建迷信。

这个培训班办完以后，就涌现出了一种新的凉州贤孝，大部头的有《打东北》《打西北》两个，不知道是哪个艺人编的。《打东北》《打西北》我都收集了呢。《打东北》讲的是日本人侵占东三省，张学良怎样放弃抵抗的事情，故事基本上和历史差不多，没有多少出入。《打西北》呢，就是讲解放兰州、狗娃山的战斗，一直说到解放武威、酒泉、玉门等，描绘战斗的情景，也写得淋漓尽致。为什么《打东北》《打西北》没有收到《凉州贤孝精选》这本书里？因为从严格意义上讲，《打东北》《打西北》是属于国书一类的，不是贤孝唱的，而是小曲子唱的。凉州贤孝的音乐主要以悲音为主，这种激烈的、高昂的情绪，不容易表现。这两个都是战争题材的，用凉州小曲子唱的，王月给我解释过。所以我的第一本凉州贤孝把这两个就剔除，但是《打东北》《打西北》的本子我收集得还是非常完整。

20世纪50年代办的学习班里，有徐高堂、李鸿元等名艺人，那时臧尚德还都年轻着哩。1958年以后，贤孝就再不叫唱了，他们就唱《人民公社好》《十唱共产党》《十唱毛主席》，基本上在城里的茶炉子上（茶摊子）唱，不能在街头演唱了；1964年以后，农村里也不叫唱了，有些生产队偷着唱。1976年粉碎"四人帮"以后，又开始唱了。1976年以后，在农村的演唱方式是生产队出钱，请个艺人在牛院子里唱；唱完，给几升粮食，生产队派牲口驮到艺人家里去，也还不错。因为那时候没有钱么，就是收些粮食么。城市里唱贤孝的几乎很少，20世纪50年代城市的茶炉子上（茶摊子）在也有演唱的，那都是唱的特别好的个别几个艺人。1982年，文化馆组织贤孝艺人到省上演出，这一阶段，城里的茶炉子（茶摊子）兴起来了，广场里、北关群艺馆，一直到农垦十字，整个街台子上有几十个茶摊子，几乎每两个茶摊子就有演唱的艺人，艺人唱完总能收些钱。所以，那一段时间是凉州贤孝最繁荣的时候。到1992、1993年之后，茶摊子也不让摆了，贤孝艺人就没处演唱去了。在1993年、1994年的时候，凤凰卫视来了几个记者，要录一下凉州贤孝，想找个艺人，广场里没有演唱的，找不到。最后害得我跑到长城村、下五畦村，到农村里去找。所以我当时也有些生气，凉州贤孝是武威文化的一道风景线，城里不叫贤孝艺人演唱，这风景线不存在了。我专门去找了市上领导，说凉州贤孝是民间文化的代表，应该让贤孝艺人在文化广场唱。领导一听，马上给文化局说，文化广场里要开放凉州贤孝，只要是唱凉州贤孝的艺人们，都让来唱。所以凤凰卫视拍完以后，像冯兰芳等七八个凉州贤孝艺人，在广场里唱着哩。唱凉州贤孝的同时，有那么几个老汉，头上扎上绸子唱民歌。正宗的贤孝艺人不唱民歌，贤孝音乐里也有一点民歌，但它是为了点缀贤孝的情趣，来调节贤孝演出的情绪，在中间穿插的，作为调剂性的,它不是贤孝的正宗。贤孝的正宗音乐就是开篇的悲音、甜悲音、苦悲音等这些,组成贤孝系列。

凉州贤孝在广场里唱了一段时间,后来不让唱了。有一件事情我很感动,宣传部的一个科长找我说:"冯馆长,领导批下的有个要紧事情哩,你得帮个忙。"我问啥事情。他说:"你看这封信,武威的老汉到新疆儿子跟前种地去了,现在回来了,说在新疆种地的时候,特别怀念家乡的凉州贤孝,他想着买个凉州贤孝的磁带,但找不着,你给想办法。"我就马上说:"走,跟上我买走。"我带他到卖凉州贤孝磁带的地方,那个宣传科科长掏了十几块钱,买了好几盘子磁带,这个事情就给办好了。

我不当文化馆长后,文化馆专门组织了凉州贤孝传承办公室。现在,武威有贤孝传习所、攻鼓子传习所、宝卷传习所。贤孝传习所成立之后,每年搞一次凉州贤孝比赛,已经搞到第五次了。每一次调演比赛,这些人基本上都参加,对贤孝也是一种促进,一种提高。尽管这样组织起来了,有了凉州贤孝传习所,但是,仍然面临青黄不接甚至是自行消亡的命运。为啥呢?青黄不接,现在最小的这个36岁的娃娃是冯兰芳的儿子,还有冯兰芳的徒弟三十几岁,这两个娃娃,其他的都是老人,新人再不产生了。现在的盲儿童上的盲人学校,学按摩和别的生存技艺,不再学凉州贤孝了。所以,弹唱凉州贤孝作为一种职业,已经不可能存在了。但是,张学峻又说,现在凉州贤孝的演唱在网上直接传播着哩,可以在网上直播,也有一定的收入,这就是现代科技的发展,贤孝得到了另一种传播。但是,毕竟上网的艺人不多么。虽然传播渠道拓宽了,可是传承的方式呢?张学峻有个建议,在武威的职业中专或职业大专的音乐系设立贤孝专科,学习音乐的学生也要学习凉州贤孝,学习三弦,学习凉州贤孝的演唱。我觉着这个办法好。这凉州贤孝是本地的音乐,作为职业学院学生学习的专业,也是很好的。一般的职业中专或职业大专设立的就是声乐、钢琴、二胡等专业,把凉州贤孝作为专业设立多好啊。

说到这一点,我很有感慨。1992年还是哪一年,记不清了。全国音乐学院招生,招三弦专业,招不上。因为三弦这个乐器一个比较难学,第二个呢,弹三弦的人越来越少了。除过我们的凉州贤孝用三弦伴奏,其他的很少,娃娃们业余学音乐学的是小提琴、二胡、笛子、萨克斯这些,学三弦的几乎没有。所以,凉州贤孝现在也就是青黄不接了,而且,现在这批老艺人死掉以后,恐怕就得自行消亡。随着社会的发展,专门坐着两个三个小时听艺人唱完一个段子的人也不多了。外来的人说,你们凉州贤孝听上十分钟二十分钟就不耐烦了,就不想听了。前一阵,一个叫蔡润强的小伙子在酒店里搞了一个贤孝演唱。他也很热心,给我提供了一个李林红唱的《吕祖买药》录音带,完整的,交换条件是,我提供凉州民歌的选集。这个《吕祖买药》我一直没有收集到。最近因为身体不好,我打算身体好些,就把《吕祖买药》整理出来,但是很费事哩。

我们文化馆在 20 世纪 70 年代还收集过凉州民歌。收集各地的民歌,是中央音协下达的活动。那时候主要收集的是音乐,所以每首民歌都收集了 3 段歌词,有些民歌有 8 段歌词,有些有 10 段歌词,像《王哥放羊》有 12 段歌词。所以,在以前的基础上,我在收集凉州贤孝的同时,又收集了些民歌,把80％的民歌歌词都收集了。我又精选了 40 首,把歌词全部校订了,又叫音乐家协会的严主席把音乐全部校订了一遍。严主席,叫严中全,古浪人,对民间音乐情有独钟,从小就喜欢,后来到剧团一直搞戏剧音乐,民间音乐熟的很。我们在省上得奖作品的音乐都是他创作的。

李元辉:您收集的民间音乐都没有出版过吗,资料还在你那里?

冯天民:没有出版,资料还在我这,想着再收拾一下,整理一下。但是,我有个愿望,就是要出版的话就把音乐配上,只有歌词也没意思。但有些民歌还没收集到音乐,所以暂时搁置了,而且我现在的身体状况,没时间没精力弄了。

十、凉州宝卷的历史与搜集

李元辉:冯先生,接下来再给我讲讲凉州宝卷的历史渊源和传承保护情况。

冯天民:凉州宝卷是河西宝卷的主要组成部分,是以娱乐和教育为目的的综合性民间说唱艺术,主要分布在天梯山石窟所在的凉州区南部张义山区及周边地区。2006 年,凉州宝卷被国务院公布为第二批国家级非物质文化遗产。宝卷我也接触得比较早。柯杨老师是我们甘肃省民间文艺家协会的主席,又是兰大中文系的教授。柯杨人挺好的。1982 年,他到武威来做民俗调查,我陪他搞了两个星期。所以,我在 1982 年就接触了宝卷。那时,我们没有去张义

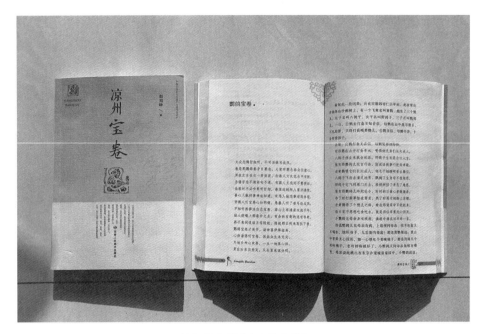

赵旭峰整理的《凉州宝卷》
（摄影：刘忠）

这个地方，但是我知道在凉州北乡发现了宝卷。我们到七沟村的时候，七沟大队的宣传队队员，从家里拿出来4本宝卷，我把名字忘掉了。柯杨带着两个学生，其中一个姓金，马上就视若珍宝，说，冯老师，你给说一说，我们借去用一下，用完了马上就寄回来。我跟那个宣传队队员也很熟，他说就送给他们，放他家里又没用。柯杨他们就拿回去。后来我听说姓金的小伙子分配到天水师专了，宝卷用完也没有寄回来。这说明凉州宝卷在武威的北乡也是流行的，不仅仅是在张义山区。

那我就先从凉州宝卷的渊源说吧。凉州宝卷是武威地区的一种传统民间文学，由敦煌变文、敦煌俗讲和宋代说经三个说唱艺术演变而成的。敦煌变文的主要内容是佛经故事、民间故事、历史故事，写成韵散结合的一种话本，主要是为了宣讲佛经故事，同时又讲一些历史故事、民间故事，劝人信佛向善，通俗易懂，韵文为主、韵散结合，所以念起来好念、听起来好听。敦煌俗讲敦煌变文更通俗一些。佛教教义深奥，俗讲就是用最通俗的语言去讲佛经，所以就有许多佛经故事。宋代说经就是宋代讲唱文学的变形。宋代说书活动非常盛行，说书艺人特别多；说经就是用说书的形式来宣传佛教，讲佛经故事。凉州宝卷就是在敦煌变文、敦煌俗讲和宋代说经的基础上产生的一种民间的说唱活动，它比敦煌变文、敦煌俗讲和宋代说经更加通俗易懂，它的文辞押韵，朗朗上口，更适于文白相间，更适于解说。它的形式也很活泼，讲唱人用朗诵的形式，念一阵子，用白话再解释一阵子，又再唱给一阵子。唱宝卷有专门的十几种调子呢，我这里收集了八种，都是赵旭峰唱的。我叫音乐家协会的严主席把曲谱写出来，歌词也写出来了。本想再收集些宝卷出版的，但是这个事没有往下进行。赵旭峰出书的时候，宝卷的排版又牵涉音乐曲谱，排起来很麻烦，所以就没有出版。宝卷的演唱方式非常活泼，念唱是文白相间的，非常通俗，非常易懂，形式也非常活泼，念卷人念到一定的接口时，听的人也要接上再重复唱上一两句，就像大合唱里面的领唱和独唱一样。念卷人在那里独唱，下面听的人还要合唱，所以听的人也就不瞌睡了，情绪也高昂了。

念卷活动老百姓是非常喜爱的，因此从唐代、宋代产生以后，流传广泛，一直流传到现在。为啥在我们河西地区流传的最多呢，因为敦煌变文在河西流传多，而且佛教在河西地区也很盛行，就产生了念卷活动。念卷活动又有个特殊性，必须有文化人参与，念卷人首先是有文化的人，起码有初中文化水平。1949年以前，念卷人要读过私塾，能够把宝卷上的字全部认得，还得有一口好嗓音，还要会演唱，会唱会说。念卷就是这样传下来的，新中国成立以后，为什么张义山区流传最多呢？因为张义交通闭塞，城里的许多东西传不到那里，20世纪70年代电影队到村里，村民才能看上电影。戏曲什么的他们都不看，所以念卷活动在那个地方就比较盛行了，成为当地的一种娱乐活动。在山区里，热炕填上，大书房里念卷。念卷活动非常庄严，念卷人都要先洗手、沐浴、上香，然后再念卷，非常庄重。为啥？就是对佛教的一种敬仰、敬畏。听的人就在大书房里坐下听。一念一两个小时，有时候一个独立的段子要一二十天才能念完。比如说《鹦鸽宝卷》就长着了不得（篇幅很长）。

念卷活动在新中国成立后山区里保持的比较多，川区也有流行。我在羊下坝就收集了三四个宝卷。粉碎"四人帮"以后，念卷活动只有张义堡还在进行。张义堡也多亏这个赵旭峰。赵旭峰是一个文化人，小学教师，后来我们帮忙调他到天梯山石窟管理处。赵旭峰是个很努力的人，很有才能，写的诗歌、散文都不错，那个长篇小说也很不错。后来他就搞这个宝卷演唱。他和李作柄的儿子是同学。李作柄就是凉州宝卷的国家级传承人，可以说是宝卷的第四代传承人。李作柄的老父亲是清朝的贡生,很有文化,但功名考不上,就一心念佛,一心念宝卷。李作柄是第四代了。赵旭峰的同学是李作柄的儿子李卫善,所以赵旭峰受李作柄、李卫善的影响,也念宝卷,主要是收集宝卷。赵旭峰刚调到天梯山时,我到他家去,他拿出收集的宝卷,已经有七八部了。他说要出书,叫我写个序言。我又翻腾(翻阅)了些宝卷的资料,给他写了个序。那一本宝卷是他和天梯山的王主任联合整理,到现在为止,已经出版了三辑,三个本子,一共收集七十多部宝卷,其中的凉州小宝卷非常珍贵,等于小小说一样。

在天梯山,凉州宝卷是比较盛行的,尤其是粉碎"四人帮"之后,以李作柄为主,开始有念卷活动了。现在凉州宝卷传习所也成立了。赵旭峰很能干,他是天梯山的副研究馆员,已经有了一些成就,小说散文写得好,画画也不错。他在武师(武威师范)上的就是美术班。因为文化层次高,文化品位高,他的那画也不俗。

李元辉:图书馆搜集整理的一些宝卷,我和大泰看了,好多都是1980年由杨国泰整理的。

冯天民:嗯,我下一步再说这个。赵旭峰所住的地方是现在张义堡灯山村,有一个宝卷传习所。赵旭峰人很聪明,修了一个完整的四合院。宝卷传习所所长就是赵旭峰,副所长是李作柄的儿子。现在在赵旭峰的积极工作下,宝卷的保护整理做得有声有色,还发展了两个念宝卷的女念卷人。

刚才说到图书馆的杨国泰整理的宝卷,我谈一下。在我退休之前,图书馆没有宝卷。为啥呢?宝卷、攻鼓子、贤孝三项国家级非遗项目申报都是我主持的。因为我都有研究,所以我写的申报材料非常详细。凉州贤孝、宝卷2006年就宣布为国家非物质文化遗产了,这是第一批。攻鼓子是2007年宣布的。所以,据我所知,在申报非遗之前,赵旭峰并没有收集宝卷。但是为什么图书馆又有宝卷,是杨国泰1980年收集的呢?2006年,宝卷批准为非物质文化遗产之后,国家拨了抢救经费。但是文化局把宝卷的收集保护单位变成图书馆了,意思是每个单位分些,结果弄成现在这个样子了。宝卷就是我们文化馆收集的,申报也是我们文化馆申报的,但宝卷的保护单位成图书馆了。图书馆呢,估计为了保持保护单位,就找了杨国泰,这都是后来的事了。杨国泰可能是古浪人,我始终不知道图书馆收集着宝卷。

十一、具有地域特色的凉州攻鼓子

凉州攻鼓子
（摄影：刘忠）

李元辉：那冯先生给我们再聊聊凉州攻鼓子的来历、传承和背后的故事吧。

冯天民：凉州攻鼓子是流传在武威北乡的一种民间鼓乐舞蹈，2008 年，凉州攻鼓子被国务院公布为第二批国家级非物质文化遗产。凉州攻鼓子我也接触很早。我第一次接触攻鼓子是 1982 年。那一年，我们文化馆的赵孔德搞了一次民间舞蹈民歌调研。我是文艺组，赵孔德是组长，我还是组员。赵爷派我到四坝去，找个什么人，说把攻鼓子调进城来敲一下呢。赵爷就给我介绍攻鼓子，攻鼓子在 1956 年去北京表演过，如何如何的好。

那时候只能骑自行车到四坝去，我就骑上自行车去了。到四坝找了大队书记和当年敲鼓子的两个老汉，向他们说清楚意图。不久，他们就进城了。我记得那次攻鼓子调研，我们租了军分区的礼堂，用了一个星期，全县的民间音乐、舞蹈都在那里会演。所以，我第一次组织攻鼓子表演的时间是1982年。攻鼓子最早是1956年去北京，当时北京要搞一次民间歌舞会演，各省各市去。武威属于张掖专区管，因此是张掖专区通知的，说要派民间舞蹈队伍去参演。当时赵爷就在四坝的杨家寨子蹲点农村工作，他知道这些人的攻鼓子敲得好，因为赵爷是下双的人。我们的鼓子队，像凉州攻鼓子一样敲鼓子的，在凉州社火里都有哩。凡是有社火的地方都有鼓子队，都是差不多的道具，差不多的敲法。但是，攻鼓子特殊些。赵爷当时觉着四坝的攻鼓子敲得比较好，有代表性，叫四坝的攻鼓子去。

先到张掖去。到张掖集中之前，选了八个人，就是所说的杨八将上京。八个人到张掖集训了一段时间，由张掖群艺馆的老师辅导一下。张掖专区认为凉州的攻鼓子在西部的舞蹈里特别有特色。那个时候还有打"节子舞"，"节子舞"武威也有的，不过外地的比武威规模更大，但没有选上。攻鼓子代表我们张掖地区被推荐到省里了。

省里的评委都是行家专家，攻鼓子一敲，他们没有见过，说和太平鼓、安塞腰鼓完全不一样，而且1957年时，太平鼓、安塞腰鼓有些没落，没人很好地弄，所以就挑选了凉州攻鼓子，安塞腰鼓和太平鼓都落选了。那个时候，八个人都是青壮年，现在是老汉了，就到北京去了。据说到北京去，在怀仁堂演出着呢，宋庆龄、朱德、周总理都看了，也接见他们了，节目得了表演优秀奖。可能那个时候也不分一等奖、二等奖、金奖、银奖，就是表演优秀奖，还有个奖状，都拿回来了。回来以后这些人就感到特别荣耀、特别高兴。有个老汉把奖状藏到房梁上，结果拆房子、修房子的时候，老汉给忘了，找不着了。那张奖状没有存下来。

所以攻鼓子1956年进京表演，1958年、1959年社火有鼓子队，但是1960年之后再没有敲过。粉碎"四人帮"后，重新闹社火，攻鼓子又敲开了。1982年武威县民间音乐舞蹈调研时，我骑上自行车去把攻鼓子调到城里来。到城里来之后，他们就在人民饭店里住着，在文化馆的院子里排练，排练了几天，到舞台上去演出，很轰动。

1982年以后，文化馆很重视攻鼓子。1992年武威举办第一届酒文化节。地区文化馆安排了任务，要把攻鼓子好好提高一下，让攻鼓子参加酒文化节的表演。我就是酒文化节开幕式的总导演。地区文化馆馆长李国安是舞蹈演员出身，就对攻鼓子进行改造，把攻鼓子头上戴的裱纸叠的花花子去掉，改成绒球，武士的头上戴的那种红色绒球，相当不错。但是据说，裱纸叠的花花子还有一种意思，因为攻鼓子是军旅出征乐舞的一种，表示视死如归的一种精神，所以贴花花子。当然这个红绒球放上更好看。服装基本上没有动，原来攻鼓子的服装就是黑的。我们攻鼓子与安塞腰鼓和太平鼓相比，很独特。安塞腰鼓和太平鼓的表演服装都是黄色的，攻鼓子的服装是武士服。李馆长又很认真地排练了攻鼓子。

在第一届酒文化节的开幕式，在广场上 50 个人的攻鼓子队进行了表演，特别轰动。1992 年的酒文化节之后，攻鼓子就连获殊荣，比如甘肃省广场舞金奖、全国广场舞银奖等，还参加《西部之舞》等十几部专题片拍摄。最近他们参加了中国文联和中国民间文艺家协会在广州举办的活动，听说进入前四名了，说不定还能得个金奖、银奖。

现在攻鼓子成立了一个攻鼓子传习所，就在杨门元的庄子里头。它的队伍呢，现在也保持着四五十个人，因为青壮年都出去打工去了，所以加入了十几个女子，女扮男装，反正服装一穿就看不来了，很有意思。好像在 1997 年或者 1998 年成立了攻鼓子艺术团。

攻鼓子的传承和历史渊源没有任何记载，据说是汉唐军队出征的乐舞，就是军旅出征的乐舞遗存。有一个专家说可能是西凉乐舞的遗存。为啥？西凉乐舞有柔舞和健舞，那么攻鼓子就是健舞这部分，男演员有 8 个或者 10 几个以上的。这个说法也比较可靠，军旅出征乐舞的说法也比较可靠。就这两种说法，没有其他的了。

（李元辉、李文钧整理）

研究土族文化的李占忠

李占忠

李占忠先生在土族村落
（供图：李占忠）

土族，1950年12月3日出生。曾供职于天祝县政协，曾任第四届甘肃省青联委员、第八届甘肃省政协委员，甘肃省武威市民间文艺家协会副主席。20世纪80年代开始文学创作，为中国少数民族作家学会会员、甘肃省作家协会会员、甘肃省民间文艺家协会会员、青海省土族研究会常务理事、《中国土族》编委。发表小说、散文、报告文学、童话等各类体裁的文学作品60余万字，在《甘肃文史》《青海文史》《中国土族百年实录》《武威文史资料》《天祝文史》发表20余万字的文史资料。出版长篇小说《桑烟缥缈》、小说集《艾怨的恋歌》、文史集《时轮遗辙》。爱好摄影，有400多幅照片在省内外各类报刊书籍和展览中发表和展出。短篇小说《艾怨的恋歌》获第三届全国少数民族文学特别奖，《雪山下的洪涛》获甘肃省第三届少数民族文学奖，小说集《艾怨的恋歌》获甘肃省第五届少数民族文学奖，2004年、2011年连续两次获甘肃省地方志工作先进个人称号，2017年被评为甘肃省老有所为先进典型。2008年获全国政协颁发的"从事文史资料工作20年"荣誉证书。主编《天祝藏族自治县志》《武威通志·天祝卷》《天祝60年》《甘肃土族文化形态与古籍文存》《天祝非物质文化遗产》《中国民族自治第一县——天祝》《天祝文史》(6—10辑)等，合著《凉州佛教》，参与编纂《武威地区志》。《天祝藏族自治县志》获甘肃省史志一等奖。

李占忠先生主要围绕天祝铜牦牛、土族的来历、土族安召的演变、华锐藏族民歌和天祝《格萨尔》等五个方面的内容，给我们展示了背后鲜为人知的故事，既有传统文化的普及，又有专业课题的探究。

一、天祝铜牦牛

杨琴琴：李老师，您好。1972年6月，甘肃省天祝藏族自治县哈溪公社出土了一件青铜牦牛，与牦牛同时出土的还有一件铜马、一件铜骡。铜马、铜骡因锈蚀严重而未能保存下来，唯铜牦牛因质地厚实，虽几经磨难，终于保存下来了。青铜牦牛身长118厘米，前脊高61厘米，角长40厘米，重75千克，铸工精美，造型强壮有力，眼大

天祝铜牦牛
（摄影：刘忠）

有神，呈张嘴怒吼状，雄性特征十分明显，是一件难得的艺术品。这件文物1980年被收藏于县博物馆，1990年被甘肃省博物馆专家组鉴定为国家一级文物，属于国宝级别。因青铜牦牛出土时没有相关背景资料，身上没有铭文、符号，对其铸造年代，专家们说法不一，有唐代、元代、明初诸种说法，尚未定论。请您介绍一下天祝铜牦牛的故事。

李占忠：天祝铜牦牛是1972年6月天祝县哈溪公社峡门台生产队的社员们在平整房基地的时候挖掘出来的。由于当时人们对文物缺乏认识，差一点被当作废铜烂铁丢进熔化炉，幸亏有识之士及时干预，才被抢救了下来。关于铜牦牛的铸造年代，最早是钟长发先生提出的元代说，后来孙寿岭先生提出了唐代说。因为没有相关依据，都只是一家之言，但并不影响这是一件国宝级的文物精品。

关于天祝铜牦牛，流传着这样一个故事：早在1600年前，一个来自东北的鲜卑人部落，经过几千里的长途跋涉，在水草丰美、土地肥沃的甘青川交界处落脚了，并且很快以部落为基础建立起一个王国，这个王国就叫吐谷浑国。吐谷浑国王雄才大略，治国有方，国土不断扩大，东起陇东，西达河西走廊西端，一直到达新疆的东部，纵横几千里。吐谷浑人以畜牧业为主，同时从事农业。现在天祝的哈溪、毛藏、祁连一带被称为凉州南山，这里草木茂盛，水源充足，

是最理想的牧场。这里居住着许多吐谷浑牧民。当时,佛教还没有传入吐谷浑,他们信奉的是本地的苯教。苯布子有着很高的威望和权力。人们遇事总要请苯布子卜算吉凶,遭灾和病要请苯布子跳神禳解。

有一年春天,南山的牛羊成群地死亡,牧民们眼睁睁地看着,毫无一点办法,只得煨起一堆堆桑,祈祷上天保佑。人数很少的苯布子们没日没夜地跳神禳灾,也不见缓解。后来一个德高望重、法术也最好的老苯布子经过三天三夜的祷告、三天三夜的推算,终于算出上天要一头供自己乘骑的驮牛。

这太好办了,只要能保住畜群,不论是谁,慢(莫)说一头,就是十头百头他们也愿意献出来。谁都愿意献牛,但哪一头是神牛呢?年老的苯布子骑着自己的花驮牛,一个帐圈一个帐圈地挑选。走到毛藏,在一个乏弱的牦牛群中,他发现一头公牛鹤立鸡群般地与众不同。它高大雄壮,威武的双角,炯炯发光的大眼,银柱般的四肢,一身雪白的裙毛和尾毛在风中飘动,昂头一叫,声音洪亮,群山回响。老苯布子一见这头牛,两眼一亮,精神倍增,急忙向帐圈奔去。牛主人痛快地答应将它作为神牛敬献给天神。白牦牛温驯地接受了老苯布子对它的祝告和为它披挂的五色彩绫。很快,畜群的疫病停止了蔓延,牧民们心上的一块石头落了地。从此,这头神牛就不时地出现在南山各个牛群中,哪个牛群中出现了它,哪个牛群就兴旺起来。

许多年后,人们发现神牛不再出现了。大家心里头惶惑不安,唯恐随着神牛的消失,灾难又会降到头上,于是就去请教那位已经连牙都掉光了的老苯布子。老苯布子用毕生最后一点力气为他们跳了一次神。根据神的指示,可以再造一头永不消失的神牛来保佑一方。老苯布跳完神就去世了,人们既感谢他为大家指明了前途,又遗憾他没把事情说清就去了。于是,大家围在一起商量,商量来商量去没有办法,只得去请教"霍尔观巴"(今毛藏寺)里仅次于苯布阿爷的霍尔阿爸。霍尔阿爸说:"神像不是永不消失的吗?"霍尔阿爸的指点使大家心头上一亮,决定为白牦牛造像。造什么样的神像好呢?画在墙上容易掉色脱落,用木头雕刻又怕火烧、腐朽,只有铜铸的才能保证永不消失。于是决定用铜铸像。

几个部落头领自告奋勇,去访请能工巧匠。历尽艰难,头领们终于请来了全国一流的能工巧匠。但是,工匠们谁也没见过神牛的样子,怎么铸造呢?于是他们进牛群、访老人,先用黄胶泥塑出一个又一个牦牛模型,让老人们提意见。经过三年的修修改改，一尊栩栩如生的神牛像终于塑造出来了，他们又翻山越岭，寻找铜矿，找来找去，在毛藏现在叫铜匠沟的地方找到了很好的铜矿，于是他们就开山取矿，砌炉炼铜，用了三年的时间炼出了最好的青铜；又用了三年的时间，一头雄壮威武的青铜神牛站在了人们的眼前，同时还铸造了一匹铜马和一头铜骡，免得神牛孤单。人们欢天喜地地吹着海螺和牛角号，打着铜锣和牛皮鼓，把青铜神牛迎请到霍尔观巴，供在大殿之上。它的左边是铜马，右边是铜骡，年年月月接受人们香火的供奉，护佑着一方生灵的安宁。

铸成铜牛一百多年后，吐谷浑国遭到了灭顶之灾，人们在战火中挣扎、逃亡。但是，无论如何，也不能让战火毁了神牛，这可是这一带吐谷浑人的命根子。主持霍尔观巴的老苯布子带着他的两个徒弟用驮牛把铜牦牛、铜马、铜骡驮起来，向南逃去。他们翻山越岭，漫无目的地走着。几天几夜的担惊受怕和艰苦跋涉，年老的苯布子终于倒下了。两个徒弟见师父已经死了，路途又这样艰险，带着这么沉重的东西恐怕连自身都难保，决定卸下包袱，轻身逃命。于是他们就在一处向阳处挖了一个坑，把铜牛、铜马、铜骡埋起来，又在埋藏处垒了几块石头，想等战乱结束后再来取。没想到这两个徒弟一去不回，当地的人们从此就再也不知道铜牦牛、铜马、铜骡的下落了，它们只是存在在老人们的传说中。

1972 年的一天，在天祝藏族自治县哈溪公社的峡门台，村民在平整宅基时发现了铜牦牛、铜马、铜骡，它们带着满身深绿色的铜锈，重新看到了饱经沧桑巨变的人世。只可惜铜马、铜骡刚刚重见光明，即遭毁坏，未能保存下来，而铜牦牛虽几经厄运，却有惊无险地躲过了灾难，得到了它应得的归宿——县博物馆，并被国家文物局确定为国家级文物。它并没有改变他的创造者们的初衷，仍然在造福一方：它去兰州，上北京，东渡扶桑，西去欧洲，充当中国人民的文化使者，开阔世人的眼界，增进我国与各国间的了解，加强中国人民和世界各国人民的友谊。

二、土族的历史

杨琴琴：李老师，了解到您是土族人。一般人对这个民族不是很了解，请您介绍一下土族的来历和基本情况。

天祝土族
（摄影：刘忠）

李占忠：土族自称"蒙古尔孔""察汗蒙古尔""土昆"等，汉族称之"土民""土人"，1952年正式定名为土族。土族语言属阿尔泰语系蒙古语族土族语支。土族的源流是以吐谷浑为主，融合了西北的羌族等多个民族逐步形成的。

吐谷浑原是辽东慕容鲜卑单于涉归的庶长子。涉归把部落的1700帐分给他。涉归去世后嫡子慕容廆继位为单于。吐谷浑受其排挤，于西晋太康四年（283）率部西迁，在今内蒙古河套北的阴山游牧20多年后"渡陇而西"，到了今甘肃南部的枹罕（临夏附近），建立政权于羌、氐故地。不久又向西、向南扩展至今四川阿坝松潘、青海都兰一带。吐谷浑死后，子吐延继位。吐延死，其子叶延继位，并以祖父吐谷浑的名字为姓氏、部落名称和国号。吐谷浑极盛时的疆域，东起甘肃西南部、四川西北，南抵今青海南部，西至今新疆若羌、且末，北越祁连山与河西走廊相接，东西长3000里，南北宽千余里，统治中心在沙洲浇河（今青海贵德县）。在此，吐谷浑先后征服了今青海黄南州、海南州及其以西一些地方的羌族部落，并与他们长期相处，错落杂居，逐步融合，在经济、文化、习俗等各方面都与原来的鲜卑族有所区别，形成一个新的民族集合体——吐谷浑人。

吐谷浑兴起之时，正在南北朝时期。前秦封吐谷浑王碎奚为"安远将军、强川侯"。此后,其首领先后被南朝册封为浇河公、陇西王、河南王,被北朝册封为西平王、吐谷浑王,吐谷浑后期的统治中心西移至伏俟城(今青海共和县境内的铁卜加古城即其遗址)。唐龙朔三年(663),立国350余年的吐谷浑王国被吐蕃所灭。国王诺曷钵带其王妃弘化公主及残部数千帐逃至凉州。

李占忠先生在进行田野考察
(供图:李占忠)

吐谷浑亡国后,吐谷浑人一分为三,一部分降于吐蕃,一部分东迁内地,一部分仍留于故土。降伏吐蕃的吐谷浑人,后来逐渐融于以后的藏族;东迁至灵州(今宁夏灵武)的吐谷浑人,由于后来灵州又被吐蕃所占,又东迁朔方、河东(今晋陕境内)。此后唐王朝又将居住在宁朔州(今陕西榆林)的吐谷浑迁移至夏州以西,使其得以返回河西一带。这中间的一部分人继续东迁或留在当地,融于汉族,一部分则又返回凉州靠近祁连山的地区及祁连山南的大通河流域。从唐高宗咸亨三年(672)至唐玄宗天宝十四载(755),吐蕃统治下的吐谷浑部落不断降唐,被安置在河西凉、肃、瓜、沙等州之南祁连山一带。唐王朝在凉州设置了一个吐谷浑羁縻州——阁门州(当今在武威以南的和门川一带)。此地正是现在天祝土族聚居的地区。

从唐至元,留在凉州、鄯州境内和浩门河以南地区的吐谷浑就活动在这一带,其中一部分迁移到今青海互助地区。所以民间有一部分甘州、凉州吐谷浑到威远堡(今青海互助县威远镇)居住的说法。元朝时期,史书上"吐谷浑"消失了,而在吐谷浑故地出现了"西宁土人"的记载。"西宁土人"与蒙、番(藏)、撒拉、回并列。天祝沿大通河流域及祁连山一带,为土族的故土之一。明清时,青海土族以土司、囊索的形式进行管辖,信奉的宗教属于藏传佛教。而天祝土族则属于藏族千户辖下的部落管理,同时受寺院宗教上层的统治。

中华人民共和国成立后,党中央、政务院开展了民族识别工作,根据土族人民的意愿,正式把这个民族定名为土族。

天祝县有土族12000余人,占全县常住人口总数的5.7%左右。土族在全县19个乡镇都有分布,其中天堂镇占比最高,约占总人口的36.7%。1986年甘肃省人大常委会批准成立天祝藏族自治县朱岔土族乡,后因行政区划调整并入天堂镇。此外土族分布较多的乡镇有石门镇、华藏寺镇、西大滩镇、东大滩镇、哈溪镇、炭山岭镇等。

三、土族安召

土族安召表演
(摄影:刘忠)

杨琴琴：李老师，您是省级非遗项目天祝土族安召的传承人，请您介绍一下天祝土族安召的情况。

李占忠：土族是我国人数较少的少数民族，全国有 29 万人，其中有 12 000 多人居住在甘肃省天祝藏族自治县境内。"安召"，土族语称为"千佼日"，意为"弯曲"或"转圈"，是土族特有的一种民间舞蹈，这种古老的民族歌舞是土族地区流传最广的一种形式，也是土族文化标志之一，因歌词衬句有"安召索罗罗""安召——召应召呀"等，故名"安召"。2008 年 6 月，天祝土族安召被甘肃省列入第二批省级非物质文化遗产名录。

安召有祭祀安召、节庆安召。祭祀安召和信仰风俗相关，以祭祀礼仪为中心的宴会舞蹈。其特点是在祭祀活动中边供拜、边吃喝、边歌舞，充满虔诚庄重的气氛。节庆安召是在婚礼、祝寿、节日等喜庆场合中跳的。土族安召具有鲜明的群众性、社会性与风俗性的特点。关于安召的来历，民间传说颇多。有的认为它是鲁氏太太降王莽时，为了迷惑王莽而跳的一种舞蹈；也有的认为，跳安召是土族人民为了礼赞山川神的恩惠，歌颂先民的业绩，祝福土乡人丁兴旺、五谷丰登、牛羊肥壮等为主要内容，以歌舞的形式抒发土族人民对美好生活的热爱和向往；还有的人认为，古时，人们从事群体狩猎生活，围着自己的猎物欢呼、雀跃，抒发无比喜悦的情感，表现顽强剽悍的性格，象征丰收和胜利。这些说法看似不同，其实都表达了一个共同的意思，那就是安召不是无源之水、无本之木，它发轫于土族先民的故土，它的舞蹈艺术审美形式直接承续于土族文化的精神血脉。通过对土族舞蹈形式的历史寻觅，我们可以看到产生这种艺术形式独特的社会环境和文化土壤，进而感受到土族舞蹈的传承在生活中真实的延续。安召舞中存在着各种原始舞蹈遗存的形式，通过这些形式，我们不仅看到人们早已形成的对自然、祖先、英雄崇拜等传统文化观念，而且还可以从中追寻先人们的"舞影"。安召有古老而原始的深刻社会文化内涵。人类幼年期以围着圆圈跳舞作为达到实际需求的途径。扬臂围圈、踏地为节，面向圈心熊熊燃烧的篝火，在统一节奏下舞者那高亢的歌声，通过紧紧依靠的身躯，滚滚热流相互传导感染，在周而复始、通宵狂舞的氛围中，古代先民们从心理上得到极大的快感，体会到群体之间的凝聚力和向心力，通过抒发、宣泄、交流他们质朴的情感，加强整个氏族乃至民族的团结，在其中感受到强烈的生命力和团结的感召力。在自然环境严酷的蛮荒时代，原始人的力量十分薄弱，脱离群体和部落意味着不幸和死亡,部落群居生活是他们唯一赖以生存的方式,当一个部落的人围着篝火拉圈跳舞时,群体的存在带给他们归属感和安全感。个人与个人连接成一个整体,伴随着整齐统一的节奏踏歌起舞,个人的特征在整体中消失,舞群的感觉替代了个体的意识,如一个单一的机体整体运作。它形成了强大的集体力量,个人在群体中获得了激情的释放,获得了归属感,获得了赖以生存的保证。

经过长期的流传演变,安召已经成为土族人民自娱自乐的一种重要方式,受到越来越多的人的喜爱。土族人酷爱安召,大凡逢年过节或举行婚礼等喜庆活动,土族群众不分男女老幼,身着民族服装,聚集于场院、草滩、家中花园或转槽周围,结队围成圆圈,挥袖跳转,载歌载舞,让古老的安召焕发出新的生机。特别是春节,初一到十五"安召索罗罗"的歌声响遍土乡的村村落落。春节是土族人家最看重的一个大节日,每年从正月初一到十五,凡土族人居住的村庄,人们表达喜庆的最主要方式之一就是聚在一起,在宽敞的打麦场或家院里跳安召。不分男女,不管老少,不论人数多少,只要大家走到一起,必不可少的安召是彼此间的问候和祝福。夜晚,礼花燃起来了,篝火燃起来了,在寒冷的夜里,"安召呀安召""安召索罗罗"的歌声此起彼伏,相互呼应,在空旷的山野里传得很远很远。

李占忠先生在土族村民家中
(供图:李占忠)

安召是一种无乐器伴奏、以歌的旋律节奏引导相伴的集体舞。由1—2名长者或"把式"（擅长此艺者，土族称"杜日金"）领唱领舞，众人在后随舞，并以衬词伴唱和声。女性舞蹈动作优雅、秀气、温柔，男性则粗犷、开朗、大方。其舞步动作是：先弯腰，而后前进，迈第一步的同时双臂向右摆动，迈第二步时又向左摆动；迈第三步时左脚高跳，随之两臂上举并向右转体一周，即完成一组舞蹈动作，如此循环往复，绕场歌舞跳跃，尽兴方止。安召歌词一般三句成段，三段为一组；上句为正词，下句为衬词，歌词主要内容是赞颂、祝福、祈求吉祥、人口平安、六畜兴旺、五谷丰登。丰收时节所唱多以庆丰收、谢神佑、向往美好生活为主。安召舞曲调据统计有十几种之多，舞蹈乐曲为四一三拍，也有四一二拍。曲调高亢、嘹亮，速度平稳，并随着歌词内容的变化而变化，反映了土族歌舞音乐独树一帜的特点。安召伴唱有领唱、合唱，亦有问答形式，曲目如《安召索罗罗》《尖尖玛什则》《拉热拉毛》《召因格阿热什则》《强强什则》等，洋溢着浓郁的民族特色，歌词淳朴、生动。如：

> 天上圆来什么圆？
> 天上圆来月亮圆。
> 梭罗罗树儿当中显，
> 满天的星星扎一圈。
>
> 地上圆来什么圆？
> 地上圆来场院圆。
> 六棱的碌子当中里转，
> 青稞捆子扎一圈。

安召舞动作简单，基本上是"跳着转"，因此也有人管跳安召叫"转安召"。但欢快的安召蕴涵着丰富的艺术情趣。俯首向地，是对大地的膜拜；舒袖朝天，是对苍天的敬仰；双手平托，是对朋友的坦诚；脚步稳健，是对生活的挚爱。安召舞蹈时先向下弯腰，两臂左右摆动数次，然后跳高一步向右转一圈。在转圈时两臂举上，通过双翼般的手臂，表现飞翔的意境，使舞蹈柔美、轻盈。舞姿造型中，不论双臂在头上，在身侧，或一前一后的哪一种姿态，手腕都在静止的同时向下折腕。那些身着五彩花袖衫的土族妇女，将双臂舞动起来，好似无数的彩虹在空中舞动，一片绚烂。尤其那些身穿花袖长衫的土族阿姑们以优雅柔和的舞姿翩翩起舞时,恰似仙女伴随彩虹降临人间。安召中也蕴涵着一种力量之美,表现出一种内在的精神活力、充沛的血性与健壮的激越形态,表现着这个民族的积极进取、热情宣泄的性格。生活在一望无际的草原上,土族先民们心胸开阔、坦荡,感情质朴、豪放,长期的牧放与狩猎生活,使他们和农耕民族的安土重迁、乐天知命的性格正好相反,练就了强悍、矫健的体魄和桀骜不驯、勇往直前的性格。在他们的民间舞蹈中,洋溢着来自大自然的勃勃生机,是豪放与自信的表现。安召的圈舞形式动静结合恰当,体能消耗适度,符合自娱舞蹈的审美规律。它如酝酿多年的陈年老酒,清醇而恬淡,需在慢慢的品尝中体味清洌和芳香。土乡人民的情感在周而复始、跌宕起伏的圈舞形式中,得到最彻底的释放。有人说,安召舞是土族情感最美好最率真的表现。

四、华锐藏族民歌

华锐藏族民歌
(摄影:刘忠)

杨琴琴：李老师,您也是一名非遗民俗专家,请您介绍一下华锐藏族民歌的基本情况。

李占忠：华锐,是藏语英雄之地的意思,是安多藏区的一部分,包括甘肃省武威市天祝藏族自治县、张掖市的肃南县,以及青海省所属的门源、大通、互助、祁连、乐都等县的藏族地区。华锐藏族民歌是这一地区藏族人民流传历史悠久、流传范围最广、最为喜闻乐见的一种传统艺术。从敦煌文献资料的藏文残卷中,我们发现早在公元 6 世纪,古代藏族人就有用民歌作为表达语言进行交流的习惯。也就是说,早在 1 500 多年前,华锐藏族民歌就已经在这片土地上广泛流传并演绎至今。

华锐藏族民歌根据歌词的内容分为"勒"和"拉伊"两大类。"勒"是家曲的意思,"拉伊"是野曲的意思。简单地说,"勒"的内容是庄重的,是可以在家中演唱的。"拉伊"属于情歌,不适宜在家中或有大小辈、兄妹姐弟在场的情况下演唱,而只能在野外没有上述亲属关系的情况下演唱。

在华锐地区,无酒不成宴,无宴也喝酒,喝酒必唱歌。"勒"的很大一部分又被称为酒曲。藏族同胞喝酒喜欢以歌祝酒,以歌斗酒。祝酒歌的内容有晚辈敬长辈的,有主人敬客人的,有学生敬老师(徒弟敬师傅)的,有同辈间、亲戚间、朋友间互敬的,丰富多彩。在以歌斗酒中,所有类型的歌都可以唱(在没有大小辈和兄妹姐弟关系的场合"拉伊"也可以)。因此,华锐藏族民歌在民间有广泛而又深厚的基础。

华锐藏族民歌的节奏、旋律、调式及结构丰富多样,包括独唱、对唱、齐唱、载歌载舞及问答式等多种演唱形式。在基本框架下的自由放任是华锐藏族民歌别开生面的独到之处,各种曲调之间的不断更替又是它鲜明的表达方式。在词曲上既有意味深长的精湛表达,又有短促精炼的明快节奏,更派生出多变的辞赋更替。

华锐藏族民歌主要包括叙事歌、情歌、哭嫁歌、讽喻歌、劝解曲、诙谐歌、迎宾曲、歌舞曲、赞歌、祝酒歌、问答曲、报恩歌、祝福歌、劳动歌、儿歌、玛尼歌、送亡歌等。比如叙事歌,它集事、理、趣等为一体,重点反映了华锐藏人的历史故事、神话传说以及民俗民风等方面的内容。叙事歌的篇幅最长,主要有《福禄绵羊歌》《创世纪三部曲》《珠东论战》《斯巴创世歌》《青稞的来历》《大鹏鸟的来历》《骏马赋》《马鞍颂》《绣鞋歌》《俊美帽歌》《宾客莅临歌》《大地宝歌》《华丽衣饰歌》等。作为情歌的"拉伊",多以比兴的手法倾吐情感为主旋律,同时也夹杂了不同程度的生活习俗、历史文化、宗教信仰以及广泛的社会现状等内容。它又可根据歌唱的内容总共为问候、欢迎、说理、嬉戏、倾诉、愿望、忧伤、誓言、对唱、决裂、祝福、咒骂、试探、吹嘘、告别等。哭嫁歌是华锐藏族民歌中独具特色的,姑娘在出嫁前改梳发髻的仪式上唱的歌,歌曲多以哀婉幽怨的格调表达了出嫁女对父母亲人的惜别之情,以及故土难离的伤感情怀,还有对凭"父母之命,媒妁之言"形成的非自由婚姻的怨恨,同时它也象征着对身份改变的一种哭别。讽喻歌是华锐藏族民歌里最主要的对唱形式之一,它是一些吉庆宴会上歌艺演唱的主流节目。在多种演艺场合中歌手通过插科打诨,抑或嬉笑怒骂等多种风趣幽默的演艺手段,展现才艺,歌唱生活,是华锐藏胞应用广泛的一种歌艺娱乐表达方式。迎宾曲是用于婚俗场合上的一种问候宾客的礼仪歌曲,有一整套较讲究的体系,主要包括客人进门时的欢迎致辞,以及客人坐落后嘘寒问暖的关怀,它的曲与词热情高亢,富有浓厚的好客色彩。歌舞曲多以两人或两人以上的形式边歌边舞,因其中的衬词特点又被称为"则柔"。赞歌通过比喻或夸张等多种手法来赞美人们生活的方方面面,主要作品有《席赞》《福禄家庭赞》《女宾赞》等。华锐民歌中的酒歌在广义上讲,已不再是把酒高歌的单纯含义,它涵盖了与血脉相连的所有歌唱内容。吉祥祝福歌是吉庆宴会的结束曲,是宾主双方互致的美好祝愿之辞。问答曲通过一问一答的形式或交流思想,或辩驳观念等,是华锐藏人比较独特的歌唱形式之一。挤奶歌是劳动歌中最喜闻乐见的民歌,它以舒缓的节奏、含情脉脉吟唱、主题鲜明的词曲赞美奶牛给予人间的恩惠,既可缓解劳动的疲乏和枯燥,又可安定乳牛的情绪。打墙歌粗犷豪放,富有节奏感,便于人们在夯筑土墙时统一石杵的起落,增添欢乐,减轻疲劳。儿歌以简捷、短促、鲜明而生动活泼的词曲形式表达童趣。

华锐藏族民歌伴随民俗活动形成了各种场合不同内容的说唱特征,在表演中多以比兴手法创造了大量的即兴辞赋,尤其在选用词语、段落反复、表达手法、旋律装饰等方面更是异彩纷呈,体现了华锐藏族民歌亘古以来所具备的广阔空间与无限张力。

五、土族《格萨尔》

土族格萨尔国家级传承人王永福
(供图:李占忠)

杨琴琴:李老师,请您介绍一下土族《格萨尔》的基本情况。

李占忠:《格萨尔》是中华民族文学艺术中的一块瑰宝,是迄今为止世界上发现的最长的英雄史诗,它源于藏族,却广泛传播于蒙古族、土族、裕固族、纳西族等很多民族之中。作为口头传唱的口碑古籍土族《格萨尔》,在漫长的流传过程中融入了大量的土族文化,运用土族语言、土族的音乐曲调,改变了原有的说唱风格,演变成土族独特的长篇英雄史诗。土族《格萨尔》有别于其他民族口头传唱的英雄史诗,在形式、内容方面富有自己的特点,独具魅力。

土族《格萨尔》是一部用藏语演唱、土语道白(有时还用汉语解说)的说唱英雄诗史。以多种曲调和道白叙述了世界初创,天地日月星辰的形成,天神创造人类、动物、粮食,并为人类寻找出最初的君主,英雄格萨尔的出生、婚姻、竞争王位及为民除害而南征北讨,最后一统天下,使万民安泰、世界祥和的史诗性故事。故事描述了土族的礼仪、婚俗、丧俗、伦理道德、风俗习惯、宗教信仰、生产生活,运用了大量的土族谚语、词汇、故事、传说、赞词、宴席曲、情歌等,歌颂了主持正义、热爱百姓的英雄,如老王阿朗恰日干、主人公格萨尔、大臣齐项丹玛等,鞭挞了穷兵黩武、使生灵涂炭、置百姓之死活而不顾的邪恶势力如篡位称王的阿古加党、魔王甘蒙等。

土族《格萨尔》主要在青海互助、大通、西宁和甘肃天祝等土族比较集中的地区流传。在天祝,主要流传在天堂镇、石门镇一带。

根据天祝说唱艺人王永福(土族,又名更登什加)的叙述,他这一支说唱者恰黑龙江生于清同治年间,那时土族《格萨尔》在甘青交界的土族地区说唱流传已久,而且非常成熟了,在民间广为流行。一部卷帙浩繁的口头史诗没有上百年乃至数百年的时间是不可能成形的。据此可见,土族《格萨尔》至迟当在明末清初即已成形。恰黑龙江的传授者已无从查考。恰黑龙江是王永福的外祖父。从恰黑龙江开始,经王永福的父亲杨增,再到王永福,土族《格萨尔》的说唱又经历了百余年。德国人施劳德于 20 世纪 40 年代在青海互助县从艺人官布希加那里搜集了土族《格萨尔》,后经瓦尔特·海西希整理,以德文出版,使土族《格萨尔》首次公之于世,后又由青海民院教授李克郁翻译成汉文于 1994 年出版。1987 年,西北民族大学王兴先先生对今天祝县天堂镇朱岔村的王永福说唱的土族《格萨尔》进行了抢救性搜集整理,发表了大量的介绍文章,与王永福之子王国明合作出版了《土族〈格萨尔〉》(《格萨尔文库》第三卷,甘肃民族出版社),整理了岭国首任国王阿朗恰日干退位到格萨尔征战霍国的过程。1999 年我和哈守德编写的《天祝土族》(内部版)和 2004 年我领衔编著的《甘肃土族文化形态与古籍文存》(甘肃民族出版社)根据对王永福采访,又着重整理了混沌初到到岭国首任国王阿朗恰日干称王治国的梗概。

土族《格萨尔》的演唱以韵散结合的形式,用藏语演唱韵文部分(其中有不少土语或汉语词汇),韵律和行序均无限制;土语道白散文部分。一般是一人说唱,句尾有听众合唱,有时是两个艺人问答对唱,以争胜负。土族《格萨尔》卷帙浩繁,内容丰富,要唱完整部需数月时间,一场战役有时要唱三天三夜。因此,每次说唱都是节选一部分。

说唱土族《格萨尔》没有特定的时间,婚嫁或老人上寿等喜庆的日子、春节期间和农闲的冬夜都可以。说唱前,说唱者要穿戴整齐,梳洗干净,有的人还会穿着特制的服饰或节日的盛装。说唱的场地一般在人家堂屋的炕上或花儿会、赛马会场搭的帐篷中，说唱的场合要清扫干净。说唱者和主持者首先要煨桑、点酥油灯，然后叩拜神佛，向神佛祷告。说唱结束后再次举行上述仪式。据说这个地方原来是霍国白帐王、黄帐王、黑帐王的领地，霍国载与格萨尔在岭国的大战中，被格萨尔灭了，霍国的战将被封为这里的山神、水神等神祇，神祇们不愿意听到歌颂格萨尔的传唱，有人冒失地唱了《格萨尔》，就会惹怒他们，给人间降下灾难，只有事先向他们祷告，说明百姓们唱一唱《格萨尔》只不过是为了娱乐，并无冒犯之意，求神祇们谅解。

土族《格萨尔》曲调丰富，语言生动，根据不同的人物、不同的场景、不同的事件选用不同的曲调，据初步统计有 24 种曲调。在道白中，语气随着情节变化，时而愤慨，时而悲伤，时而欢喜，时而诙谐幽默，使说唱显得形象生动。

土族《格萨尔》既对藏族史的研究保存了一定的原始资料，更是对土族史的研究提供了大量的珍贵资料。从史诗中世界的形成、人类的诞生、人类的生活的描述，说明土族在很早以前就是一个农耕民族，粮食的丰收与否直接影响着国家的安危；从牛羊等家畜的诞生又证明这是一个农牧并举的民族，还有对国家政治体制的描述，特别是涵盖了土族的民俗学、民间文学、民间艺术、历史学、地理学、宗教文化等领域，它的发掘抢救对土族文化的研究、保护和发扬光大有着不可估量的价值。

杨琴琴：2019 年，文化和旅游部公布国家级非遗保护单位名单，将土族《格萨尔》的保护单位确定为西北民族大学（兰州）。您怎么看待土族《格萨尔》这项国家级非遗传承这个问题？

李占忠：其实 2006 年国务院公布土族《格萨尔》为第一批国家级非物质文化遗产保护名录时保护单位就是西北民族大学格萨尔研究所，王国明当时就在这个研究所。土族《格萨尔》是在天祝这块土地上产生的，它的根在天祝。王国明对土族《格萨尔》有着比较深入的了解，虽然身在西北民族大学，但他是地地道道的天祝人，他的兄弟姐妹及子女也都在天祝。王永福在世时给儿子和孙子传授过土族《格萨尔》。天祝县电视台拍摄的土族《格萨尔》专题片在全县产生了深远的影响，包括我在内的一些稍有文化自觉的人运用各自不同的形式继续在挖掘、保存和传播土族《格萨尔》。因此，土族《格萨尔》在天祝地区有着广泛的群众基础，有土族的地方才是土族《格萨尔》赖以生存的土壤。非物质文化遗产的生命力在于传承，传承又离不开它特有的文化生态环境，这个环境在哪里？在土族聚居的地方。所以，土族《格萨尔》的传承是离不开天祝这块创造它的热土的。

李占忠先生在进行田野考察
（供图：李占忠）

（张长宝整理）

大靖历史的见证者姚光汉

姚光汉

1931年2月2日出生。1949年甘肃省立第一师范学校毕业后参加工作，先后在古浪县税务局、财税局、国税局，武威地区财校，古浪县政府办公室、县政协工作。历任古浪县政府办公室主任科员、县政协文史委员会主任。1991年退休。主编有《古浪文史》第一辑、《古浪名胜古迹选编·大靖编》等。

年轻时期的姚光汉
（供图:姚光汉）

姚光汉先生在访谈中，对他一生中所记忆的大靖镇的历史变迁，尤其庙宇嬗变，进行了系统回忆。最后，姚光汉老人又为我们讲述了他参与景电二期工程提灌黄河水、浇灌西北沃土的历史。

一、丝绸之路的重镇

大靖财神阁
（摄影：李发玉）

李元辉：古浪县大靖镇，位于武威市区东80公里，三面环山，树木茂密，北临腾格里沙漠，历来是丝绸之路的重镇，商贸十分发达，曾有"塞外小北京"之称。明中后期，大靖被蒙古占领，取名"扒里扒沙"，意为"街市"。万历二十七年(1599)，甘肃镇巡抚田乐、总兵达云收复此地，改名为"大靖"。大靖镇繁荣时期，商铺林立，庙宇众多，来自不同地区的商人，推动了当地文化，尤其宗教文化的发展，各种宗教，尤其道教、藏传佛教在此广泛传播，是西北的道教重心、藏传佛教的传播枢纽。姚先生，您出生在丝绸之路重镇大靖，肯定对大靖的历史很了解，请您给我们讲讲你眼中的大靖。

姚光汉：好的。大靖是甘肃省四大古镇之一，地处河西走廊东端。大靖历史悠久，这里曾发现有一座汉代三角城遗址。三角城遗址在民权乡长岭村南

200 米处,修筑在两边是洪水冲成的沟壑、中间突起的平顶山岭之上,呈不规则三角形状。三角城东南城墙长 330 米,西边长 200 米,北边长 340 米,南角的制高点修筑有敌楼。现在敌楼和墙体都已经坍塌了。在三角城遗址里出土有绳纹、指纹、水波纹等灰陶片。1972 年,当地农民挖沙取土时,在城东南挖掘出一件完整的彩陶。城东角约里许的潘家嘴子发现多座汉墓。向东北延伸 1500 米至杨家岭子,是古建筑塌墩子。塌墩子发现了大型汉砖墓室及甬道。三角城遗址是古代驻兵防御之地,现为省级文物保护单位。

大靖古镇在明万历年间依旧城建筑而成双城,以城为中心,辐射四周山川。

李元辉:清乾隆年间,古浪知县徐思靖写过一首《孤山晚照》的诗,写的其实就是大靖镇的军事设施孤山墩。您简单说一下它的历史。

姚光汉:好的。说到孤山墩,它与旗导庙遥相呼应。我先说一下旗导庙。旗导庙是大靖古城早年兵防设施,位于大靖里城东北隅,条石基础,底层大砖构筑,中、上层是砖木结构的瞭望台,高于城头一层,上、下台阶甬道用青砖构筑,顶层上有垛墙、射口和瞭望孔,龙旗高挂,随风飘扬。一旦有事,白天举烟,夜间放火,可向全城报警。下设藏兵洞。

孤山墩位于大靖北郊青山寺东侧突兀而起的孤山头上,背靠边墙,是大靖东、西、北三面的制高点,视野宽阔,远近可见。外地人到大靖来,先看见孤山墩,后看见大靖城。孤山墩自明万历年间建筑以来,历经沧桑,风雨剥蚀,至今依然屹立。清乾隆年间古浪知县徐思靖,把"孤山晚照"列为古浪十景之一,并咏诗一首。

孤山晚照

扒沙为凉州要地,明万历中恢复松山,五道分旌,营垒高列。孤山紧接边墙,白草黄沙,举目皆见。今值峡水南来,夕阳西下时,田总制、达元戎之威烈,足令人深长思也。

孤山落日生紫烟,牛羊下坂归陂田。

戍楼鼓角声阗阗,辕门大旆风吹偏。

缘思五道进兵日,元戎血战功成还。

从此百战狼烽恬,卸甲裹兵无控弦。

李元辉:历史上大靖镇曾经有一座文庙,后来被拆除了。请您给我们介绍一下基本情况。

姚光汉：文庙,又称孔庙,在里城东南隅,占地面积很大,建筑宏伟。大成殿坐北向南,由底部宽大台基、中部墙柱结构和上部巍峨屋顶三部分构成,为大庑殿顶式,面宽 9 间,进深 3 间,斗拱重檐,四面绕廊。庙内供奉大成至圣先师孔子、复圣曾子、述圣子思、亚圣孟子牌位。东西两庑各 12 楹,为七十二贤人享祀所在。有尊经阁 4 楹、东西仪门各 2 楹、乡贤名宦祠 6 楹、省牲厨(所)4 楹、棂星门 4 楹、泮池 1 个、水井 1 口、三孔门楼 1 座。文庙南侧有文昌宫,供奉着主管人间功名利禄的文昌帝君。文庙北侧与药王洞之间,设有儒学 1 所,内有书房、斋房、学书房、明伦堂。文庙内还有仓颉庙。传说仓颉品德高尚,神目四射,他依鸟兽的爪蹄痕迹,创造了象形文字。文字的形成,标志着人类文明的进步。这些文化圣贤,深受人们的崇敬,凡考取秀才、学生毕业,都来叩拜。农历八月二十七日为孔子圣诞节,届时,地方官员、四乡绅士、学校师生祭孔拜圣,酬献盛厚。其仪式之隆、规格之高,为其他各庙所不及。在 20 世纪 50 年代,大靖文庙全部被拆除。

李元辉：听说古浪县大靖镇一带关帝庙特别多。您简单介绍一下。

姚光汉：关帝庙,又称武庙。民间相信关帝具有司命禄、佑科举、驱邪避恶、巡察冥司乃至招财进宝、庇护商贾等多种法力,所以各行各业都对关圣帝君顶礼膜拜,在一个地方就修建很多关帝庙。大靖一带的关帝庙多达 16 处,约占大靖庙宇总数的十分之一。其中,里城北隅关帝庙修建最早,规模最大。该庙始建于明天启年间,是一套宫殿式建筑群。正殿为歇山式顶建筑,基高殿大,面宽 5 间,进深 3 间。大殿周围四廊盘柱,飞檐斗拱,富丽堂皇,气势夺人。殿中供奉身着帝王装的关公坐像,威严肃穆。山门两侧廊房内有高人大马,前置一对铁狮子,威武雄壮。里城前街有关帝勒马庙,塑着关帝骑在赤兔马上的塑像。大佛寺旁有忠义庙,关帝坐像赤面金身,周仓持刀,关平捧印,侍立两侧;壁画画有全套《三国演义》故事。山陕会馆内的关帝庙有楼、台、厅、阁,建筑宏伟。每年农历五月十三,各关帝庙都过庙会,四乡绅士及全城商户酬献丰厚,尤以山陕会馆为盛,盖旅居大靖山陕客商最多之故。

这些关帝庙中的匾额、楹联很多,楹联有"匹马入袁营,河北英雄尽丧胆;单刀赴吴会,江南文武俱寒心""志在春秋功在汉,心同日月义同天"等,匾额有"神恩护世""诚则悠久""大义千古""义高云天"等。匾额对联,构思奇巧,对仗工整,音韵铿锵,古朴典雅。其中"神恩护世"为国内书法名家、辛亥革命元老于右任题写。"大义千古"则出自清代大书法家王杰之手。王杰是明清两代西北五省仅有的一名状元。乾隆年间,王杰初在南书房当值,后任刑部侍郎,又转调吏部,擢升右都御史,累官至军机大臣、东阁大学士之职。"大义千古"匾每字见方二尺有余,烫金刻,字迹苍劲,笔锋刚健,众口称绝,大靖文人雅士或凡夫俗子,无不以亲睹为快,可惜在"文化大革命"时期,同于右任手书"神恩护世"匾额一起被破坏。其他匾额也荡然无存。

状元王杰所书"大义千古"四字是如何传到大靖的呢?据说,清嘉庆时期,王杰曾任钦差大臣,沿丝绸古道赴甘肃河西、新疆一带察访民情及水利、农桑、兵戎等事。他沿"中六路"过会宁时,应当时在会宁经商的陕西人请求,给会宁山陕会馆关帝庙题写竖匾"大丈夫"、横匾"大义千古"。山陕商人将"大义千古"四字带到大靖关帝庙。清咸丰年间兴建山陕会馆,又从关帝庙中拓出,后一拓再拓,传到条子沟大庙。

李元辉:听说古浪县大靖镇居民收藏有两道康熙帝诰封大靖营参将张元芳夫妇及其父母的圣旨。您简单说一下了解到的情况。

姚光汉:古浪县大靖镇西关村周家庄居民张键家中珍藏着两件《五花诰命》,每件长5米,宽0.3米,五花绫质,正文用满汉两种文字书写,落款时间是"康熙二十三年九月二十四日",在落款正中处加盖正方形大清国印"敕造之宝"。这两道《五花诰命》是康熙帝诰封大靖营参将张元芳夫妇及其父母的圣旨。

张元芳,字宗五,祖籍南京,明初迁居太原府阳曲县(今山西省太原市阳曲县)。康熙十二年(1673),以镇守云南的平西王吴三桂为首的"三藩"反清。据守台湾的郑经则在福建沿海各地与清兵激战;吴三桂老部将王辅臣时任陕西提督,击杀清陕西经略莫洛,发动叛乱,四方震动,人心动摇。当时张元芳在福建巡抚麾下,多树战功,被授守备之职。康熙十九年(1680)二月,他奉命出征,在收复厦门、金门等各处海岛地方的战斗中,身先士卒,威震敌军,立下了汗马功劳。康熙二十年(1681)九月,张元芳奉旨功加二十等,并授左都督;康熙二十二年(1683)三月,兵部任命其为左都督管浙江提标后营游击事;康熙二十九年(1690)三月二十五日,张元芳特升陕西凉州大靖营参将(正三品);同年八月初九日领札,十月二十二日到职。为不负重托,张元芳殚精竭虑,励精图治,察地形,坚壁垒,积极落实朝廷"与民休息"的各项政策措施,体恤士卒体察民情,在巩固边防、治理地方上建立了不朽功勋。康熙三十三年(1694)卒于大靖公署。

张元芳在任左都督管浙江提标后营游击事期间,诰授荣禄大夫。如今,古浪县大靖镇西关村周家庄的张献、张键、张钥、张清均为张元芳嫡亲后裔。两道《五花诰命》在张键家保存。张氏《五花诰命》的发现,弥补了地方史的某些不足,为地方史志的研究提供了翔实的史料和物证。《五花诰命》具有高品位、高规格的观赏价值和史料价值。

五花诰命(其一)

奉天承运皇帝制曰:宠绥国爵,式嘉伐阅之劳;蔚起门风,用表庭闱之训。尔张铬,乃左都督管浙江提标后营游击事张元芳之父,义方启后,□似光前。积善在躬,树良型于弓冶;克家有子,拓令绪于韬钤。兹以覃恩,赠尔为荣禄大夫左都督管浙江提标后营游击事,锡之诰命。於戏! 锡策府之徽章,承恩泽荷,天家之休命,永贲泉垆。

制曰:怙恃同恩,人子勤思于将母;赳桓著绩,王朝锡类以荣亲。尔左都督浙江提标后营游击事张元芳母陈氏,七诫姻明,三迁勤笃。令仪不忒,早流珩瑀之声。慈教有成,果见干城之器。兹以覃恩,赠尔为一品夫人。於戏! 锡龙纶而焕采,用答劬劳;被象服以承休,永光泉壤。

康熙二十三年九月二十四日

其二

奉天承运皇帝制曰:国重干城,特贲褒扬之典;功高营卫,式膺殊渥之施,载沛荣纶,用嘉懋绩。尔左都督管浙江提标后营游击事张元芳,英猷克矢,武力维宣。抚恤师徒,广仁风于挟纩;勤劳军旅,鼓壮气于同袍。闿惠攸颁,徽章宜锡。兹以覃恩,特授尔阶荣禄大夫,锡之诰命。於戏! 幕府疏勋,尚钦承夫宠泽;严廊行庆,爰诞畀以恩光,只承崇褒,益恢来效。

制曰:策府疏勋,甄武臣之茂绩;寝门治业,阐贤助之徽音。尔左都督管浙江提标后营游击事张元芳妻尹氏,毓质名闺,作嫔右族。撷苹采藻,凤彰宜室之风;说礼敦诗,具见同心之雅。兹以覃恩,封尔为一品夫人。於戏! 锡宠章于闺阃,惠问常流;荷嘉奖于丝纶,芳声永劭。

康熙二十三年九月二十四日

二、河西道教的重地

李元辉：大靖不仅风景优美，而且文化厚重，大靖的昌灵山曾有"小武当"之称。您给我们介绍一下大靖古镇的庙宇情况。

姚光汉：我先说裴家营。裴家营古堡重叠，有观音寺、三官台、雷台、斗姆阁、财神阁、文昌阁、魁星阁、关帝庙、娘娘庙、古佛寺、碑亭、王氏宗祠、马庙、火庙及鲁班庙等 18 座寺庙宫观，与昌灵山及其附近的庙宇群浑然一体，蔚为大观。

昌灵山，森林密布，乔灌丛生。从山腰到山顶，依次为南天门（含二道门牌坊）、魁星阁、文昌宫（群灵馆）、舍身崖、玉皇阁（阁内有玉皇大帝铜像）、救苦楼（妙延宫供奉太乙救苦天尊、十殿阎君，还有八仙阁）、药王殿、百子宫。西山洼有七圣官（牛王、马祖、山神、土主、龙王、八蜡虫王、苏武圈神）、磨针殿、灵官殿（有铁铸黑虎赵灵财神）、娘娘毁、斗姆宫、菩萨楼、仙姑殿、祖师殿、三清殿等。峰顶茂林深处，树木丛生，拜访祖师殿，朝山者至此返回下山。再沿山径小道下至豁底顶，有不老台，台上长着不老松，也称"青石松"，植根于岩石缝隙中。台前有玲珑小庙，内供福、禄、寿三大财神。青石松、财神庙连同南天门、舍生崖、神仙古洞、梅鹿听经、三眼泉、断雪崖、寿柏遮阳、白鹤升天、神仙首峰、六月冰泉共为昌灵山十二景。

昌灵山上共有 18 座庙院，山下的宋代老城中有文昌宫、魁星阁、关爷庙。昌灵山上、山下的庙宇共有大殿 86 间、厢房 128 间、山门 18 座。这些庙宇建于宋、元，兴盛于明、清。到民国时期，又修建了玉皇阁，铸玉皇铜像，还修不老台及文昌宫厢房。昌灵山在鼎盛时期，曾有"小武当"之称。但在 20 世纪 50 年代末至 60 年代初全被拆毁。80 年代末至 90 年代初，在原址上恢复了祖师殿、磨针殿及玉皇阁。每年六月的朝山盛会，十分热闹。

粗略统计，大靖地区原有寺庙 138 座，合 400 多间，这些庙宇建筑及其塑像，上至"三清"尊神、玉皇大帝，下至地府阎罗，凡民俗信奉的天神、地、日、月、星、辰、诸佛、菩萨、神仙、圣贤，应有尽有，以神建庙，以庙奉神。这一切在一定时期内真实地反映了大靖古镇及附近地方曾有过的繁荣昌盛。在很长的一段时间里,慕名而来者有之,拜神求仙者有之,经商赚钱者比比皆是,旅游观光者络绎不绝。前人誉大靖为"塞外小北京",名不虚传。每逢节日,四乡群众前来参加庙会,香火缭绕,灯烛辉煌。僧道尼俗,诵经礼佛,钟磬木鱼之声与集市叫卖之声交织在一起,热闹非凡。由于种种原因,上述庙宇建筑毁之殆尽,未免可惜。

李元辉:玉皇阁是大靖镇的著名建筑,有很高的历史、文化、艺术价值。您给我们介绍一下。

姚光汉:大靖玉皇阁古老巍峨,位于里城十字中央,悬空在十字通道之上。玉皇阁是三层砖木结构的楼阁,为榫卯条石基础,四角间共有16根擎天柱直通顶层脊梁。屋顶重檐,正脊、垂脊、岔脊共9条脊构成歇山顶。脊上有龙、凤、狮子、天马、麒麟、鱼、豸、斗牛等造像。从底层到顶层,面阔进深各3间,四面均置格扇门,每层檐下置围栏。这是当地最高大的建筑物,整个建筑结构严谨,工艺精湛,高耸挺拔,典雅宏伟。登临其上,凭栏眺望,四郊风光,尽收眼底。

第三层楼阁供奉着玉皇大帝塑像,是世俗崇拜的最高神明。玉皇大帝端坐在金碧辉煌的神龛中,身着帝王法服,头戴珠冠冕旒,手持玉笏,旁边是金童玉女。龛前飞龙盘柱,龙首腾空,中悬彩珠,呈二龙戏珠状,造型优美,栩栩如生。第二层楼阁是"三清殿",三清尊神面南而坐,正中元始天尊,左为灵宝天尊,右为道德天尊。元始天尊左手虚招,右手虚捧,象征"无极";灵宝天尊双手捧阴阳镜,象征"太极";道德天尊则手持阴阳扇,象征"两仪",合起来是一幅宇宙图式。

玉皇阁在大靖城至高无上,有较高的历史、文化、艺术价值。过去每逢正月初九日,从玉皇诞辰开始至十五日元宵节,士农工商,赴庙酬神。玉皇阁下,张灯结彩,熙熙攘攘,甚为热闹。据当地口传,玉皇阁过去曾因地震向东倾斜,民国十六年(1927)大地震后,又向西倾斜,虽"矫枉过正",但仍屹立不动。20世纪50年代初,由于维修无力,无奈拆除。拆毁时发现庙顶檩条上有明代重修的文字记载。玉皇阁楼基墙角周围竖立和镶嵌着数十座石碑,形同碑林,有多种文字勒铭其上。其中一块特异字碑,既非满蒙文,又非回藏文,是否为西夏文碑,时人难辨。如今,所有碑首、碑座及碑身已荡然无存,幸留20世纪50年代初古浪县县长杨隆凯等数人登楼照片3张,显示玉皇阁正面、侧面及阁内塑像、龙柱等形象存证。

李元辉：大靖镇十字中心有一座建于清代康熙年间的财神阁。您给我们介绍一下。

姚光汉：大靖财神阁位于外城十字中心，建于清康熙五十七年(1718)，现为大靖一带地方庙宇群中仅存下来的建筑。1987年又依式重建了的一座楼阁。阁高21米，周长30米，上下三层。底层砖基为重建时新筑。阁下开十字拱门，贯穿四面街道。第二、第三层为原有木楼，单檐歇山顶，进深一间，周围有绕廊，廊宽2米，中间施有三彩斗拱，次间一彩，每个柱头施彩，每根柱子两端施柱牙，刀刻缠枝纹，檐下平板也刻缠枝纹。起脊翘角，脊中间起南北二小脊，东西又起一脊，里面是伞盖尖顶建筑式。二楼四面敞开，依原匾文字重题4块匾额，北为"峻极天市"，南为"恩施泽沛"，东为"节荣金管"，西为"永锡纯嘏"。三楼安装阁门，阁中塑有财神坐像一尊。整个建筑结构严谨，造型精美。登临其上，全城景象，尽收眼底。

大靖为商贸集镇，大靖财神阁塑像为文财神。财神有文财神和武财神之说，文财神是比干和范蠡，武财神是赵公明。据说比干为人耿直，后被挖心。正因为无心，也就无偏无向，办事公道。这位童叟无欺的正派君子被敬作财神信服无疑。范蠡足智多谋，帮助越王成就霸业。他在大功告成后，急流勇退，经商发财，自称"陶朱公"，故称经商为陶朱事业。范蠡能聚财，又能散财，难能可贵，故其成为文财神。

大靖财神阁供奉的究竟是比干还是范蠡，众说不一。敬财神一般在每月初一、十五或商人开门利市之际。每逢节日，四街人群集于阁前，人头攒动，盛况空前，显示着人们追求幸福生活的愿望。大靖财神阁因造型奇特、结构精巧，已被收入《中国建筑学》中，现为省级文物保护单位。

李元辉：据说，以前大靖镇有一棵几百年的"神树"，当地能工巧匠在树上建有一座魁星阁。您介绍一下有关情况。

姚光汉：飞禽在树上筑巢，人类曾缘木寰居，人和树的关系十分密切。但大靖人在西关的大杨树上修庙奉神，仍然是一大奇观。

传说在很早以前，当地大云寺和尚在西门外泉水沟旁栽植杨树。由于土肥水足，杨树生长快速，年多日久，枝壮叶茂，腰大十围，枝高六丈，树冠伞状，人们都称之为"神树"。清康熙年间，当地人乐捐化募，找来能工巧匠设计施工，在"神树"距地面丈八高处的枝丫间，依自然形态，起梁立柱，建成一座砖木结构庙宇，面阔3间，挑山建筑，重檐叠脊，悬梁斗拱，精巧玲珑。阁中雕塑魁星金身，相貌怪异，造型奇特，右手持笔，似点名状；左手握卷，蜷曲身侧；右脚踢斗，左足独立于鳌头之上。阁上竖匾曰"魁星阁"，檐下横匾曰"光接紫微"。这座魁星阁为大靖古城增添异彩，属华夏庙宇一大奇景。

大靖是丝绸古道重镇，物华天宝，钟灵毓秀，庵、观、寺、庙众多，楼、台、殿、阁林立，盛名远扬，商贾云集。凡来各路客商，总以光顾"神树"建庙为快。因而树阁香火不断，闻名遐迩。

岁月流逝，风雨沧桑，五百年参天古树，三百载神树庙宇，竟于20世纪50年代末被拆除。幸存大靖十字财神阁照片一张，从照片上还可看见大靖西门外景和"神树"高大树冠的端倪。

三、《大藏经》的保护

李元辉：据说，大靖镇的青山寺建于魏晋南北朝时期，是大靖古镇的一大景观。您简单说一下它的历史及建筑风格。

姚光汉：青山寺位于大靖城北郊的青石山上，背依石边墙，俯瞰大靖峡，庄严雄伟，气势壮观。青山寺历史悠久，约在南北朝时期始建庙宇。明万历年间，扒沙（大靖）收复，在寺后修筑了新长城，筑起了高高的达公墩，缀成"孤山晚照"景象。清初在原寺址上改建关帝庙，仍称青山寺，于20世纪50年代拆毁。

在大靖地区与青山寺融为一体的寺院，有大靖峡内的红山寺、大靖外城东北隅的大佛寺、城西的白衣寺、后西川的黄家寺和花庄峡口的转轮寺等。除白衣寺外，其余均为藏传佛教格鲁派（俗称黄教）寺院。自元、明、清以来，蒙古僧侣朝藏途经大靖时，必往青山寺朝拜。历史上这里曾是汉、藏、蒙古诸民族宗教信仰和文化交流的场所。它与蒙古、青海、西藏诸寺院互有往来，寺会常存，经久不衰。

1994年3月，古浪县人民政府"批准大靖青山寺佛教活动点进行佛教活动"后，在拆除的关帝庙原址重建大雄宝殿一座，厢房、斋房两院。大殿是混凝土砖木结构,画梁雕栋,金碧辉煌。前廊悬挂着全国佛教协会原会长赵朴初手书"大雄宝殿"匾额。殿中供奉佛祖释迦牟尼金身,两旁有十八罗汉、菩萨、阿弥陀佛塑像。近年来,每逢庙会,熙熙攘攘,热闹非凡。青山寺已成为大靖古镇的一大景观。

李元辉:古浪县博物馆收藏有2万多页的藏文经卷,据说最早是大靖镇的大佛寺收藏的。这里面有什么历史故事?

姚光汉:大靖大佛寺曾经藏有一批佛教典籍——藏文《大藏经》,这些极为丰富的古籍是珍贵的文化遗产。

坐落在大靖古镇外城东北隅的大佛寺,简称大寺,历史上曾是藏传佛教活动的主要寺庙,同原属古浪县,现在归属天祝藏族自治县的南冲寺、极乐寺、朵什寺,以及祝贡寺、达隆寺、华藏寺、天堂寺等一起,形成了庞大的藏传佛教庙宇群落,与青海、西藏、内蒙古诸大寺院常有往来,更与定远营(今阿拉善左旗巴彦浩特镇)的延福寺(俗称衙门庙)、广宗寺(俗称南寺)、福因寺(俗称北寺)交往频繁,内蒙古的喇嘛常常不远千里,远至青海、西藏等地朝拜,大靖为必经之地,大佛寺收藏的《大藏经》也逐渐增多。

传入中国大部分地区的佛教称北传佛教,经典主要属于汉文系统。而传入藏区、蒙古的为北传佛教中的藏传佛教,俗称喇嘛教,经典属于藏文系统。《大藏经》是佛教典籍,包括经、律、论,按文字的不同有汉文《大藏经》、藏文《大藏经》,以及满文、蒙古文、西夏文、日文等不同版本。"甘珠尔"意为佛所说的教言,《甘珠尔》是藏文《大藏经》组成之一,由衮噶多吉编订,共收入1108种显密经、律,分为七类,即戒律、般若、华严、宝积、经集、涅槃、密乘。

据考,明万历二十六年(1598),甘肃巡抚田乐、总兵达云在松山战役中,冤杀了扒沙寿国寺梵僧,于是在寺院东侧修建奶子佛殿。奶子佛殿遭到破坏,《大藏经》安然无恙。从明至清,僧俗捐赠益盛,收藏愈多,约有100多部。明万历三十四年(1606)重建寿国寺,大雄殿大字匾额为"昙云贝页",彰显这是藏经宝地。后来的住持僧纵林,增置高大的木质经柜两个,内设经架,将大小经卷以红油漆木夹系绳捆扎,入藏经柜,用一根木栓关闭,可以防蛀、防霉、防盗。逢旱年祈雨,凡僧俗民众,各捐一卷,周游城墙,走街串乡,经大靖南郊泉滩直至南川峡口而回,置经卷于藏经木柜保存。

这批《大藏经》虽历经沧桑,但也备受当地僧俗保护,大多幸免于难,现保存在古浪县博物馆。幸存下来的 2 万多页藏文经卷多为木版刻印,古版小页约长一尺五、宽五寸。古版为元、明版本,新版多为清代由青海、西藏传入,相当部分为贝粉(银色)或墨笔手抄,大页约长二尺、宽六寸,厚度不等。整理后的《甘珠尔》98 部,内容比较丰富。这批藏文《大藏经》,是丝绸之路民族团结的精神象征,是千百年来各族相互交流的文物遗产。

四、提灌黄河水,养育一方人

姚光汉和他的同事
(供图:姚光汉)

李元辉:姚先生,听说您参加了景电二期工程的建设,下面你能不能给我们讲讲景电二期工程建设的情况?

姚光汉：自古以来，古浪人民凭借所处地理环境和自然条件生息繁衍。县境内虽有祁连山区中高山地和丘陵沟坝地，有古浪、大靖两大河系水川地，有腾格里沙漠南缘大片滩旱地和未经开发的荒漠区，但由于历史原因，资源破坏，生态失调，干旱严重，加之人口猛增，形成难以生存的贫困局面。中华人民共和国成立后，古浪人民在中国共产党领导下，经历届政府与干部群众的辛勤努力，在兴修水利、农田基本建设等方面取得了卓著成就，但由于干旱困扰，人民群众仍处于靠天吃饭的被动局面。

20世纪70年代初，景泰川电力提灌一期工程建成受益，这对古浪人民启发很大，用黄河水发的电来提灌黄河水，用黄河水来浇灌古浪大片荒原，使之变成稳产高产的米粮川，成了古浪32万人民美好的憧憬。与此同时，古浪也有不少有识之士再三请求国家列项，修建提灌黄河水工程，解决古浪群众疾苦，得到了中央和省上的高度重视，广大群众也翘首以待，寄予厚望。看来开发利用黄河水，用黄河水来养活黄河岸边人，已是历史的必然，只要条件成熟，就能付诸实现。

1974年前后，甘肃省水利设计院在景电一期工程建成受益后，通过勘查设计，对二期工程提出了大、中型两个对比方案，计划修建比一期工程大五六倍，在世界上也属少有的高扬提灌工程。1976年5月17日，国务院水利部副部长郑永和视察景电二期工程古浪规划区。1976年7月26日，国务院水电部部长钱正英一行，首次来景泰、古浪实地考察，深入检查落实此项工程的准备工作。此后不久，9月1日，中共甘肃省委决定景泰川二期工程上马，按大方案执行，投资概算2.7亿元（不含动力部分），设计流量30秒立方米，由景泰盐寺黄河水面正常水位海拔1300米处提水，高14级泵站，提高500多米，到古浪县境，海拔高程1800米以上，用4—5年时间，采用民办公助形式，把水引到土门、永丰滩，共浇灌土地70多万亩，其中景泰县占三分之一，约20多万亩；古浪县占三分之二，近50万亩。这是彻底解决景泰、古浪两县人民温饱的翻身工程。

消息传来，古浪全县立即沸腾起来，"热烈欢迎景电二期工程开工""全面动员，全力以赴，大干景电二期工程""有人出人、有力出力"等大幅标语张贴满城。县委、县政府很快抽调干部，组织力量，从县到公社共抽干部74人（县直单位34人，其中县级干部3人，其余都是公社抽派带队干部），从全县所有生产队中共抽调青壮年劳动力2700名，组织民工团。民工团为与省军区在古浪试点民兵整组相结合,故定名为"古浪县民兵团",团党委书记李逢春,副书记苏润、田毓伦,团长苏润,副团长刘佑桓,团部设政工、施工、后勤三个科,科职由县直单位所调干部充任,营职由公社级干部充任,劳力按营、连、排、班组织编成团的建制。9月上中旬,古浪县民兵团浩浩荡荡奔赴黄河之滨,安营扎寨,集结施工。

在甘肃省景电二期工程指挥部领导下,省水利工程局承担全部技术设施工程,景泰、古浪两县民工团主要承担土建任务。一切准备基本就绪后,于10月15日,在黄河岸边隆重举行景电二期工程开工大典。民工及当地群众约1万人参加。出席大会的有中共甘肃省委副书记禹贵民,一期工程总指挥、副省长李培福,二期工程指挥部指挥窦明海和副指挥陈可言、蔡志清、杨志清、杨作良、李逢春等,由此开始了宏伟的二期工程建设。

在国家的大力支持下,省、地领导机关把此项工程作为古浪、景泰两县贫困群众解决温饱的主要依托,协调各方,齐抓共建。各施工单位服从大局,克服重重困难,保持着旺盛的建设劲头。参加的干部、民工,住着地窝子,爬着草铺,也没有什么福利和补助,只是在数九寒天,才由团部申报,经古浪县当时水电局局长罗耀武签批,给抽到工地的60多名行政干部,每人配给了一件御寒大衣,并将工程开始备料拉草所得运费给所有民工每人买了一顶"北大荒"皮帽和一双军用旧大头棉鞋。虽然条件相当艰苦,但所有干部群众把景电二期工程当作彻底改变古浪干旱面貌的翻身工程来流汗出力,发扬了不怕苦、不怕累的革命精神,经受了阴雨、严寒和酷热的考验,全力以赴,辛勤劳动,从无怨言。

1977年6月3日,古浪县民兵团搬迁到新工地,全团在总干46泵大沙沟内安营30多里,一面修盖了1200多间住房,一面铺开了这几段的渠道开挖。这样给景电工程的大干开了好头,对施工队伍也进行了有益的锻炼,并涌现了不少模范人物,培养了大批骨干力量。

李元辉:姚先生,听说景电二期工程的建设有许多困难和挫折,给我们讲一讲其中的故事。

姚光汉:就是。工程预计将会转入持久战时,却发生了意外。当时我的日记记载:

8月3日,团部迁到五泵宿营,打算在此住二至三年,最近有消息说,保持小干或缓建,年内等省上定调。

10月28日,李逢春在古浪告诉我:经省上开会研究,二期工程暂停,让我向工地传达,准备布置撤出事宜,张得元负责监造的团部大舞台即将竣工,也只好作罢。

原来,省委于1977年10月25日召开会议,决定暂停二期工程。究其原因是国家建设资金有困难,水电动力有问题。省委副书记茅林和省计委主任陈大德说:"为了集中力量,打出一拳头,比同时打出两个拳头有力量。先干引大入秦,后干景电二期,比两项工程同时都干的进度要快。"基于这种情况,中共古浪县委于1977年10月30日向地委、省委报送《关于继续坚持建设景电二期工程的请求报告》,古浪县民兵团以全体指战员名义写了一份情况汇报。当时团部李、苏等负责人委我执笔,详细转述了古浪县的自然条件、历史状况和现在的处境,提出了坚持修建景电二期工程的迫切要求。情况汇报几经修改,充实内容,于1977年11月24日完成,12月9日古浪县民兵团副团长刘佑桓、营长梁文华、马云山,后勤副科长魏育山等四人到北京。他们向国务院信访办公室、水电部水利司基建处、国家计委计划司等部门递交了情况汇报,并向有关负责同志面陈了古浪县广大干部群众请求续建景电二期工程的迫切愿望。

上述领导单位的答复基本上是一致的:"景电工程是总理生前批准的,你们的宋平书记争取的,'五五'计划内也是列项的,在1977年11月全国计划会议上,甘肃代表团提出,工程保留,暂停缓建,1978年没有列入计划,请你们回去同省上商量。"这就证实了缓建二期是甘肃省为确保"引大入秦"而自行安排的,事出有因,无可奈何。

1977年底,工程指挥部只好从留守人员中抽出一大部分回古浪县海子滩,在廖家井地段兴办农场,作为再干二期工程的副食基地,群众称为"黄河农场"。1978年初,工程的人力、物力撤离工地,全部投入农场。农场由原任民兵团长苏润负责,利用团部积累约46万多元资财,打井十多眼,出水成井四眼,旱地变水田1200多亩。县委副书记高有勋和县革委会副主任雷俊等多次帮农场出主意、搞规划,开辟林带,定植果园,先后植树120多万株,修建厂房十几幢,添置了汽车、拖拉机等生产机具,还发展了多种经营,养起了牛、羊、猪、鸡等,在裴家营海子滩上形成了一个初具规模的"盼水农场"。学习贯彻中共十一届三中全会精神后,于 1979 年初,农场首先试行了作业组联产承包责任制。报批这个办法时,时任县委副书记詹发聪发现,它与《人民日报》1980 年同时转载四川省广汉县(现广汉市)首推农村联产承包责任制办法类同,随即将农场的报告批转全县学习参考。

1980 年 1 月 20 日,时任中共甘肃省委书记宋平到景电二期工地视察。3 月 8 日,时任副省长葛士英偕省农办主任高鹤龄来古浪视察时说:"我是景电工程的鼓吹者。"此后不久,即 4 月 24 日,时任国家水电部部长钱正英一行复来古浪考察,还专程到海子滩"黄河农场"访问,陪同人员有时任甘肃省副省长张建纲、武威地委书记金克仁及县委领导等。钱部长轻车简从,风尘仆仆,落脚在农场前院,先是工作人员就地铺开几张图纸详细汇报当地经度纬度和海拔高度。她略加一顾,便谦逊和蔼地同在场职工一一握手,询问情况。当她问及建场目的时,大家回答很干脆:"就是为了干二期工程。"钱部长抚摸着高孝曾儿子的头说:"小伙子,等着吧!不会很久,将会再干。"这一来,盼水农场起到了它真正的作用。当时到北京未曾见到水电部部长,今天她下来考察,预示着大干二期,大有希望。1980 年 7 月 3 日,省规划设计院总工程师崔宗培带领工程技术人员 20 多人,到景电二期工地现场勘测设计,加紧工程准备,只待列项,即可再干。

1983 年 3 月 17 日,甘肃省政府以甘政发(83)78 号文件上报国家计委和水电部,5 月 23 日国家计委、水电部以水电水建字第 7 号文件批复,正式批准景电二期工程以中方案实施。1984 年省委、省政府批准景电二期工程重新上马,7 月 5 日正式开工,并且召开了比前次更为隆重的开工大典。1990 年 10 月 15 日总干全线通水。说也凑巧,景电二期工程在黄河之滨首次举行开工盛典是 1976 年 10 月 15 日,距总干全线通水正好是十五年,从"五五"计划初,至"七五"计划末,足足干了 3 个五年计划。按照我们的国情、省情和县情,此项工程,开而暂停,缓而再干,直至最终完成,是何等艰巨而又伟大的事业啊!因此,庆祝总干全线通水就格外神圣而隆重。10 月 15 日上午,曾任"两西"建设负责人、省政协副主席黎中,甘肃省景电二期工程指挥部总指挥陈可言,武威地委书记朱炳麟,武威行署专员李万林等为总干渠全线通水剪彩,指挥部党委书记马兆麟在总干渠末端按动电钮,南北分水闸缓缓启动,从 100 公里以外引来的黄河水汹涌而出,奔腾着流向北干渠,流向千年干涸的田野。至此,宏伟的景电二期工程总干渠全线通水，人们梦寐以求的夙愿变成了惊天动地的现实。

大靖新貌
（摄影：李发玉）

（李元辉、李文钧整理）

凉州贤孝的传承人王月

王月

凉州贤孝盲艺人王月
（摄影：韩建业）

1937年8月1日出生。国家级非遗凉州贤孝省级传承人。自幼师从当地凉州贤孝艺人甘祯（音）学艺，后靠演唱为生。擅演节目《鞭杆记》《小姑贤》《扒肝孝母》《三子分财》《金钗记》等。曾参加武威市春晚、凉州区"月圆凉州，魅力武酒"大型文艺晚会演出，曲目由电信局录制后在固定电话点播。录制销售磁带、光盘数部，为凉州贤孝的传承和发展做出了突出贡献，事迹曾被中央电视台等媒体采访报道。

在访谈中，王月主要介绍了两个方面：一是从学艺经历入手，介绍了凉州贤孝的传承情况；二是从贤孝、小曲和杂调的特点入手，介绍了它们丰富的曲目和深厚的民间基础。

一、困难的少年生活

武威步行街上的贤孝艺人塑像
（摄影：刘忠）

凉州贤孝，是流布于武威市以及周边地区的一种古老的叙事性民间说唱艺术，2006 年被确定为国家级非物质文化遗产。

凉州贤孝是一种叙事性曲艺，在武威民间俗称"曲儿"，曲目有很强的劝化属性，通过讲述古今故事，劝化听众"为贤行孝""出世为贤，居家尽孝"，故称"贤孝"，也被称作"凉州劝善书"。演唱者一般为盲人，主要用三弦作为伴奏乐器，所以被当地人称作"瞎弦（ha xian）"或者"瞎贤"。盲艺人为了谋生，往往会兼做占卜算命的行当，所以也被称作"瞎仙"。在文盲遍地的时代，能说会唱的盲艺人也是难得的"文化人"，也被称作"瞎先生"。

赵大泰：王先生，这次访谈，主要目的是把你一生 80 多年的经历记录下来。

王　月：好，你们想了解啥，都可以问。

赵大泰：王先生，您是哪一年出生的？

王　月:1937 年。我本身是 1937 年生的,1961 年结婚时,我 25 岁,女方才 18 岁,女方岁数小着哩,我就减了两岁,改成 1939 年了。其实我是 1937 年的农历八月初一生的,属牛的,改成 1939 年属兔的了。当时想着,我眼睛瞎了,岁数不要大了。

赵大泰:王先生,您出生时,家里是什么情况?

王　月:我出生时,家中有爹爹、妈妈、两个哥哥。

赵大泰:两个哥哥眼睛都好吗?

王　月:哥哥的眼睛都好着呢。我出生时,眼睛也好着呢。当时家中种着斗八升地,那时候的斗八升地,现在说起来,就是一亩八分。因为 16 两的秤改成 10 两了。

那时候家里条件十分差,妈妈都在要饭。斗八升地是自己家的,种的粮食不够吃。一斗地里打上 5 斗粮食,总共 200 斤粮食,怎么生活呢? 爹爹给人家拉长工。财主家要人,妈妈就去做饭,当做饭婆;没人要干活了,就拿着缸子出去讨饭。

赵大泰:那时候,您的父母亲,除了种自己家的地,大多数时候给地主家干活,是吗?

王　月:父母给地主家拉长工,不然就会被强制拉去当兵。地主家有面子,就把这些事情处理好了。遇到征兵的,地主家给几个小钱,说个情,就把人给放掉了,不然从哪找这么好的伙计。当然了,地主家会把给出去的钱扣掉,过年时给你少发。也有的地主花出去就花出去了。

赵大泰:王先生,您的两个哥哥是什么情况?

王　月:哥哥嘛,没有上过学,现在不在了。

赵大泰:您的眼睛怎么坏的? 有没有找大夫看过?

王　月:13 岁那年,一哈(下)出麻疹,一哈(下)出福花(天花),眼睛一直疼,手就揉眼睛,结果眼睫毛扎进眼睛,成了倒扎眼。就这样,眼睫毛一直磨眼睛,磨着磨着就把眼睛磨坏了。天阴了就不知道东南西北,走路时头抬起来有个亮影呢,头低下就啥都瞅不着了。

赵大泰:当时有没有找过大夫看一看?

王　月:哪里有钱去看呢? 没钱啊。

二、拜师学习凉州贤孝

王月先生在进行贤孝表演(左三)

(摄影:张学峻)

赵大泰:您什么时候拜师学手艺的?

王　月:那时候,我眼睛看不见了,但活也得干。种地没牲口,爹爹扶的铧,两个哥哥前面拉,我在边上帮忙。一根绳子,套着三头牛,实际上是三个儿子拉犁。三个弟兄嚷仗(吵架),嚷着嚷着就打捶(打架),打捶以后,爹爹就打着撵我们弟兄。我们地也不犁了,三天两天在外面胡溜达,不回家了。妈妈就说:"你打着撵走干啥呢?你说说就行了么。地叫谁犁呢?你一个人犁去吗?"

赵大泰:后来是怎样拜师学艺的?

王　月:1955 年,我 17 岁,农村开始组织农业合作社。我到了农业合作社,开始去治眼睛。农业合作社的社长说:"小伙子这么聪明,给上几个钱了,去人民医院里治眼睛去。"他给了我 20 块钱,那时候一个手术 4 块钱。我做了手术以后,眼睫毛就翻到外面了,两个眼睛也就稍微好点,能多少看见一个影影。

我在农业合作社挣不上工,我还有两个妹子、三个兄弟,我老三。我们弟兄七个,兄妹九个是一个大家庭。两个哥哥一天能挣10分工,我半劳动,一天挣3分工。这3分工,太少,养不活自己。正月初三日,我要去看社火呢,早晨一人一个馍馍,两个哥哥是白馍馍,我的是黑馍馍。我说:"他们怎么是白馍馍,我是黑馍馍?"妈妈就说:"你一天挣得3分工,他们两个10分工,就这个吃喝,你要吃就吃点。你是个废猪。"我说:"谁是废猪么,我又不是没有做活?"老爹在炕上坐着呢,一哈(下)子下来把我打跑了。

我们五队有一个陆延胜,也是盲人,他已经学凉州贤孝学了三年了,跟着的师父就是后来我的师父。正月初三日,我跑出去后,就跑到他们家去,说:"陆延胜,这两天我把你领上外面,吃个饱肚子。"他说:"你领我呢吗?"我说:"领呢。"他又说:"领去怎么做呢?你知道庄子上走的吧?"我说:"知道了。"

我就把陆延胜领上,一起跑到刘镇沟,转了八天,通过卖唱挣来馍馍和米面。口袋满了,馍馍没地方装了,就回来了。回来时,两个口袋子中装满了馍馍,还有些米和面。回来之后,我们在陆延胜的屋子里分东西,我分得少。我当时就想,还不如我自己学,学了以后自己挣。

赵大泰:您是怎么拜师学艺的?

王　月:回到家后,我给家里放了一些馍馍,说:"我也不当废猪了,帮我请老师父,我学孝贤呢。"家里不让学。这号子(这样的)窝囊气我不受,17岁了,也懂得饿肚子的了,就强行让父母同意。

那个时候,学艺要写一份师状,订条约。条约内容大概如下:甘肃省凉州海湾王福生三子王月学弹唱,学贤孝为主,学艺一年,效力半年。学艺一年期间,每个月四块钱学费。若有脱逃、疾病,由老父亲承担。若有口角冲突,徒弟不能还手。证明人某某某。那个时候还有名章,证明人要盖章。别人家学三年,我们家寒碜,掏不起学费,所以只能一年半。学艺一年,掏学费着呢;效力半年,不掏学费了。

赵大泰:一年掏多少学费?

王　月:四块钱,一个月四块钱。那时候的四块钱相当于一斗麦子,一斤麦子一毛钱么。于是,正月里我跟上师父,到武威城里,四街八巷,到新关。到五月,我就自己能唱了。正月开始学,学到五月,基本已经学会。这期间,我跟着师父去凉州城串街。师父也是盲人,串门去弹唱,如果人家没钱,就不让你唱。

师父叫甘祯,眼睛看不见,我也给师父带路。学了大概5个月,我就自己能唱了。师父说:"王月,你学了5个月了,人家都听你唱,不听我的。怎么做呢?"最后,我和师父商量,我也弹唱,师父给我几个钱。师父说:"按照协议,学艺时不应该给你钱,但现在你弹得不错,咱们二八分成,十块钱给你两块,你看行吗?"我又争取了一下,三七开。我让师父记账,替我保管着钱,不拿回家。如果拿回家,吃的吃掉了,喝的喝掉了,存不住。

赵大泰:您这个师父,家里是啥情况?

王 月:师父有三个女儿、一个男孩。三个姑娘都在呢,儿子也在呢。娃娃们都不是盲人。我学艺时,师父69岁。师父的师父叫李源栋。甘祯是三岔六队的,李源栋是三岔五队。我师父收了13个徒弟,我是第13个。

过了八月十五,妈妈感冒了,重得很,成了伤寒。家里没有喝米汤的米,那个病非得光喝米汤,一吃面食,就发烧。我跟师父说:"师父,我的妈妈害伤寒了,了不得了,没有米汤喝,我请一个月假,去送点米,叫妈妈喝米汤。"师父说:"行呢,行呢。给你一把弦子,你拿上。"就这样,师父给了一把猫皮弦子,我就请假回去了。这一个月,我挣的不但够吃了,够喝了,还存下了。我到人家里唱一下,有些老奶奶、媳妇子们偷着给一升米呢。我妈妈的病也好了。

一个月结束后,我又回到师父跟前,一边学,一边唱。那个时候,老师父家里也没盖的,四个娃娃和老婆子盖着一床被子,我和老师父盖着一床被子。到了新年,正月初四日,为了感谢师傅,我买了五斤棉花,扯了布,给师父缝了一床被褥,又准备了棉鞋、棉裤、棉袜子等,拿了12个馍馍,拜谢师父。师父赠了我一把三弦,就相当于出徒了。师父很开心,说这个徒儿是真正好,不仅帮忙干了家里的活,还准备了这么好的礼物。

赵大泰:您跟师父学艺,是怎样一个过程?

王 月:一开始教我弹小曲子,我坐在师父前面,手抱着弦子,师父手把手教,教的《打宁夏》《王哥放羊》。

赵大泰:曲儿教会以后,词儿怎么学?

王 月:词儿主要靠自己背啊。师父在外面唱的时候,我就背。主要是《十劝人心》《割韭菜》《掷手巾》等,当时也不懂词,师父弹唱一段,我背诵一段。没有背下的,再问师父。

赵大泰:小曲儿和贤孝有啥明显区别?

王　月：小曲儿和贤孝调子就不一样。

赵大泰：怎么教的贤孝？

王　月：和教小曲儿一样。还是师父演出时在外面唱，我听。师父唱上一遍，我就背下了，然后走路时悄悄背。忘记的地方就请教老师父，老师父就教我，然后我就全部记下了。有些地方包场，我就唱我会唱的，我不会唱的师父唱，这样一来，我又把我不会的背下了。这头听上一遍，再自己唱上一遍，就学会了，老师父就让我唱。

赵大泰：师父给您教的什么曲儿？

王　月：多着呢。贤孝二十四孝的《丁郎刻母》《鹦鸽盗桃》《三子分财》《三姐拜寿》《任仓埋母》《杨小娃拉柳笆》《割肉奉亲》《卖苗郎》，再就是《琵琶记》《劈山救母》《梁山伯与祝英台》《蓝桥相会》，再就是"记书"的《李三娘碾磨》《花灯记》《红灯记》《财神记》《皮箱记》《日断八魂》《秦雪梅吊孝》。这些曲目，除了《花灯记》，冯先生（冯天民）的那本书（《凉州贤孝精选》）中都有呢。《花灯记》时间比较长，要十几个小时才能唱完。

赵大泰：师父是什么时候去世的？

王　月：师父是1960年去世的，去世时73岁。

三、第一次独自演出

赵大泰：是不是谢了师父，就独自出去演出了？

王　月：谢了师父，我就自己串庄子。我城里很少去，因为城里没地方。城里有个赵寿德，他和徐高堂在广场里的茶楼子演出。1963年我开始进城，在戏园子门口东边的茶楼里唱曲儿收钱，一个半小时收一次，一般收两次钱。收的钱没有上交给茶楼老板；相反，茶楼老板要给我发工资，因为我们不唱，茶楼里喝茶的人就不多。

赵大泰：去外面唱曲，生产队管不管？

王　月：不管，那个时候生产队就没管着。"文化大革命"时期，我们学习新曲儿，还到文化馆，发了本本，吃的管上，喝的管上，就教我们新曲儿，如《学习雷锋好榜样》《王贵闹革命》等。

王月先生在进行贤孝表演
（摄影：刘忠）

　　大队组织了宣传队，我们就跟着宣传队唱，大队给我们工分，一天10分工，相当于全劳动。当时，宣传队主要是表演唱，唱革命歌曲。

四、婚姻及子女情况

王月先生在进行贤孝表演
（摄影：刘忠）

赵大泰：您这老婆怎么找上的?

王　月：老婆是我叔伯舅舅的姑娘。我虽然眼睛不太好,但那时候生活困难得很,我有手艺,还能吃饱饭,家里吃的不缺,就比较好找媳妇。

赵大泰：王先生,您有几个孩子啊?

王　月：三个姑娘、两个儿子,一共五个娃娃。这五个娃娃眼睛都好着呢。

当时,生产队本来安排我喂牲口,但我不喂,出去唱曲儿挣钱,一天给生产队交2块钱,一个月共交60块。但唱曲儿又挣不了多少,我就和两个"睁眼睛"的倒卖牲口,在永昌买驴子,拉到民勤去,一头驴换一头牛,大驴换大牛,小驴换头小牛,一年半,给生产队交了三头牛。

倒卖牲口一段时间后,我又开始唱贤孝。我坐在广场的台台上,前面放个罐罐,听我曲儿的人很多,我一天收入30—40块钱。

赵大泰：再后来呢?

王　月：再后来,广场上不让唱了,我就开始游荡,有人喊我,我就去唱;没人喊,我就蹲在家里。

赵大泰：那时候你们弟兄7个,分家了吗?

王　月：老爹1960年去世了,兄弟几个就分了家。分家后,老妈住在老七那儿。我们弟兄们,老大、老四已经去世了,老五打工着呢。分家后,我们弟兄几个,每人每月给老妈一些生活费。

五、对凉州贤孝的传承和弘扬

赵大泰：王先生,冯天民先生是怎么请您到文化馆的,又是怎么对您的贤孝唱词进行记录的?

王　月：那时候,我还在广场里唱曲儿,他请我过去,安排我住在招待所,每天还给我误工补贴。晚上我住在招待所,白天到文化馆办公室里说曲儿。我说,冯天民记录。一般从早上8点到中午12点,中午吃了饭,喝了茶,又开始听写,直到傍晚。

赵大泰：您这省级非遗传承人是怎么定下来的?

王　月：当时,凉州区文化馆馆长帮我报了省级非遗传承人,设了传承点。

王月先生在进行贤孝表演
（摄影：刘忠）

设了传承点以后，正月初一日，组织一些人，举办了拜师仪式，拜我做师父。

赵大泰：您最远去过哪些地方演出？

王　月：敦煌、西安、上海。兰州就跑得次数太多了。

赵大泰：王先生，您收下了哪些徒弟？

王　月：最早是鲁秀琴、王存英、周才德、周春年、刘吉成，一共5个。鲁秀琴是1962年收的，凉州区双城镇安全村八队的，是个姑娘，也是盲人，现在已经去世了。王存英现在还在呢。当时拜师的时候，也写了契约，收学费，徒弟自带口粮，到我家学。后来又收了俞林山，他现在住养老院呢。

赵大泰：董永虎是怎么找上您的？

王　月：董永虎，我是通过他的爹爹认识的。那时候，我的二姑娘（女儿），是他爹爹说的媒。他小学念书时，经常来我家，也爱弹弦子，有时间就来学，自己学的，没有专门拜师。我手把手教他弹弦子，曲儿教过《皮箱记》，别的曲儿大部分都是他听磁带学会的。

赵大泰：小曲儿、杂调儿、贤孝有啥区别？

王　月：贤孝的曲牌，开篇词一般是"天有道，地有道"，是滚板子调，用这个调开头。这个调子开完头，就是高板，具体唱的时候，悲音、甜悲音交叉着唱。

赵大泰：你们平时出去唱，是小曲儿多，还是贤孝多？

王　月：贤孝多，老人听得多。一般年轻人听小曲儿、杂调多，像《王哥放羊》《割韭菜》《炉窑花》。

赵大泰：你们演出和说书的有交叉没？

王　月：说书的，说的是"朝书"（讲述历朝历代帝王将相故事的说书），他们没有伴奏，拿着醒木子，往桌子上一拍，就开始了，讲故事。

赵大泰：你们唱的曲儿，有没有从说书人那儿借鉴一些？

王　月：也有呢，张存年就是的。张存年，小曲子没有，他唱的就是朝书。

赵大泰：你们以前有没有遇到念卷的人？

王　月：遇到过啊，张义堡的李作柄。那时候我唱曲儿，就在他们那儿住着呢。他人也好。他们念的有些卷和我们的差不多，我们也能唱出来，各是各的调调子。宝卷中讲的故事和我们贤孝差不多。

赵大泰：王先生，平时您和唱戏的打交道多不多？

王　月：那个差别大了，基本没啥联系。

赵大泰：听说你这有一本贤孝的古书，还在不在？

王　月：被一个兰州人拿走了，现在我只有复印本。

赵大泰：这本古书您是怎么得到的？

王月先生在进行贤孝表演
（摄影：赵大泰）

　王　月：永昌县水源镇赵沟有一个赵西树，赵西树也是个麻（瞎）眼睛。这本书本来是他买下的，他有一个侄儿，当会计，教着他呢，他也记下了。老汉子没有老婆，侄儿伺候着，这本书最终就流传到侄儿手上。后来，我从他侄儿那儿花 40 块钱买过来了。这本书是好书，是用毛桃纸、毛笔字写下的。

（赵大泰整理）

凉州宝卷的传承人李卫善、赵旭峰

李卫善 赵旭峰

李卫善(左)赵旭峰(右)
在进行宝卷表演
(摄影:赵大泰)

李卫善,1962年2月12日出生。凉州宝卷省级传承人。凉州宝卷国家级传承人李作柄第三子,现有弟子李保善、牛月兰、李荣善等人。李卫善自幼受到家庭熏陶,掌握了凉州宝卷的演唱技巧,咬字清楚,富有表情,感染力强。为了不让宝卷消亡,与赵旭峰一起积极培养传承人,积极开展宝卷演唱,受到了省内外的广泛关注。

赵旭峰,1964年11月17日出生。凉州宝卷省级传承人。师承李作柄,现有弟子李春莲、严兰琴、李桂芳等人。赵旭峰热衷凉州宝卷的学习,认真摸索,掌握了十余种宝卷唱调。为了不让宝卷消亡,他组织成立宝卷演唱会,发展宝卷演唱会员近10人。他努力抢救宝卷,搜集、整理了众多宝卷唱本,出版了《凉州宝卷》《凉州小宝卷》《凉州宝卷精选》等,留下了珍贵的凉州宝卷研究资料。

在访谈中,李卫善、赵旭峰介绍了李氏家族对宝卷的承袭历史、凉州宝卷申报国家级非物质文化遗产的过程、赵旭峰整理宝卷的工作、凉州宝卷的特点和作用,并现场表演了凉州宝卷选段、开场曲、终场曲、凉州小宝卷、凉州民歌等。

一、李氏家族对凉州宝卷的传承

赵大泰：凉州宝卷是河西宝卷的一个重要组成部分，是敦煌变文的重要分支，集说唱吟和（即韵白结合）为一体的民间表演艺术。目前，凉州宝卷的传承仅存于张义镇，灯山村的李作柄是国家级传承人，年过九旬，其子李卫善和徒弟赵旭峰是省级传承人，是传承的主力军。

李老师、赵老师，你们好！由于你们都是凉州宝卷省级传承人，而且是好朋友、好搭档，今天就一起采访你们。李老师，一直以来我有一个疑问，凉州区这么大，乡镇这么多，为什么张义镇就能把宝卷流传下来，是有什么特殊的原因吗？

李卫善：说到宝卷流传的过程，实际上就得从我的曾祖父开始说起。在我们张义镇，凉州宝卷实际上是家族承袭的。

凉州宝卷国家级传承人李作柄
（李卫善之父，已于 2022 年 12 月去世）
（供图：赵旭峰）

赵大泰：张义镇还有其他家族流传有宝卷吗？

李卫善：有呢，我知道的就有好几家。中路村有个姓王的老爷子，他家就有。还有徐殿武。关于这些人，赵旭峰老师的书上都有记载。这些人家中不同程度地收藏有宝卷，一般都是手抄本，年代不太久远。就赵旭峰老师收藏着一本羊皮宝卷，年代比较久远。我父辈那一代人，识字的人不多，文化水平都比较低。

赵大泰：现在你们村子会唱宝卷的人多不多？

李卫善：哎，现在基本上会唱宝卷的人都去世了，这片地区主要就是我们家族唱。

赵大泰：宝卷在你们这一带非常盛行，您觉得是什么原因？是不是和大佛寺有关系？

李卫善：对对对。我的一个爷爷叫李恒培，他就在那里出家为僧，是大佛寺的方丈。宝卷就是在他的手里流传出来的。

赵大泰：行，那就请您谈一下宝卷在你们家族的传承情况。

李卫善：宝卷第一代人传承人是我的曾祖父李在泾。他是清朝末年人，同治六年(1867)左右出生。曾祖父是举人，朝廷任命他为酒泉县令。由于官场腐败，社会黑暗，曾祖父就没去做官，在家里办了一个私塾。曾祖父秉性善良，逢人劝善，不仅影响了他的亲朋好友和学生。也影响了侄子李恒培。李恒培8岁在南重寺出家，13岁来大佛寺驻寺，后来成为大佛寺最后一任方丈。

赵大泰：当时大佛寺是不是很完整？

赵旭峰：清朝同治年间，大佛寺发生火灾，被烧掉了，以后就再没修起来。1927年，又发生了大地震，地震以后，青海塔尔寺来了两个喇嘛，化缘修建了六间僧房，为藏式四合院，是大佛寺最后的样子。

赵大泰：好，我们回到原题，请李老师再讲讲宝卷的第二代传承人李恒培。

李卫善：李恒培实际上是我的叔伯爷爷，他在大佛寺当和尚，宝卷就是他从大佛寺抄录而来的。

赵大泰：当时抄出来了多少宝卷？

李卫善：这个我也不清楚。因为当时别人也不知道宝卷，就算知道了，也不知道有啥用。李恒培就把宝卷推荐给了我的曾祖父。

赵旭峰：其实当时的李恒培还不是方丈，当时的方丈姓杨，是闸沟口人。杨方丈圆寂后，李恒培才成为方丈。我在民间收集宝卷时，徐殿武徐老爷子活着的时候说过，有18部宝卷从大佛寺流传到外面了。18部宝卷怎么流传出来的？就是和尚们挨饿的时候，李恒培把卷本拿到民间换吃的。当时大佛寺旁边还有两个寺院，一个叫桃花寺，一个叫阿林寺，又叫阿灵寺。阿林寺当时富着呢，因为他们在山上有地。大佛寺首先把卷本换给阿林寺的和尚了，阿林寺的和尚比较多，又把宝卷传抄到民间。当时寺院中的卷本也算是宝贝，不轻易外传。我说的这些，一方面是徐殿武老爷子说的，另一方面是我们的《岳山宝卷》后面有批注，批注明确记载了是阿林寺的某某居士传抄了宝卷，具体名字我也记不清了。

赵大泰：李老师，宝卷在您的祖父这一辈是个什么情况，是怎么传承的？

李卫善：祖父叫李忠培，是1972年去世的。祖父继承了曾祖父的杂学，把宝卷当成家族传承的文化。

赵大泰：您的祖父除了把宝卷传给您父亲，还有没有收别的弟子？

李卫善：没有。

赵大泰：您父亲那一代，弟兄几个？

李卫善：祖父是独生子，父亲也是独生子。

赵大泰：李作柄老爷子什么时候开始学宝卷？

李卫善：新中国成立后。

赵大泰：刚解放那几年，政府是不是对宝卷没有限制？

赵旭峰：限制着呢。

李卫善：那时候卷本藏在家里，只能偶尔拿出来，偷偷地唱一下。

赵旭峰：我和他（李卫善）差不多大，小时候经常去他家玩。我的印象中，当时毛头纸的卷本已经破烂得翻不成了，他的爷爷把卷本借出去，就要不回来了。我在收集宝卷过程中，了解到他（李卫善）的爷爷的堂弟兄们，当时肯定跟着他的太爷（李在泾）学了一些宝卷的东西的。据我知道，他的爷爷（李忠培）那一辈的李义培，也会念宝卷，李作真、李作栋，就是他爹爹（李作柄）那一辈的，都会念卷，这些人的亲戚们也都会念卷。宝卷首先介绍传播给亲戚朋友们了，他们都是传承对象。外人借不到。

赵大泰：李作柄老爷子当时的文化程度怎么样？

李卫善：我父亲跟着我的曾祖父学文化知识，后来在大佛寺上过两年学。那时候大佛寺里有个私塾。父亲也算是有文化的人。

赵旭峰：他们家是有文化的家族。他的老爹那时候都教过几年书。

赵大泰：你们一辈弟兄几个？

李卫善：我们弟兄四个呢，我老三。

赵旭峰：老大李保善，本来也会唱宝卷，但因为家里忙，平时不怎么唱，给他（李保善）申报了市级传承人。

赵大泰：你们弟兄们等于也是从小耳濡目染，从李作柄老爷子那里学会了唱宝卷。家里专门教你们没有？

赵旭峰：不用教，自己就学会了。

李卫善：没有专门教，像我大哥，不用教，从小就耳濡目染的，把那些唱调

273

听下了。但他文化水平不高,只有小学文凭,所以让他完完整整唱一部宝卷,他有好多字就不认识。

赵大泰:老二是谁?

李卫善:老二李嘉善,纯粹就是文盲,没上过学。

赵旭峰:李嘉善基本不会唱宝卷,只能敲个铃铛,和个音。

赵大泰:老三就是您?

李卫善:嗯,对,老三就是我。

赵大泰:那老四呢?

李卫善:老四还可以,他是初中文化程度。我是高中文化程度。

赵大泰:您当时高中是在哪里上的?

赵旭峰:他和我一班,在中路中学读的最后一班高中。

赵大泰:哦,那时候中路中学还设高中着呢。

赵旭峰:我们是最后一批高中生。

赵大泰:那时候中路这高中,考上大学的多吗?

赵旭峰:也没几个。那时考出去一个中专生,就是了不得的事,全张义,多少年了才考出去一个。当然,李作棠老师也考上呢。李作新考上了大学。这些都是他们李家人。

赵旭峰:哎,应该说国家还是对教育重视着呢。因为我印象中,老师们操心得很。我们在学校里,老师就让我们每人在地上画一个方块,在自己画的方块地上写生字,一个字写很多遍。

赵大泰:李老师,您弟兄四个,再有姐妹吗?

李卫善:我还有一个姐姐。

赵大泰:按照出生顺序,姐姐是老几?

李卫善:老二。她也是没念书。

赵大泰:你姐姐那时候唱过宝卷没?

李卫善:没有。

赵大泰:实际上,你们家族只有您一个人上了高中,相对而言,文化水平比较高,宝卷传承得比较好。

赵旭峰:实际上,你(李卫善)还忘掉一个重要的人。你的老妈,念卷念得非常好的人。

赵大泰：您的母亲是什么情况？

李卫善：母亲是本地中路村的人，姓严，叫严秀英。

赵大泰：她们严家门上，是不是也有宝卷传承？

赵旭峰：没有，严家没有。严家可能以前听了李家的调调，吭吭巴巴能念几句。但是他的妈妈是扎扎实实背下的，特别是小宝卷，她会唱三四十首。我的小宝卷的来源，大部分都是从他妈妈那里学来的。我拿着录音机把声音录下，她有个本本子，我结合录音和本本上的内容，然后把文字整理出来。我的《小宝卷》一书中的大多数宝卷，是从他妈妈那里听来的。她的声音是怎么样的，都录下来了呢。

赵大泰：有音频，没视频吗？

赵旭峰：视频应该有呢，广州的《重走唐僧西行路》节目组曾经拍过视频，网上能看到。

赵大泰：那就是您母亲嫁过来才学的？

李卫善：嗯，肯定嫁过来后学的。

赵大泰：她会唱大宝卷吗？

赵旭峰：啥调子她都会唱，但是她只识简单一些的字，相当于小学一年级的程度，反正识字不多。因为小宝卷里的许多调子和长篇宝卷的雷同着呢，那种选段她能唱上。她就和"瞎弦"一样，听的遍数多了，就记下来了，比如《鹦鸽宝卷》里面的许多唱段，她就背下着呢。

二、申报国家级非遗

赵大泰：您的父亲是怎么成为国家级非物质文化遗产传承人的？

李卫善：这个说起来就话长了。

赵大泰：别人是怎么发现您父亲的这项技能的？是不是当时有人组织过宝卷方面的普查？

李卫善：我的父亲会念宝卷这件事，村子上的人都知道，但是后来怎么成为传承人的，就得从赵旭峰老师身上说起。

赵旭峰：好，我再补充一下。因为我们经常听大人们唱宝卷，耳濡目染，慢

古浪县大靖镇的宝卷念唱活动
（供图：赵旭峰）

慢也会唱了。会唱了以后，我在搜集宝卷的时候，他的老爹是重点搜集对象。我在搜集过程中，对宝卷的重要性也认识不够，主要是照着宝卷内容写小说呢。那时，我以创作文学作品为主，宝卷里的故事情节都是相当好的，我参照它写出来的小说也非常吸引人。我就开始抄写宝卷，进行整理。

赵大泰：您是什么时候开始收集整理宝卷的？

赵旭峰：1992 开始的。20 世纪末，凉州宝卷不仅开始受到我们当地政府的重视，也进入了国外研究中国文化的汉学家们的视线。如 1992 年有一个法国人跑到这里游玩。那时候，天梯山石窟才修着呢，他跑上来转转，我在路上碰见了他，我学着老外的调子打招呼："哈喽。"他也"哈喽"了一声，就叽里呱啦说起来了。我听不懂，没想到他会说汉语。他说他是汉学家，在中国蹲了 20 多年。这就是所谓的缘分了，"哈喽"了一声，就有了后来的事情。他说他是大学里的教授，正在调查民间的民俗文化呢。他问我们这里有什么特别的民俗文化没有。当时我把他领到中路村的人家中，还没有领到李卫善老爹这儿来。他后来写过一篇文章，其中有一句话翻译过来就是："我在中国甘肃武威一个偏远的农村,见到了中国历史上遗留下来的最原始、最纯粹的文学文本。"

赵大泰:这个外国人叫啥名字,您知道吗?

赵旭峰:法国人嘛。2005年的时候,武威市电视台拍了一部《凉州宝卷》的专题纪录片,纪录片里就介绍过这个人,叫克拉雷丝,法国汉学家。而且克拉雷丝的这句话,"我在中国甘肃武威一个偏远的农村,见到了中国历史上遗留下来的最原始、最纯粹的文学文本",纪录片也有收录进去着呢。

2005年,广东卫视来拍《重走唐僧西行路》,说起来也是缘分。当时我在天梯山石窟当讲解员,他们踩点的导演叫周波,我讲解的时候,提了一下宝卷。我在天梯山讲解时,把宝卷当作天梯山的一种文化,因为天梯山石窟里面有宝卷呢,天梯山石窟2号洞窟里发现了两部明代的宝卷,是木刻本,不是手抄的,一部是《皇机金丹九莲正信皎真还乡宝卷》,一部是《销释归家报恩宝卷》,现在都在甘肃省博物馆保存着呢。我把宝卷作为一种文化元素向游客们讲解。周波就问我宝卷是怎么一回事。当时我对宝卷认识还不够,不知道到底是怎么一回事,只能初步地向他解释一下,就说是人唱的一种文学作品。他问:"我能不能听一下?"他听了一下,说:"哎,这可以作为我们《重走唐僧西行路》的重点拍摄对象。"

过了15天,正儿八经拍摄的导演叫史昆,还有一个叫侯向科,他们领着50多人,带着四五台机器来了。李卫善当时还忙着拉田(拉麦子)呢。我说:"你们弟兄们总得腾出一个人来。"他的弟弟就来了。剧组就在他们屋里、我们屋里住下,拍了3天。这个片子拍出来以后,轰动大着呢。武威电视台的人一听到,赶紧也跑来拍,就拍了《凉州宝卷》。

到了2006年,老冯爷(冯天民)说:"哎,这报非物质文化遗产传承的文件下来了,赵老师,不妨你们把宝卷报上。"一开始,他想着把我报成国家级非物质文化遗产传承人。我说:"哎,我太年轻。不行。有一个人一辈子传承宝卷着呢,那就是他(李卫善)的老爹。万一要报我,就我俩都报上。"实际上,我们两个人的材料都做好了,后面说选其一。老兄(李卫善)报去了,问我,我说:"我还忙着呢,把你的老爹报上。"

开始申报,正儿八经报的名字叫"凉州宝卷",不是"河西宝卷",结果凉州宝卷和酒泉报的"肃州宝卷"同时批下来了。第二年,也就是2008年,张掖报的也追加到第一批的里面,才把名字正式改成"河西宝卷"。

赵大泰：可能当时主管部门不一定完全了解情况，也在根据下面的申报不断调整。

赵旭峰：河西学院、西北师范大学的好多专家掌握比较全面的资料，他们非常清楚申报的情况。据一些专家说，我们的凉州宝卷成功申报国家级项目，主要原因就是那两个视频资料，再就是外国汉学家文章中的那一句话。两个视频资料，一个是广东卫视《重走唐僧西行路》的第 38、39、40、41 集，凉州宝卷是其中一集；另一个是武威市电视台的《凉州宝卷》。当年申报的时候，没有多少视频资料，因为我们也没设备和技术水平。两个电视台拍摄的视频成为成功申报国家级传承人的重要原因。凉州宝卷的申报与我也有关，因为是我引荐到作协，作协再引荐到文化馆，那时作协就在文化馆里办公，他们的关系相当好，所以通过文化馆报上去了。你既然采访了老冯爷，就知道是老冯爷他们报上去的。老冯爷当时申报的时候，有两个人给他帮忙着呢，一个是张延军，另一个就是现在的副馆长陈亚琴。

三、凉州宝卷的整理

赵大泰：您是如何开展凉州宝卷的整理的？

赵旭峰：有一次，我背着宝卷去找学辉老师（李学辉）和老冯爷（冯天民）。当时学辉老师说："哎呀，我们第一届天马旅游节有个专刊呢，放上两部宝卷，试一试。"于是就刊登了两部宝卷——《红罗宝卷》和《芳四姐宝卷》，引起了很大反响，赶紧又在 2002 年出了专刊。（第一届 2002 年 8 月）

赵大泰：是不是《西凉文学》上的那个专刊号？

赵旭峰：对，就是《西凉文学》杂志。这本杂志现在很难找到，我这里有一本。《西凉文学》在第一届天马旅游节专刊号上刊登了两部宝卷，引起轰动，李老师（李学辉）决定赶紧再做一本。2 月份出的专刊号，10 月份又出了一本，就是你说的《凉州宝卷·民歌》专刊。

赵大泰：您的意思是之前还有一本，是吗？

赵旭峰：对的。

赵大泰：那本我还从来没见过。

武威的宝卷手抄本
（摄影：张学峻）

赵旭峰：2003 年 2 月，《西凉文学增刊·凉州宝卷·民歌》重印的时候，我已经调到天梯山石窟了。调到石窟后，我觉得既然作家们这么重视，反响这么大，就应该把宝卷重视起来。于是，我一方面着手整理宝卷，一方面想联合几个能念唱宝卷的人一起念卷。2002 年，我就组织了一个天梯山民间艺术团，专门唱民歌与宝卷，有 28 个人，主要是我和李卫善。我们两个人牵头，一次在李卫善家里，一次在我家里，进行念卷活动。

赵大泰：前些天，我们访谈过冯天民老师，他也聊过这件事。

赵旭峰：当时出了力的有很多人，冯老爷子牵头着呢，学辉老师做后勤工作，还有作协也帮忙。调到天梯山以后，我搜集的宝卷已经很多了。1999 年，我在中路当老师时，花了 7 500 块钱买了台新电脑。于是，我花了两年的时间，翻着字典，把繁体字一律转换成简体字，把手头的宝卷输进电脑去。那个电脑等于专门整理宝卷用的。如果是现在，我没本事做了。后来我又把外头收集的宝卷陆陆续续录进去。为啥天马旅游节时一下能把宝卷刊印了？那是因为我提前已经整理成电子版了。手抄本，你没半年时间整理不出来，得一句一句校对,不懂宝卷的人还做不来,因为我们会唱那些调调子,有些抄错的字,我们听惯了,就能改过来。

调到天梯山石窟的时候,我整理了 13 部宝卷,《西凉文学》第一届天马旅游节专刊就刊登了 2 部,然后《凉州宝卷·民歌》专刊上刊登了 8 部宝卷、75 首民歌。2003 年,还是《西凉文学》上又刊登了 2 部宝卷。这一共 12 部宝卷。为啥说 13 部宝卷?是因为《观音宝卷》的下部散佚,现在找不全,等于《观音宝卷》我只有上半部,下部也算成一部。我通过作协的关系,先让老冯爷知道了宝卷是怎么一回事,让学辉老师知道了宝卷,他们两人非常重视对宝卷的宣传与搜集,然后才有了凉州宝卷今天这个局面。

赵大泰:赵老师,你再详细介绍一下《凉州宝卷·民歌》专刊的情况。

赵旭峰:这本杂志收录了我搜集整理的 8 部宝卷、75 首民歌,总共有 4 万多字。李学辉老师当时撰写了前言《抢救民间文化,寻找创作之根》,还写了两篇序言《谁续凉州贤孝曲》《拿什么抢救你,凉州民歌》。当时国家对于非物质文化遗产的保护工作还没有启动,但是启动了为期 10 年的“中国民间文化遗产抢救工程”。我当时是武威市作协会员,出于对民间文化的热爱,搜集整理宝卷和民歌,在我的工作单位天梯山石窟管理处和武威市作协、《西凉文学》编辑部的大力支持下,出版了这本专刊,使得张义山区的宝卷、民歌受到了文化界的关注。

赵大泰:后来天梯山石窟管理处还编印了一本内部资料《凉州宝卷》是吧?

赵旭峰:是的。那本是天梯山石窟管理处掏钱印刷的,但是我们也费劲干了。

赵大泰:赵老师,关于宝卷你正式出版的书籍最早是哪一本?

赵旭峰:最早的正式出版物应该是 2010 年中国文联出版社出版的《凉州小宝卷》,收集了《贫和尚》《五更修行》《熬茶》《十绣黄莲花》等 50 部小宝卷和 1 部大宝卷《康熙宝卷》。这本书由老冯爷(冯天民)作序。他的老伴李武莲也帮了大忙,两个人一起搜集整理,所以署名就是赵旭峰、李武莲。

赵大泰:赵老师,您给我讲一下什么是小宝卷,它和大宝卷有什么关系。

赵旭峰:小宝卷,又称道歌子。相对大宝卷而言,它只是宝卷中的微型和短篇故事,十分精练。因其短小,更容易念唱、记诵和传布,更容易为广大听众喜闻乐见。小宝卷只唱不念,大宝卷边念边唱。小宝卷大多是正式念唱大宝卷之前的序曲和引子,有时也在念唱大宝卷中间休息时穿插进行,叫坐场子。

但也有专门念唱小宝卷的,这就是小宝卷专场了。可见小宝卷尤其珍贵和独特,人们对小宝卷的喜爱和兴趣也是情有独钟的。

赵大泰:赵老师,你还正式出版了哪些有关宝卷的书籍?

赵旭峰:2014年出版了《凉州宝卷》,是甘肃人民美术出版社出版的,收录了《二度梅宝卷》《湘子宝卷》《观音宝卷》《鹦鸽宝卷》《康熙宝卷》《金龙宝卷》等6部大宝卷。

2019年,敦煌文艺出版社出版了《凉州宝卷精选》,搜集了《红罗宝卷》《新刻岳山宝卷》《白马宝卷》《包公宝卷》《芳四姐宝卷》《和家论宝卷》《盗灵芝宝卷》《刘全进瓜宝卷》《金善菩萨宝诰宝卷》等9部大宝卷。

四、凉州宝卷的显著特点及作用

凉州宝卷表演
(摄影:刘忠)

赵大泰:赵老师,接下来我们谈一些凉州宝卷的比较专业的问题。首先请您给我们简单介绍一下凉州宝卷。

赵旭峰：好的，凉州宝卷是河西宝卷的一个重要组成部分，是敦煌变文的重要分支，是集说唱吟和（即韵白结合）为一体的民间表演艺术。宝卷的种类一般有四种：宗教故事类、神话故事类、历史故事类、寓言故事类。宝卷的开头有定场诗，结尾有劝善诗，演艺形式古老而神圣，一人或两人主唱，众人和声。开场前要上香供卷，要唱开场曲，结尾要唱终场曲。宝卷文化是古丝绸之路上一颗璀璨的明珠，也是规劝世人奉行孝道善行的民间教科书。2006年，凉州宝卷被收入国家非物质文化遗产名录，属武威首批国家级的非物质文化遗产。

赵大泰：您给我们介绍一下凉州宝卷总体的传承情况。

赵旭峰：武威现有宝卷传承人十多名，其中，国家级传承人1名，就是李作柄，现已90多岁；省级传人2名，就是我和李卫善；市级传承人4名、区级传承人6名（还没有批文）。近几年，凉州宝卷在市区领导的关心下、社会有识之士人士的捐助下，修建了凉州宝卷传习所，使宝卷这种古老的文化有了传承发展的新家。

赵大泰：您再给我介绍介绍凉州宝卷的种类与特点。

赵旭峰：论述宝卷的人比较多，大家普遍的看法是，凉州宝卷是河西宝卷的一个分支，敦煌变文的重要组成部分。但是在我看来，它跟敦煌文化有渊源，但每个地方有每个地方的宝卷，它就如祖先播下的籽籽一样，这凉州的肯定是凉州的，不是敦煌出来的。实际上，全国各地都有宝卷。我的认识是，宝卷首先是一种文学文本，佛教刚传来的时候，因为太深奥了，都是那些高僧们在研究，老百姓不懂啊。僧人就想办法，把深奥的东西变成民间老百姓都能接受的一种教义。有些僧人就把中国传统的故事拿过来，又吸收了当地的戏曲曲调、民歌曲调，变成一种边说边唱的说唱文学。实际上，它是依照佛经的内容，用中国的传统故事或者是小说、文学文本，改编成一种既有故事情节又能教化人的一种东西，这就是变文。变文在唐代就产生了。宋代产生的俗讲、讲经、说经，从寺院转移到民间了，首先在有钱人的家里开始宣讲，叫"讲经俗讲"，简称"俗讲"；到了元代、明代，就正式叫成"宝卷"了。《金瓶梅》里详细描绘了演绎宝卷的场景，多达几十次，写得非常精彩。

宝卷的演变是一个漫长的过程，一开始它是由说经师们选比较有故事性的佛教经文或文本改编而成，比如说《岳山宝卷》就是根据《盂兰盆经》改编的，《观音宝卷》是根据《观音菩萨普门品》改编的，分成第几品第几品唱的（"品"本义为众多,在有些宝卷中,为了便于叙事或念唱,将一个长故事划分为若干相对独立的故事,每个部分为一"品",意为众多故事中的一个)。《岳山宝卷》上写的是李敖下地狱救母亲的故事,是改编自《盂兰盆经》中目连菩萨下地狱救母亲的故事,只是把人名改了一下。

赵现海:我还有一个疑问,贤孝中唱的很多东西是有关于孝道,是不是宝卷也是这样?

赵旭峰:实际上宝卷的主题思想宣扬的就是孝道和善道,特别是孝道。比如说《鹦鸽宝卷》唱的纯粹就是为人要忠义,为国家要尽忠,精忠报国,对老人要孝敬,一辈子修孝道、修善道,等等。

赵现海:宝卷其实和传统的佛经也不一样。

赵旭峰:对。它是根据佛经的结构形式,用中国传统故事作为载体,融入了佛教的思想来教化别人。

凉州宝卷表演
(摄影:赵大泰)

(赵大泰整理)

凉州皮影戏、木偶戏的传承人马登岐

马登岐

马登岐先生和他的皮影
（摄影：张文灿）

1931年12月30日出生。甘肃省省级非遗项目凉州皮影戏、凉州木偶戏省级传承人。自1944年开始表演凉州皮影戏，全面继承了马家皮影戏的表演技法和演唱技巧，在凉州城乡颇有名气。后来，马登岐触类旁通，学会了木偶制作技艺，还带领戏班学会了木偶戏表演技艺。马登岐自学成才，多才多艺，还会做纸活、画寿房、塑佛像，曾为凉州区长城乡的高沟堡庙、古浪县永丰堡的城隍庙塑造佛像，栩栩如生。

马登岐老人在访谈中，为我们讲述了从小跟随祖父、父辈在城乡表演皮影戏、木偶戏的经历，长大后学艺和收徒传艺的情况，介绍了一些凉州皮影戏、木偶戏曲目，展示了凉州皮影、木偶制作的过程，并现场演唱了秦腔选段和凉州小曲。

一、漫长学艺路

马登岐先生在进行皮影表演
（摄影：刘忠）

赵大泰：马先生，听说你们马家表演的皮影戏是从白家传承过来的，这是怎么回事呢？你们和白家是什么关系呢。

马登岐：白家爷爷是从陕西迁徙过来唱皮影戏的，家里没有土地庄稼，全凭演戏维持生活。那时候我们马家爷爷在张义堡包了些地，种植鸦片烟，由于遭受严霜灾害，爷爷承受不住打击去世了。那时候奶奶还年轻，就招赘白家爷爷，招夫养子，把我父亲和大叔父一起养大，并且教会了敲鼓、拉弦、演唱等皮影戏的各种手艺。

赵大泰：白家爷爷这边有生下孩子吗？

马登岐：有呢，现在在上面的一个大队，他们随白家姓。他们也跟着一起学了些皮影戏，但是掌握不全。白家爷爷去世后，就由我父亲主管戏班子。父亲老了以后,我就开始管着戏班子演开了。我十五六岁的时候什么戏都会了。

赵大泰:学手艺的时候您的叔父学了没有?

马登岐:学着呢,他专门是学的敲锣。那时候锣和铙、钹就一个人负责,不像现在,敲锣的是敲锣的,打铙钹是打铙钹的。

赵大泰:那您小时候就跟着爷爷、父亲到处演出是吧?

马登岐:是的。那时候演戏,从《封神榜》开始,唐、宋、元、明、清,各朝代的戏都有。一般第一场演《姜子牙封神》,封神戏要演出完的话,要一个月呢。黄羊镇有一个姓牛的唱皮影戏的,叫牛大柱,《封神演义》方面的戏精通得很,光演《封神演义》一套戏就得一个月。接着演《薛仁贵征东》《薛仁贵征西》《薛刚反唐》《粉妆楼》等唐朝戏,宋朝戏演的是《包公案》《陈州放粮》《三下阴曹》《杨满堂征西》啥的。杨满堂征西征的就是我们武威。钟鼓楼上的那个铜钟就是杨满堂烧铸的,一次铸了两口钟,一个掉在张掖,一个掉到武威了。镇守武威的张奉仙,要到庙里进香,命令士兵们清街。八洞神仙在街上巡游,中午就在罗什寺大殿上歇凉着呢,何仙姑在酒场里买了酒,八仙全部喝醉了。八仙听到张奉仙进香来了,一仙不见一仙,八洞神仙就要走,铁拐李一忙把酒葫芦忘下了。张奉仙进来,闻着怎么这么香,倒出来一看是99颗仙丹,就全吃掉了。张奉仙吃完之后全身烧得不得了,跑到海子巷的水潭,跳下去洗了一个澡,出来后浑身变成钢铁了,99颗仙丹吐出来变成99个鬼兵,一下子鬼哭神嚎的。这时,杨满堂已经到了泗水堡扎营,他有3根神箭,一箭把张奉仙的鬼元射死,第三根射到了嘉峪关的城楼上。鬼元被射死后,西边皇娘娘台那里有一个窑,放在窑里烧,但是化不了。观音菩萨说把他的亲生儿子抓来,丢到炉里就可以炼化。果然,张奉仙的儿子被抓来投入炉中,炼化了鬼元。后来从炉里倒(铸造)出来两口钟。现在钟鼓楼里那个钟的图案,我看了一下,都是鬼元的像。

赵大泰:宋朝的戏是以包公为主,明朝是什么戏呢?

马登岐:明朝的戏也多,《双凤镇》《二进宫》《赵元扫北》等。那时候人家点什么戏,我们就唱什么戏。演皮影的你记不住好多戏不成的。

赵大泰:马先生,您是一肚子的戏,唱也唱不完。

马登岐:要说童子功,当娃娃的时候都不用脑子记,跟着演一遍,耳音就灌下了。哪一个戏的词儿拿出来都知道,皇上有皇上的,宰相有宰相的,状元有状元的,老百姓有老百姓的,拿出来你就得知道,唱就对了。

赵大泰：其实您爷爷、父亲演的时候都没有严格遵照剧本、唱本，都是凭自己记下的词是吧？

马登岐：嗯嗯，都是凭记下的。

赵大泰：其实您十几岁时，就跟着爷爷、父亲学会了所有皮影手艺。新中国成立以后，您家里是种地了还是继续四处演出着呢？

马登岐：新中国成立以后，土地改革，地就给我们了。我们也种些地，那时候还需要出去演出，因为地方上敬神需要哩。

赵大泰：马先生，你们戏班有没有留下文本资料，就像剧本啥的？

马登岐：原来有哩，但大部分都被收购了。

赵大泰：这些文本实际上就是秦腔剧本吧？

马登岐：是秦腔剧本，都是手抄的，很厚的一墩子，有几十本之多。1967年省里开文艺会，请老艺人把书背着去参会。去的艺人都给经费，我们武威光皮影戏就有四五个班子。那一次，大概是1967年吧，我们甘肃仅唱皮影戏和木偶戏的就有两千多人，开了一个月的会，天天晚上轮流进行表演，上过台的就有三四百人。去参会后，剧本全部被省里的文化部门收购掉了。

赵大泰：政府收购的都是您老祖先传下来的本子，后来你们拿的是政府印下的本子，秦腔剧本的那种小书本。现在那些剧本都在马先生您的脑子里呢。

马登岐：都记哈（下）着呢，唱木偶戏时都是按照剧本唱的。那个时候从陕西借（请）了一伙子人来演戏，我们还招待人家。等到后面我们也参加演开了，他们说："哎，我们当你们是不会唱戏的人，是伺候我们的人。桌子摆上一唱，啥也一样。"

二、皮影的制作过程

赵大泰：马先生，刚才我们看到你在制作皮影，你先给我们说一说皮影制作的过程吧。

马登岐：嗯，这个皮影制作起来可复杂着呢，要经过选皮、制皮、画稿、过稿、镂刻、敷彩、发汗熨平、缀结合成等八道工序。

第一道是选皮。以前我们用过驴皮，现在主要用牛皮。年轻、毛色黑的公

马登岐先生制作的皮影
（摄影：张学峻）

牛皮是最好的，这种牛皮厚薄适中，质坚而柔韧，清中透明。

第二道是制皮。可以用两种方法炮制牛皮："净皮"和"灰皮"。"净皮"的制作工艺是先将选好的牛皮放在洁净的凉水里浸泡两三天，取出用刀刮制四次，每刮一次用清水浸泡一次，直到第四次把皮刮薄泡亮为止。皮刮好后撑在木架上阴干，晾到净亮透明时即可制作皮影。"灰皮"也称为"软刮"，把特制的药剂配方化入水中，将牛皮反复浸泡刮制而成。这种方法刮出来的皮料近似玻璃，更宜雕刻。

第三道是画稿。制作皮影有专门的画稿，称为"样谱"，这些设计图稿世代相传。

第四道是过稿。就是描图样，用钢针把人体各部件的轮廓和设计的图案纹样分别复制描绘在皮面上，这叫"过稿"，再把皮子放在枣木或梨木板上进行刻制。

第五道是镂刻。雕刻刀具一般都有十一二把，甚至三十把以上。刀具有宽窄不同的斜口刀（尖刀）、平刀、圆刀、三角刀、花口刀等，分工很讲究。各种刀具有不同的使用方法。

第六道是敷彩。皮影的用色十分讲究。以前，我们大都自己用紫铜、银朱、普兰等矿物、植物炮制出大红、大绿、杏黄等颜色用来着色。现在也用现成的绘画颜料了，省事。

第七道是发汗熨平。敷彩后还要给皮影脱水发汗，这是一项关键性工艺，目的是使敷彩经过适当高温吃入牛皮内，并使皮内保留的水分得以挥发。脱水发汗的方法很多，可以用薄木板夹住皮影部件，压在热炕席下。

第八道是缀结合成。为了让皮影动作灵活，一个完整皮影人物的形体，从头到脚通常有头颅、胸、腹、双腿、双臂、双肘、双手，共计 11 个部件。皮影人物各个关节部分都要刻出轮盘式的枢纽（老艺人称之为"骨缝"），以避免肢体叠合处出现过多重影。连接骨缝的点叫"骨眼"。选好骨眼后，用牛皮刻成的枢钉或细牛皮条搓成的线把 11 个主要部件缀结合成，就这样装成了一个完整的影人。为了表演的需要，还要装置三根竹棍作为操纵杆，也就是签子。

三、皮影戏表演的过程

马登岐先生在进行皮影戏表演
（摄影：张文灿）

赵大泰：马先生，您给我们说说皮影戏表演的过程吧。

马登岐：我在 5 岁的时候，就经常跟着爷爷和父亲在外面走场。演出皮影戏的灯幕和工具用衣裳裹住，两个人用杠子抬着，出去一演就是五六个月，也就是一年岁首时，在庄子上住一段时间，其他时间就一直在外面。像古浪、天祝、永登啊这些地方，一趟演下来，回来得有五六个月。正月初七就开始出去演出了。在武南这一带，好多地方都写着日期呢，年年到那个时候就得演，不能耽误。

赵大泰：提早就定好了，是吧？

马登岐：是的，好多地方都写着月份呢。爷爷去世后，就跟着父亲演出。12 岁时，我就能拉二胡、敲戏鼓了。父亲耍皮影时，我就给他当下手，在表演武戏时，在旁边给他按把子、递刀枪。13 岁时，我叔叔生病了，我就能连耍带唱，表、说都是我一个人，唱旦角、生角、花脸等角色。

赵大泰：一般您正月初几出去开演呢？

马登岐：我们正月初七出去，初九、十五，一直演到耕种农忙时节，中间停一个礼拜，然后其他没有演过的大队就又接上了。有时候时间冲突，两个大队会争抢，只能演出人居中调解安抚了。

赵大泰：马先生，您说一下，我们这个地方把皮影戏班子请过去，到家里面驻扎下以后，开演的时候第一步干着些啥？

马登岐：头一天开场，就是放炮、烧纸。开演的时候先拜一下苗庄王，戏班子都带着自己雕塑下的苗庄王，烧五色纸，做完一系列仪式后，主人点戏，点什么唱什么。第三天要演《天官赐福》，这要演两个小时，再接着演其他的戏。结束的时候要搞敬神仪式。再就是"加官"（意思为打赏戏班）。那时候地方上有钱有势的老爷们，加一个官一个白银圆，比一个戏价还多。那时候一个银圆相当于现在 1 000 块钱，演的时候要写上哪个老爷加的戏。那时候想加戏的人多得很，有时候花那几个钱，地方上还不答应，必须是有权有势的。允许加戏的人员名单上没有你的名字，你就是把钱丢进去也不能给你演。那都是旧社会的事情了。戏一般唱五到六天，唱完了，会长把活动的烧纸一类拿到燎地上洒个圈烧掉，说些祷告语，仪式就算完成了。

赵大泰：你们演出用的都是明清时期祖先一代一代流传下来的小皮影吗？

马登岐：是的。小皮影用驴皮、牛皮做的都有，但是驴皮的亮豁。演的时候在前面木头框框子里绷好毛头纸（一种半透明的纸张），每到一个地方要糊新的；后面照亮，用铁勺那么大的油灯，点五根棉花捻子，代表五方五帝，用的油是吃的清油（菜籽油）。整个演出，这一个灯就够了。

赵大泰：你们演的时候，主要是您要皮影吧。

马登岐：演的时候两个人要。到我能演时，姑娘们也都能演了。那时候是我们一家子在演，拉胡、敲鼓都各有分工，有时候人不够了也从外面请些老艺人搭班。那时候人脾气暴躁，有时候唱得不一致，会吵架，吵完有跑掉的，但过几天他又回来了。

赵大泰：啥时候开始不用清油灯的？

马登岐：有了电就不用清油灯了，开始用电灯泡子照亮。

赵大泰：我们武威人唱的秦腔和陕西人唱的差别大不大？

马登岐：差别不大，唱的都一样。

赵大泰：您除了在本地演出，还去过其他地方演出过吗？

马登岐：外地最远去过新疆，那是一九七几年，自己30多岁时候去新疆石河子、乌鲁木齐等地演出了一年，还卖票。那时候火车已经通了。

四、学习凉州木偶戏

赵大泰：马先生，您也是木偶戏的传承人，是您后来学下的吗？

马登岐：爷爷、父亲他们也会木偶，但那时候没有木偶道具。后来有一个老板置办了一套木偶，演出的陕西人走掉后，其他人演不来，东西就搁着。那个老板喊我去，说他用不来，让我拿去用。我给了600块钱，把那套木偶全部买上了，以后就白天演木偶，晚上演皮影。

赵大泰：像您学艺主要是家传的，跟爷爷、父亲学的。再另外拜过师傅没有？

马登岐：有和其他人合伙演过，张掖也有木偶要得好的，去参加过演出，但没有拜过其他师傅。

赵大泰：我看你们是以皮影为主，木偶是当时学艺的时候，和皮影一起学的？还是后来学的木偶，各有各的道道？

马登岐先生在进行木偶戏表演
（摄影：张学峻）

马登岐：木偶是在我手上才开始演的，爷爷、父亲只演皮影。

赵现海：在"大跃进"的时候，咱们有没有进行一些表演？

马登岐：那时候，我就在剧院演出，没有工资，演《血泪仇》之类的现代题材戏，鬼啊神啊的就不演了。

赵大泰：马先生，您还是制作木偶的高手，您再给我们说一说木偶制作的过程吧。

马登岐：这个木偶制作起来也复杂着呢。凉州木偶属于杖头木偶，制作木偶的关键在于制作木偶头，木偶头做好，安装上支撑的木棍，穿上戏服就可以表演了。木偶头制作的流程首先是打坯；其次是雕刻，主要是坯刻好人物五官；再次是打土，就是用一种特殊的白土加水和成黏土，均匀地涂抹在木偶头的白坯上，目的是掩盖樟木上的疤结或孔眼，使木偶头表面光滑平整；接下来是喷色，为木偶人物的脸部着色，像关公的脸是红色的，包公的脸是黑色的，寿星的脸是肉色的等；再往下是彩绘，用彩笔勾勒出不同人物的各种面部表情，使其喜怒哀乐跃然眼前；再然后是上光油，为的是使木偶头的色彩历久弥新；

最后是根据具体人物配上胡须、头发等，就完成木偶制作了。

赵大泰：马先生，您给我们说说木偶戏表演的过程吧。

马登岐：木偶戏的表演有八个环节：一是确定剧目。二是开箱，要在装木偶的箱子上面供奉庄王牌位，点燃香、蜡、纸张等，祷告后才开箱。三是为木偶着装、化妆。四是演员着装。五是文武乐队选谱定调。六是开演，其中特别讲究的是第三天的演出，必须要演出一部关于龙王、牛王、马祖、五谷庙神等的木偶戏，目的就是祈求风调雨顺。民众可在戏台周围许愿，举行禳除百病等仪式。演出最后一天，必须要安排《香山还愿》的木偶戏，演出木偶有苗庄王、千手观音、各路神仙等角色。七是卸妆。八是木偶入箱。基本仪式如开箱仪式，只是多一项鸣炮的内容。

五、绝艺的传承

马登岐先生和他的儿子马表有在进行皮影表演
（摄影：张文灿）

赵大泰:您觉得这边老百姓是爱看皮影戏还是木偶戏?

马登岐:一样爱看。两个戏唱的都是一样,木偶戏和秦腔大戏一模一样,"撅(举)猴子照大戏"嘛。木偶戏是折子戏,相比皮影戏来说比较短些。

赵大泰:你们白天唱木偶,晚上唱皮影,这样一天一夜连着唱费劲不?

马登岐:也习惯了。

赵大泰:您的手艺主要还是教给儿女们了吧。

马登岐:嗯嗯,三姑娘在兰州哩,二姑娘在这里呢,一个队里的。她们手艺都学哈(下)着哩,连耍带唱,嗓子也好。

赵大泰:儿子从什么时候开始学这门手艺的?

马登岐:儿子是在上学假期之余跟着学的,学习的也还不全。

赵大泰:马先生,你们操纵皮影的指头手法是不是也有技巧?

马登岐:有哩,也得反复的练习。

赵现海:您到新疆去,他们那个地方有皮影戏吗?

马登岐:那个地方没有皮影戏,所以维吾尔族的人爱看着哩,有些懂汉语特别喜欢。我们到新疆农村里也演过,找一个院院子就可以演。

赵大泰:武威这边演皮影的多吗?

马登岐:有四五个戏班子呢,清源白家、马家,西门上还有杨家,杨兆年,也是皮影、木偶都会演,但是他们人少,演木偶时一个人当两个人用。双城镇还有王家,王建廷。后来,老人去世了,儿子是那种憨憨的人,有一个和我一样大的侄子学了手艺,但早早死掉了,子孙无人继承,这个王家班子就没有传下来,失传了。再是永昌镇有一个班子,姓刘,叫刘金亭,但是后来不唱了。所以现在整个凉州区就我们马家传承下来了。

赵现海:您现在还雕刻木偶吗?

马登岐:嗯嗯,雕刻哩。

赵现海:现在当地还有演出吗?

马登岐:没有了,没有人了。有时候春节的时候,政府请着去白塔寺等地方演一演,2020年本来有定下的戏,由于疫情没有演成。2019年文化馆请我们过去,演的比较多,皮影戏和木偶戏各演了20场,演了40多天,还拍摄了视频。

赵大泰:马先生,现在外面有没有人找着来采访你,主要是些什么人?

马登岐：有哩。前年、前前年 10 月份有兰州民族学院（西北民族大学）的学生来拍视频，也有专门研究皮影戏的专家，永登文化馆的一个四川人来过，四川那边成立了一个全国性的皮影文化研究基地。

马登岐先生进行现场表演
（摄影：赵大泰）

赵大泰：马先生，在外面有没有收徒弟？

马登岐：收了一个，叫买天海，是古浪人，现在金昌市永昌县文化馆设立了个木偶戏传习所。那时候我们在古浪演出，他爹爹还活着，领着来拉二胡，跟着我学习了一年，主要学习的是木偶手艺。

赵大泰：马先生，您现在感觉儿女们把您的手艺学全了没有？

马登岐：学也学哈着呢，主要是现在家里也忙得很，请演出的也少了，不经常唱了。不过他们也能唱，我不在了，他们也能唱，就是没有我这么全，演出五六天，就得有五六十本戏。

（赵大泰整理）

研究宣传民勤文化的李玉寿

李玉寿

>>>>>>>

李玉寿先生在工作
（供图：李玉寿）

1954年4月15日出生，作家，历史地理学者，非物质文化遗产传承人，从事民勤地域文化研究数十年，深谙民勤的历史，是最早用电视纪录片的形式反映民勤生态的电视制作人。先后创作了《流金水库》《飘逝的柳林》《绿色丰碑》《山水有情》（4集）、《沧桑楼兰》（30集）、《走进河西》（30集）等30余部电视纪录片，在央视播出。发表了《绿色在他脚下延伸》等100多篇报告文学、论文、杂记等。

在访谈中，李玉寿先生讲述了大学毕业后，从搜集老照片、民歌等开始，一步步走上民勤历史文化研究道路，特别讲述了他对民勤移民文化、生态文化、苏武文化的认识和研究。

一、从搜集老照片、民歌等"起家"

李玉寿先生采访民间艺人
（供图：李玉寿）

柴多茂：李先生，您好！您能给我们讲一下您从西北师范大学毕业后怎么走上民勤历史文化研究道路的？

李玉寿：我是 1973 年毕业的，毕业分配到民勤县委宣传部，就开始搞民勤历史文化研究了。我在还没上大学前就比较喜欢搞这个，后来当兵了，主要是搞文艺，学二胡、京胡，学音乐创作。因为有较多时间在部队采访，所以久而久之形成了这么一个爱好。退役回来后，我也是搞创作。所以上大学那三四年，我也搞一些社会调查,搞一些田野调查。那时候我的主要精力放在啥呢?——图片,我对老照片特别感兴趣。那时的人还没有老照片的概念,多不把老照片当回事。我们本身是偏僻落后的地区,很多老百姓没见过照相机,所以老照片收集起来就比较困难。可是我对它感兴趣,原因是,我觉得老照片记录了一个时代。它不仅仅记录了一个人或者一个家族,它记录的实际上是一个特定时期的社会风貌。我搜集的老照片从清朝末期到20世纪80年代。百年内咱们武威、民勤、天祝、古浪,以至整个河西走廊、整个甘肃,和邻近的阿拉善地区的老照片有不少。

后来我调到民勤县剧团,专门去搞创作。这个时候,我开始把精力投入整理民歌上了。20世纪70年代末,全国发起征集民歌、抢救民歌的文化遗产保护工作,而我实际上从1976年就开始调查民歌了,同时还调查民勤小曲戏。那时社会上还不能公开演出这些民歌、小曲戏,直到改革开放以后。因此,调查时许多艺人都心有余悸,都不敢唱,说是怕被说成牛鬼蛇神。我说我是代表政府的,放心唱吧,一些胆大的为我唱了不少,就这样开始征集的。后来正好赶上20世纪70年代末全国大规模的征集,民勤县也成立了民歌征集办公室,我担任组长。这个时候民间艺人也不害怕了,于是征集民歌的同时也征集小曲戏。到后来武威地区搞《武威民歌集成》,我们征集的最多,原因是我着手早,并不是民勤的民歌一定比凉州区的多、比古浪县的多。凉州区、古浪县是从1980年左右开始的,而我在20世纪70年代就开始了,这样收集的就比较多。同时我搜集的范围不限于民勤,因为民勤人在外面的比较多,民勤人爱移民,移到新疆、青海、内蒙古的人比较多,这些地方我都跑了,而且不是跑一次。前面说到骑毛驴走河套,就是收集民歌去的。到腾格里沙漠里的牧人家,内蒙古人很少,基本上都是民勤人,看着他们的生活习惯像是内蒙古的,住的也是帐篷,其实还是民勤人。这一部分人的民歌跟咱们农业区的有所区别。

柴多茂:那这两者之间具体有哪些差别?

李玉寿:因为他们所处的自然环境不一样、社会环境不一样,人家都是牧人,民歌可能保存得比较原始。咱们农业区的民歌呢,可能融合了一些外县的,甚至一些现代元素进去。我从民勤出发,一直到河套,一路采访。我记得当时在河套、磴口就记录了200多首民歌。这些民歌也是比较原始的,因为他们接触的人少,而且还与放牧、驼夫、驼队、草原这些关系比较大,有了这些元素在里面,他们的民歌自然就有了独立的特色。

柴多茂: 李先生,您编著出版了《民勤小曲戏》,能给我们讲讲您是如何开始收集、整理的,有什么新奇的发现?

李玉寿: 民歌收集完了之后,我紧接着就搜集民勤小曲戏。民勤小曲戏也是流传得比较广,有弹词的东西在里头。我在收集民勤小曲戏的时候接触了弹词。在此之前,我虽然是民勤人,但不知道有弹词这个东西。有一次,我在民勤的湖区收集民勤小曲戏,有个农民告诉我,说他们那里有个老头唱得好,跟别人唱的不一样。我问到地方,就去了,是收成公社兴盛大队。老头姓许,叫许有刚。我去的时候人家没在家,他是给生产队放羊的。我骑着自行车找到的,人家正如痴如醉地在那里放声高唱,三弦用绳子挂在脖子上唱,眼睛闭着,唱得很投入,我在旁边站了半天,他都没发现。老人唱了半天,感觉到有人,掉过头来问是谁。我把情况一说,问他:"许爷,你唱的是啥? 怎么不像民勤小曲戏?"他说:"就不是小曲戏啊! 这东西叫弹词,是老先人手里流传下来的。"我感到新奇,便紧问不舍:"你有师父没有?""有的,怎么没有,姓方,人家就是这么唱的。"未及我再问话,他又补充说:"我唱得不好,师父唱得好。"我接着问:"咱们附近还有会唱弹词的吗?"老人沉吟片刻,说道:"解放前有不少,解放后就少了。我知道的就只有我和中和的王武同两个人了。"接下来他为我唱了几曲,听上去完全是南方的味道。后来我又到苏州、常州,还结识了好多唱弹词的人,这果然就是苏州弹词,它的旋律很明显就是。我把曲谱给苏州、常州的艺人看,人家说基本上没有什么变化。

柴多茂: 现在对民勤小曲戏研究的除本地学者外,还有些什么机构和专家?

李玉寿: 据我所知,一些大学的教授很感兴趣。去年(2020),南京大学的两位教授就专门为这事来了。他们不知道是从什么报道上看到的,来找我。去年秋天,你也联系我呢。人家教授还没走,他们就调查这个事情,要做一次田野调查。他们做得比较细,搞人类学调查、社会学调查,不能光听县城文化馆搞文化的人说,人家要在民间调查。人家走了好多地方。他们对我说,这回落实了,还要作为一个课题来进行研究,明年(2021)天气暖和了以后带研究生过来调查。教授说这还真就是苏州弹词。

柴多茂: 民勤县为什么会出现苏州弹词? 李先生,您怎么看呢?

李玉寿：说到这个问题，可能话有点长，我就简单介绍一下吧。我们在故宫找到了一本名叫《武职选簿》档案，里面有镇番卫的内容。这个档案现在还在，估计看过的人不多。这份档案里，到民勤任职的每一户是从哪来的、户主是谁、什么时候迁来的，包括他们的儿女、子孙，都有详细的记载。我统计了一下，从洪武时期到崇祯十六年(1643)，一共有 124 户，军人加军属人员一共是 5 600 人。可是世袭的军户，实际一户只认定一人。

柴多茂：李先生，是不是在研究苏州弹词的过程中，您又发现了一个新的研究领域呢？

李玉寿：其实我不仅得到了朝廷的档案，同时我大量地调查了民勤的家谱。据我调查，在武威三县一区中，民勤的家谱是最多的。主要原因当然是民勤人是从南方过来的，他们坚守南方崇文尚学的风气，所以民勤的孩子，不光现在，在明朝、清朝、民国时期，不上学几乎是不可想象的事情。解放以前，民勤经济那么萧条、那么落后，除了临洮之外，民勤孩子的入学率在甘肃省是最高的，这也是有档案为证，不是传说。因此，小曲戏也好，弹词也好，皮影戏也好，还有说书，这些文化都得到了相应的传承。家谱也是一样。我有民国作家写的一本书《镇番的种种》，虽然当时已经叫民勤了，他仍然写镇番。书里他写道，很奇怪，在甘肃其他地方几乎没有看到老百姓家里有家谱，可在镇番几乎家家户户都有。我也做了大量的调查，好多人家说我们的家谱自己没有，怎么都在寿爷家里。实际上我从来不拿人家的家谱，我发现或者我看过的，就把序啊跋啊这些重要的家族信息全部记录下来，用几十本笔记去记录。所以我就写了一本书叫《民勤家谱》。

柴多茂：《民勤家谱》出版很早，您最近又有新研究，是否会做修订？

李玉寿：最近我按南京大学教授提出的要求，重新搞《民勤家谱》的修订本，40 多万字，加进好多新发现的内容。我写《民勤家谱》的时候，还是 20 世纪 90 年代，现在过去 20 多年了，我掌握了很多新的资料，直接补充进去。在家谱上我还是花费了很大的精力。我说这些是想说明，我为什么要做这些，好多人认为这是乡土文化、民间文化，其实不然，我一直是作为人类学研究的一部分重要内容来做的，并不是简单地把它当作民间文化。我走这么多路调查，调查民勤的户口迁徙，这个属于人类学或社会学范畴。

二、关注民勤移民研究

李玉寿先生和农民交谈
（供图：李玉寿）

柴多茂：李先生，您对民勤移民有什么研究？

李玉寿：这个调查工作量很大，很辛苦，不像调查民歌。民歌几乎是碰到什么，就采集什么，碰不到了就走人。这个要系统地弄。我到新疆哈密市巴里坤哈萨克自治县三塘湖，那里的民勤人是乾隆十四年（1749）搬去的。这是最早成批迁徙到新疆的民勤移民。我收集了当时的官方档案。新疆的奇台、木垒、昌吉等地是后来民勤人陆陆续续搬过去的，而且是近代搬过去的。现在民勤本地才20多万人，可是奇台的民勤人居然比民勤本地还多，有三十几万人，我忘了准确数字，反正比民勤本地人多，从农民到干部，绝大多数是民勤人，飞机场工作的民勤人也很多，他们还接待了我。我不是走马观花地看一看，我在奇台、木垒、巴里坤做了大量的调查，基本调查清楚了。

柴多茂：李先生，民勤移民有什么特征或者规律？

李玉寿：民勤移民有这些规律。民勤的自然环境不好，遭灾多，所以一碰到灾年，民勤人就想往外头跑，这是前提。更重要的原因是，民勤人从南方迁徙过来，经过几百年的发展，掌握了骆驼养殖方法，有大量的驼队，他们借助驼队走出去。你看山区的人没有骆驼,想走也走不了,尤其是大规模的迁徙,那不可能。比如,古浪人一户可以迁走,但不可能成村成县地几千人、几万人同时迁走,必须要有大型驼队才行。

因为有了驼队,所以民勤人可以走,远到大库列(今蒙古国乌兰巴托),近到新疆和内蒙古。我们那个村上就有好几户在大库列,他们是新中国成立前就一起搬过去了。前年我接待了一个从蒙古国来的人,叫马正中,他居然现在还叫马正中,一听这个名字,就知道是我们那的人。我问他:"你们老家是哪儿的?"他说:"还是我太爷的时候搬到大库列。他们把那个地方叫大库列,不叫乌兰巴托,可能那个时候它就叫大库列。我太爷的时候就搬过去了。老人们说我们原来的地方叫马家百万。"我一下明白了,马家百万现在是收成镇永丰村六社,现在还叫马家百万。这么一个蒙古国的人,居然说的话还是民勤口音。马正中告诉我,人们都追求现代化的享受,往城里搬,他们家也搬到乌兰巴托的牧区了。我对民勤移民做了好几年的调查。

柴多茂:李先生,您搞民勤民歌调查、小曲戏调查,继而延伸到民勤移民、族谱等,这之间有什么关联?

李玉寿:弹词的调查、小曲戏的调查、民歌的调查,归根结底就是人类学的调查。比如,对民勤移民的调查,我认为这个课题很大,现在咱们在这方面遗留的问题其实还很多,研究还很肤浅,也就刚刚起步。南京大学的教授可能5月份就要来,他们研究民勤的弹词就是研究民勤的移民,南京的、安徽的人怎么移到这儿了,他们几百年是怎么生活的,他们要从深处去挖,不仅仅研究唱个什么调调子、唱什么歌。这些移民到民勤后,在明朝的时候是怎么生活的,清朝的时候又怎么生活,一直到现在,然后又迁走了不少,迁到哪儿去了。学者们要研究这个,所以他们先来了两个教授跟我谈了两天,然后又让我陪他们搞了几天的田野调查。他们要听听老百姓对这个有没有认知,听过没听过这个东西,我就领到刚才说的许有刚的家乡,他们问当地的农民,农民说得比我夸张十倍,说许有刚唱得跟电视上一样。许有刚爱唱,冬天冷,他躺下弹三弦,被子推开上半身冻的很,农村又不生火,咋办呢?他在被子上掏两个洞,胳膊抻出来弹。那两个教授说这个故事太生动了。许有刚同一个生产队的人,还有个姓许的,是个兔唇,他吹小唢呐,水平相当高,可是兔唇不遮风,咋办?他做了一个小铜碗,扣到嘴上,就能吹了,当地的村民把他做的那个小铜碗叫

"收风器"。两个教授也找这个姓许的访谈调查了。

三、校注《镇番遗事历鉴》

柴多茂：李先生，再给我们说一下您是如何校注《镇番遗事历鉴》的。

李玉寿：那是 1979 年，我调查民歌的时候。我几乎是篦头发式的调查，骑着自行车，一个生产队一个生产队调查。我就走到小西生产队，问有爱唱民歌的没有，有爱唱小曲的没有。人家说有，就把这个人找出来了。然后我就在那户姓陈的农民家住下了。那时候干部在农民家吃饭，每顿饭要掏两毛钱和二两粮票，对于当时的农户而言这也算是一笔收入，因此他很乐意我多住几日。于是我就跟这个人家聊了很多。姓陈的老汉虽然是个农民，但文化程度高，懂得多，字儿也写得好。他基本上不怎么会唱民歌，但是知道民勤的逸闻

《镇番遗事历鉴》书影
（供图：李玉寿）

趣事很多，民国时期、清朝时期的民勤名人、段子，我就记录。但是没提到《镇番遗事历鉴》这本书，他忘了，彻底忘了，因为几十年也没翻过这书了。我爱在人家家里转。我有个经验，人家后头的圈圈子、磨坊子，要是有什么旧货啊就在那摞呢，不可能放在前头屋里。比如我就发现东湖镇的一家人有完整的一套南方人舂米的器具，已经磨得看起来有些年代了。你想民勤不种稻子，怎么舂米的？人家说这是老先人的东西，我想买，人家不给。这次在陈老汉家我也到圈圈转去了，在柳条编的打水的破漏斗里看到许多黄页页子，像书一样的东西，我就取下来一看，外面的已经让雨水什么的泡坏了，里面的还好好的。书一拿出来，陈老汉马上不给我了。

柴多茂：这本书就是《镇番遗事历鉴》？

李玉寿：是《镇番遗事历鉴》。我说我抄行不行？人家说抄就得给一点保管费。我说行。我就把这个宝贝交给有关领导。

柴多茂：领导看后支持给经费吗？

李玉寿：领导看后说："把这个赶紧扔掉,免惹是非。"你不知道那个时候,还没改革开放,人们的思想还停留在那个阶段。

柴多茂：后来您是如何开始校注工作的?

李玉寿：当时我已经主持修撰《民勤县志》,就从我们的职工中抽几个人出来抄呢。人家也不是一次性给,先给你一点点,抄完了再换。终于有一次抄得他不耐烦了,因为抄完还得校对,我说你先让我拿去,他答应了。我就拿回来了,老头再也没说过,就放了一年多,我们把大部分抄出来了。看起来完整的我们就没抄,看起来支离破碎的我们就抄了,抄全了。

柴多茂：后来您与这位老人联系了吗? 这本书稿最后在哪里?

李玉寿：书抄完之后,老人的儿子要叫他搬到黑龙江去。他就一个儿子在黑龙江油田上。老人来找我,不是要那些破纸,而是要钱来了,张口要1000块钱。当时1000块钱就是个天文数字,我的工资才46块钱。说了半天700块钱,700块钱我也没有,我们文化馆写字的老马爷(马玉浩)拿出200,杨爷(杨澄元)拿出200,我拿出300,给了人家,把这个老人也说顺当了。老人去东北了。

柴多茂：在整理的过程中,李先生您遇到了哪些困难?

李玉寿：这本书非常难整理,一是有些字模糊不清,再一个它的页数已经彻底乱了。书全部是手抄的,并且是两种字体。整理的时候,首先把页数找对了,然后就逐字逐行地校。我估计要有10年才能整理好,一次性弄不完,我不可能有那么多的时间,就放下了。整理的时候,还要查找别的资料来印证书里的话,比如用县志或者明史、清史等,整理得很慢。出版以后发现没校对过来的错别字还是有不少,让我重新校,最近因为我安排工作太多了,还一下校不出来。甘肃文化艺术研究所也发现了好几处问题,可能还有缺页的现象,并且是整页缺的,因为从文字的连贯性上能看出来。我们好好地再校一下。

柴多茂：李先生,在校注《镇番遗事历鉴》时,您有什么特别的研究发现吗?

李玉寿：《镇番遗事历鉴》是谢树森写的,他是清代嘉庆同治时期的人,没有当什么官,但很有名气。谢广恩是谢树森的孙子。谢树森在同治年间死了,到孙子谢广恩的手上又补了。你看文笔不一样,不但文笔不一样,取材也不一样。谢广恩记事情的大部分跟大事件有关,他用的县府的档案比较多,但是谢树森记的东西基本是民间的。

柴多茂：您写过一篇文章,说在校注《镇番遗事历鉴》时,得到了当时国内著名学者的指点、帮助。

　　李玉寿：我整理《镇番遗事历鉴》时，最先请教的是夏鼐。第一，我得证明这本书确实是民国或清朝时期的人修的。虽然这本书一看就是那个时候的，但是我还是要让专家说。第二，就看我校的错误是不是过多。夏鼐先生特别好，直接就来了好多信指导我，哪对了，哪错了，鼓励我说你校得好，校得好，继续努力。冯绳武是兰州大学的著名教授，我把原稿还有校的稿子都给他看，在他那儿放了多半年。冯教授细心得很，拿原稿跟我的校稿对比，看校对了没有，结果他夸我："你的文言文水平很高，你就接着校去吧。"还有彭铎、李鼎文，好几个教授呢。彭铎教授亲自看了原稿和我的校稿。李爷（李鼎文）还说这个书他听过，但是没见过，他在民国的时候就听过，好像当时不叫《镇番遗事历鉴》，没有"历鉴"两个字，叫作《镇番遗事》。那是 20 世纪 40 年代的事，他在包头看到了，但是没有时间翻阅，看到一个掌柜在鞍子上放着，那个掌柜就是民勤人，书就是这样的。李爷（李鼎文）的好几封信现在我还存着，就是有关《镇番遗事历鉴》的。夏鼐的几封信丢掉了，现在还有三封呢，都与《镇番遗事历鉴》有关。

四、保护民勤县的生态

李玉寿先生在沙漠中工作
（供图：李玉寿）

柴多茂：您再能不能给我们讲一下民勤的生态文化？

李玉寿：我写的东西，像《民勤家谱》《天下民勤》等都是与移民有关的。我还有两个下了大功夫的作品，一个是《大驼商》，10集，不是电视连续剧，是纪录片，中央电视台约我写的。《大驼商》写的是清朝两个非常著名的、在全国都有名气的大驼商，一个是马合盛，一个是刘茂盛，这两个人都是陕西人，他们为了弄驼队，一部分人搬到民勤来了，搬到民勤来就是为了发展驼队。去年热播的《那年花开月正圆》，里面的男主角，跟周莹斗的那个不就是民勤人吗？——马合盛。

柴多茂：那另一个反映民勤生态文化的作品是什么？

李玉寿：另外一个写的是民勤沙井文化。沙井文化我也写了10集，也是纪录片，名字叫《远逝的彩陶部落》。这个工程大了，凡是涉及沙井文化的地方我都去过，就是没到伊朗去。沙井文化相当于西周中期至春秋晚期，最初发现于甘肃民勤沙井，因此得名。它是甘肃年代最晚的含有彩陶的古文化，也是我国最晚的含有彩陶的古文化。关于沙井文化的族属，据史料记载秦汉之前的河西走廊居住着月氏、乌孙等民族，有学者认为沙井文化的分布范围与古月氏族的原住地相符。月氏于公元前2世纪为匈奴所败，后又败于乌孙，不断西迁，最后到了巴克特里亚，就是现在伊朗、阿富汗一带。我虽然没到伊朗去，但是我通过一些关系，做了好多印证的工作，比如伊朗的一些钱币、马鞭、彩陶等一些小的东西，还有腰带上装饰的环，跟我们这边出土的一模一样，跟鄂尔多斯出土的也一样，这说明他们当时是一个部落，属于一个民族。我自己认为剧本写得比较理想、比较清楚的，可是纪录片拍了半拉子，200多万的经费已经花掉了，编导晚上得心脏病去世了。后半部分拍了国外，因为计划是500万元的经费，准备到伊朗去拍，到蒙古国去拍，基本上把沙井文化理顺了。创作手法用了人物再现的手法，比如我写的基本上都是故事，把历史事件和人物编成故事来表现，看起来好像是小说，不是纪录片，不然老拍沙窝的东西，不要说10集，就连1集也没人看。

柴多茂：据我查看有关资料，您是最早开始宣传民勤生态危机的学者。

李玉寿：生态我搞得比较早，那时全国还没有这么说生态的。我宣传石述柱是什么时候？1992年。1986年，我拍摄制作了《沙乡民勤》。1992年，拍摄制作了宣传石述柱的电视片。《沙乡民勤》说的就是生态，说民勤的生态越来越不行了,水越来越少了,沙尘暴越来越多了。可是那时候领导还不让你说这个。我跟外头的记者合作,县上也管不着,最多就说你怎么老说我们的负面的事情,不好。一直到了 20 世纪 90 年代末期,不说不行了,市上也着急了,民勤水库都干了,老百姓都跑了,整村整村地跑了。怎么办?所以就着急了。搞的稍微有点轰动的是《飘逝的柳林》,1999 年拍的,2000 年在中央台播的。纪录片播出后事情就大了,引起了全国的关注,各路记者纷至沓来。《飘逝的柳林》制作得实在好,脚本是我写的,吴万芳拍的。从那以后,我就成了专门做电视片的了,紧接着就拍了《绿色丰碑》。咱们光不能说落后的,要歌颂正面的。石述柱作为一个老支书,40 年如一日植树造林。这样的话领导们也高兴,既报道了我们的困难,说了我们的问题,同时也说了我们的成就。接下来我又搞了 4 集纪录片《山水有情》,是跟武威电视台的王守荣合作的,写左凤章治水的事迹,推出武威市治水的英雄,也是在中央台播出。左凤章从修红崖水库,后来在南湖的治沙。

柴多茂:李先生,您对生态的关注不仅限于民勤,而是放眼整个河西走廊。

李玉寿:我不仅仅是做民勤的,凉州区的也做,古浪县的也做了,河西走廊的也做。我做的 30 集纪录片《走进河西》,不是这几年播的《河西走廊》,《河西走廊》说的是河西的文化,《走进河西》讲的是河西的生态。河西生态不光是民勤的生态发生了危机,事实上三大流域的下游地区基本发生了生态危机,有各方面的原因,比如人口增加的原因、干旱的原因、耕地增加的原因等,有人为的,也有自然的。我在生态方面挖掘了一下,生态方面的片子一共做了 37 部,都是在省级以上电视台播的。

柴多茂:您的大作《天下民勤》也反映了民勤生态文化。

李玉寿:实际上,我写《天下民勤》就是从生态着手,从移民的角度论述,他们为什么要移民?他要移民,肯定是出了问题,对不对?他要找一个更好的地方,人类就是这样的嘛。人类跟水一样,水往低处流,人也是哪好往哪儿跑,哪儿有更好的生活条件,我们就往哪儿跑。

五、挖掘苏武文化

李玉寿先生采访民间艺人
（供图：李玉寿）

柴多茂：李先生，再给我们讲一下您对苏武文化的研究？

李玉寿：明代之前，民勤基本上就是一片荒漠，现在的阿拉善左旗、阿拉善右旗都没过来，阿拉善左旗、阿拉善右旗的人，他们属于阿鲁台部落，清政府平定准噶尔叛乱的时候，他们就到内地来了。朝廷先把他们安排到青海，这些人说青海太冷了，生活不习惯，气候不习惯，空气稀薄，牲口死得多。没办法，他们就来到民勤的昌宁湖这一带，就是金昌到民勤县城的这一块。过了一段时间他们又嫌地方太小了，而的确也是小，他们过来的时候有几万人呢。朝廷又派官员来考察，看上了贺兰山以西这片地方。

大概是从明朝初年开始，苏武牧羊的故事就流传开了。因为我们有百字铭，就是100个字铭文的那个碑，原来就在苏武山上立着。碑是明朝的，说明在明朝，甚至在明朝之前，当地牧人就认为这个地方是苏武牧羊的地方，因为肯定在明朝之前这个山就叫苏武山，不是明朝的人来把这山命名为苏武山，民间的文化,尤其是传说,都是在不知不觉中,慢慢地随着时间演变才形成的,而不是谁下个命令说,咱们弄个民间传说。对不对? 我认为这个传说,肯定是在明代之前就有了,因为有百字铭作证。崇祯期间,又做了"苏武牧羝处"的碑。

柴多茂:您对苏武到底在哪里牧羊有什么看法?

李玉寿:大家在争论苏武牧羊到底是不是在民勤,我认为这个不重要。我也不同意苏武牧羊就在贝加尔湖,它没有那么远。因为苏武当时回来的时候,三个月能走到长安,当时又没有汽车,他不可能在这么短时间从贝加尔湖回到长安。但是苏武牧羊也不可能在民勤,更不可能在宁夏,宁夏也有个苏武庙。苏武牧羊仅仅是一种文化现象。所以说,争论苏武牧羊就在民勤,没有多少必要。但是你得证明民勤确实有苏武牧羊的传说,这是两个概念,对不对? 在文化分野上是两个不同的概念,一个是历史,一个是文化。既然作为一种文化,咱们还是有发扬光大的必要。我们研究这种文化形象是怎么形成的,它有哪些具体的内容。比如,我们经常谈到苏武的传说,什么野鸽子墩的传说,什么无节芨芨的传说,实际上作为一种文化反映在各个方面,它不仅仅是民间故事,比方说小戏,民勤小曲戏它也唱苏武牧羊。我还写了 10 集纪录片《百年小曲戏》,里面专门有一集写苏武牧羊的事情,也是按纪录片再现的手法,让苏武出场,让苏武的匈奴老婆也出场,让苏武和匈奴人生的儿子苏通国也出场,让汉武帝也出场,把故事交代清楚了。我们从时间上抠,我们从他行走的路途上抠,当时就是步行嘛,三个月哪能从贝加尔湖走到长安呢? 步行的话,三年也走不到。我搞苏武传说是从多个方面来搞,不是仅仅弄些民间故事,必须从多个方面去搞,形成一个系统,有民间绘画,有民间传说,还有民间风物。我就收集了好多关于苏武牧羊的照片,比如清代的苏武庙的照片,那照片比较珍贵的。还有清代每年的九月九民勤的驼羊会,为什么形成驼羊会? 民勤在明代末期就已经有了驼羊会,驼羊会是专门纪念苏武的,后来变成了一种经贸活动,我们现在说的物资交流会,主要交流对象是骆驼和羊,所以叫驼羊会。这里有好多传说了,原来苏武山上不是有个泉吗? 那个泉上还有个亭子,叫蒙泉亭,据说苏武当年就是在这里饮羊呢。说到这里插一句,苏武牧羊的故事,从明代开始也好,还是从明代之前的朝代开始也好,有一点是肯定的,吻合了民勤的青土湖当时叫北海,《汉书》记载苏武牧羊在北海,咱们歌中也唱"牧羊北海边",正好吻合了。所以大家就把苏武牧羊说成了在这地方,别的地方没有北海啊。

柴多茂：李先生，苏武牧羊在"北海"，与今天的青土湖有什么联系？

李玉寿：青土湖之前叫白亭海，是从唐朝郭元振设置白亭军开始的。可是后来老百姓叫着叫着就不叫白亭海了，直接就叫白海了。因为在明朝时期湖就叫北海，不叫青土湖，这样自然而然地就想到了苏武牧羊在北海，咱们这就叫北海。如果说民间传说也能刨根问底的话，它就是从这来的。我给几个教授都这么说过，他们说你说得太对了。为什么叫青土湖？民间的发音，它串音了。汉代的时候这个湖叫休屠湖，历史资料上都是这么写的，老百姓叫着叫着就叫成青土湖。匈奴休屠王在青土湖一带驻牧，当然不限于青土湖那一块地方，整个武威吧，甚至比武威还大。当时的湖在他的势力范围，就叫成休屠湖。这个也是依据，这个地方是休屠王驻牧的地方，苏武应该也就差不多在这儿了。苏武牧羊传说就是这样产生的，有休屠湖，有北海，跟《汉书》的记载都吻合。

（姜清基、柴多茂整理）

民勤骆驼客的非遗传承人张元生

张元生

>>>>>>>

1952 年 10 月 1 日出生。因家庭贫困,小学毕业后回家务农。18 岁开始跟随父辈和东湖镇骆驼客曹宗让学习骆驼客手艺,痴迷于这个行业,在父辈和师父的言传身教及自己的潜心钻研下,熟练掌握了骆驼客所有的日常手艺,并不断改善操作技能,成为武威地区难得的骆驼客传承人。2011 年和 2015 年,曹宗让和张元生二人被甘肃省文化厅确定为省级非遗项目民勤骆驼客的省级代表性传承人。2019 年 5 月,曹宗让因病去世,张元生成为唯一的民勤骆驼客省级代表性传承人。

民勤骆驼客张元生(中)和他的伙伴
(供图:张元生)

在访谈中,张元生先生简要介绍了骆驼客的形成历史、驼队行走的线路、骆驼队的组成、骆驼客怎么分工配合,如何驯养骆驼,如何躲避沙尘暴等恶劣自然天气。另外,张元生先生还介绍了与师傅曹宗让的师承关系。

一、生产队挣工分的骆驼客

民勤骆驼客
（供图：张元生）

柴多茂：张先生，你给我们先简单介绍一下你自己和你家庭的情况。

张元生：我家住西渠镇芥玉村四社，出生于 1952 年 10 月，父亲叫张伟文，母亲叫严梅英，有兄弟姊妹六个，四个弟弟、两个妹妹，我是老大。

柴多茂：民勤地处丝绸之路要冲，三面环沙，具有特殊的地理位置和典型的温带沙漠气候，是骆驼生息繁衍的理想之地。民勤牧养、使役骆驼历史悠久。

骆驼客是指在沙漠拉骆驼的人，民勤民间称之为"驼户"，或"驼把式"。骆驼客以放牧骆驼、拉骆驼运输为生。驼运时 50 只以上的骆驼运输就可称为"驼队"。经营驼运物资进行商品交易者称为"驼商"。民勤的驼户、驼队、驼商历史悠久，在西北久负盛名。2011 年 3 月，民勤骆驼客被公布为甘肃省第三批省级非遗代表性项目,属民俗类。

　　民勤骆驼客既有放牧、长途驼运的丰富阅历和经验,又有制作驼制品的技术,还会唱驼夫号子。绝大多数骆驼客心灵手巧,会纺驼毛,用驼毛纺织长毛巾、毛衣、毛裤、毛袜,会织驼毛单子,会裁驼毛褥子,会用驼皮拧绳。骆驼客是生活在瀚海沙漠里的多面手。

　　张先生,你是省级非遗项目民勤骆驼客的代表性传承人,你给我们讲一下民勤骆驼客的形成历史。

　　张元生:民勤骆驼客的历史就长了,以前在 20 世纪 50—90 年代就养骆驼驮运东西。有些地方交通不便,在沙漠地带,就用骆驼运东西。

　　柴多茂:历史上民勤骆驼客主要走哪些路线?

　　张元生:历史上骆驼客近的走银川、兰州,远的就走新疆、西藏。过去商号的布匹等等货物都是骆驼驮的。

　　柴多茂:我在资料上看到,民勤骆驼客还得到列宁的接见,你知道吗?

　　张元生:噢,那个在一本书里面记载着呢。

　　柴多茂:你父亲也是拉骆驼的吗?

　　张元生:我老爹小时候就是在内蒙古给人养骆驼的,他 15 岁就拉骆驼了。那时候有一头骆驼是让人骑的,但是我老爹舍不得骑,驮上些盐,换来大米让家里人吃。

　　柴多茂:那时候吃的主要是大米饭吗?

　　张元生:那时候吃的就是大米饭,也没有啥菜,也没有电饭锅,大米在锅底炕(烙)成锅巴,我们就铲着吃呢。现在生活好啦,没有几个菜,大米饭就吃不下去。那时候有大米饭吃就不得了。我也是挨过饿,受过苦的。现在的老百姓出去放骆驼,开的都是车,吃的、喝的都拉上。现在开车拉货的说辛苦得很,以前我们骑在骆驼上,光是摇摇晃晃的就受不了。

　　柴多茂:你是从什么时候开始拉骆驼的?

　　张元生:从 20 世纪 70 年代就开始使唤骆驼。

　　柴多茂:那时候用骆驼主要干啥?

　　张元生:主要是驮柴火,给生产队干活,给群众解决燃料。

　　柴多茂:张先生,那时候每个社都有骆驼吗?

　　张元生:嗯,那时候每个队、每个社都有骆驼呢,每个生产队集体养骆驼,几个拉骆驼的队会组织起来一起出发。

柴多茂：你是四社的，你们四社那时候有多少骆驼？

张元生：有20头骆驼，有些骆驼不能用，像公驼就不能驮东西。

柴多茂：那时候怎么给你们记工分的？

张元生：队里给记工分，一天记1个工，到年底结算。那时候一般1个工分就算五毛钱，就是一天挣五毛钱。和现在一样，工分多了收入就多了。

柴多茂：那时候一年能挣多少工分？

张元生：一年365天，过年休息个七八天，一年能挣300多工分，1个工五毛钱，一年就是200块钱左右。

二、驼队中挣工钱的骆驼客

民勤骆驼客
（供图：张元生［左二］）

柴多茂：张先生，作为一个骆驼客你最远到过哪里？

张元生：最远到过宁夏的银川。

柴多茂：你们走的哪条路线？

张元生：我们是顺着沙漠走。我家住的地方离沙漠也就5公里。

柴多茂：那时候你们去宁夏，驮的是什么东西？

张元生：驮运的是食盐，到盐场把盐装上，驮运到宁夏，一周7天才能到，回来再一周7天，来回得15天左右，装货、卸货也得1天。

柴多茂：那时候是谁组织你们？

张元生：那时候就有老板呢，有的老板养的骆驼多，没人拉，就雇上我们拉，我们拉上骆驼挣钱。

柴多茂：走一趟宁夏，你们能有多少工钱？

张元生：那时候一天是1升米。我们这边出产的是黄米，宁夏那边吃的大米，我们从宁夏驮来大米，我们挣的也是大米。老板把盐换成大米，给我们开工资。

柴多茂：那就一个来回能挣十几升大米。

张元生：嗯，14升的话就能盘一斗半，那时候一斗是10升。

柴多茂：哎，那工资也好着呢！

张元生：那时候生活紧张着呢，大米拿回来，老爹要让一大家人吃呢。

柴多茂：张先生，你们还走过哪里？

张元生：还走过左旗（阿拉善左旗），驮的是煤炭，一个来回得二十二三天。

柴多茂：去左旗的时候驮的啥东西？

张元生：去的时候没有驮东西，空着去呢。把煤炭驮回来，在生产队也挣的是工分。

柴多茂：张先生，骆驼队在装上货物走的时候有没有啥讲究？

张元生：有呢。骆驼出发的时候，放两堆火，骆驼就在中间走过去。按照老百姓的说法，就烧了个火，燎（禳）了一下，送行呢，就是一路顺风的意思。

柴多茂：回来的时候，有没有啥讲究？

张元生：回来的时候没有啥。我小的时候，老爹去拉骆驼，是非常艰辛的，都是晚上进门，离家10公里远，就能听到驼铃，我们就知道老爹回来啦，这就是信号，我们就开始做饭。拉骆驼的人白天不进门，都是起五更进半夜，两头不见日。

三、组织有序的驼队

民勤骆驼客
（供图：张元生）

柴多茂：张先生，你们在去宁夏、左旗的路途中有没有遇到过危险？

张元生：没有危险，我们没有遇到过，但听说驮盐的驼队有时候会遇到强盗抢盐呢，但驼队也有身强力壮的，把强盗打跑。

柴多茂：张先生，你再给我们讲一下驼队的组成情况。

张元生：我们驼队起码要有6个人拉骆驼，有一个老板带队的，骆驼客是一个合作团队。

柴多茂：如果到一个地方要住宿，有没有分工？

张元生：分工合作肯定有呢。我们也是排班，两个人一组，两个人搭毡房、做饭，两个人组织骆驼、放骆驼，两个人摆放货物，把"垛子"（货物）排起来，一个一个摞起来。这个分工要轮流，骆驼客就是一个分工合作的团队。老板是总指挥，不排班，负责交货、算账、收钱这些事情，是掌柜的。现在叫老板，过去就叫掌柜的。

柴多茂：拉骆驼的时候，你们吃的都带着吧？

张元生：吃的喝的都带着呢，这些都是由掌柜的管着呢。有时候牧民家里的羊也拉着呢。

柴多茂：你们在沙漠里遇到过风暴、沙尘暴吗？

张元生：遇到过。沙尘暴大的时候就休息，我们叫"老灾"。遇到下大雪、刮大风也得休息。

柴多茂：你们赶路的时候是怎么分工的？

张元生：拉头骆驼的是特别操心的，要探路，要掌握驼队的速度快慢，这也是轮流的。掌柜的就比较自由，一个人骑着一个骆驼，可以喧谎（指聊天），可以走在前面，也可以走在后面。

柴多茂：最后的人负责什么事情？

张元生：最后的人不用操心，主要是领队的人操心。最后一头骆驼戴的驼铃，中间出啥问题，驼铃不响了，骆驼就站下不走了。

柴多茂：张先生，拉骆驼的经历是不是对人的性格也有影响？

张元生：人的性格各不一样，有的人性格好，有的性格暴躁一些，我们是一个团队，必须要合作，但谁的骆驼还是谁负责，你的15头骆驼你拉，我的15头骆驼我拉，不过互相还是得关照，得团结。

柴多茂：张先生，你们在拉骆驼的过程中，遇到过别的驼队吗？

张元生：遇到过，互相也有争执的情况。饮骆驼的时候，如果骆驼太多，就有争夺水井的问题。我们有6把子骆驼，每把子15头，那就有90头骆驼。饮水的时候，要是水井不多，可费劲呢，一头骆驼要喝200斤水呢。有时候驼队和驼队顶上，就有冲突，还有打架的情况，我要饮骆驼，你要饮骆驼，就抢着饮。不过一般站台上井多，最少有4个井呢，不然的话骆驼到站台就吃不上水了。

柴多茂：你们到站台上交钱着没有？

张元生：当然得交钱，照着骆驼算钱呢，他们看井，肯定得收钱呢。

柴多茂：你们在站台也可以做个休整。

张元生：我们驼队里的掌柜的快到站台的时候，他就先去联系，付钱也是他付的，等我们到的时候，啥事情都联系好了。井也安排好了，哪个井让哪个驼队饮水，都提早说好了，分配好了就避免起冲突。

柴多茂：张先生，驼队与驼队还有啥情况会起冲突？

张元生：一般不会，我们也有规章制度呢。哪个驼队也不想走头里，都想后头走，走在后头，前面的驼队就把路探开了，骆驼轻松，人也轻松。

四、驼夫号子

民勤骆驼客
（供图：张元生［右二］）

柴多茂：骆驼客还唱驼夫号子是吧？

张元生：嗯，骆驼客骑在骆驼上，一摇一摇的，瞌睡得很，瞌睡了就唱驼夫号子，就唱拉骆驼的辛苦，一年四季回不上几趟家，冬天爬冰卧雪，特别辛苦呢。

柴多茂：张先生，你能不能给我们唱一首驼夫号子？

张元生：好，唱就唱一首。

驼夫号子

拉骆驼，走衙门，

走呀么走衙门，

骆驼多,链子长,

处处要操心。

你说我这个拉骆驼,

是不是个好营生?

你说我这个拉骆驼,

是不是个好营生?

柴多茂:现在这个驼夫号子整理出来着没有?

张元生:整理出来着呢,我那里也有光盘,放到唱戏机上就可以看。电脑上也有呢。

柴多茂:现在知道的驼夫号子是不是已经整理全了?

张元生:基本上都整理出来了。以前留下来的都整理出来了。但是有古老的也没办法整理了,人不在,就唱不上了。

柴多茂:张先生,你能唱多少首驼夫号子?

张元生:我唱得不行,曹爷(曹宗让)原来在文化馆唱小曲戏的,他唱得好,记下的多。驼夫号子,文化馆都收集下着呢。

五、驯养骆驼

柴多茂:张先生,你给我们讲一下驯骆驼的情况。

张元生:骆驼队要老实的骆驼、不老实的骆驼都配上,拉过垛子的、没有拉过垛子的都配上。谁都想拉乖的骆驼,调皮骆驼费事得很,有时候把垛子都撂掉,就得搭配开训练。

柴多茂:张先生,如果骆驼得病了你们怎么办?

张元生:骆驼得重病了,放到当地就行了,有人管呢,给放牧的交代下。常见的病的话,感冒,不吃草,肚子胀,骆驼客就能治疗。生病的骆驼没力气了,就把驮的货物加到别的骆驼身上,这个骆驼空拉上,轻松的话病就慢慢好了。骆驼客出发的时候,什么东西都准备着呢。那时候给骆驼治病,都用的土方方,这些土方方,都是骆驼客总结的经验,比如着凉了,就给放血啊,上火了就给扎针啊,有的扎火针,有的扎凉针,反正就是凭老经验。骆驼驮着货物走热

民勤骆驼客
（供图：张元生）

了,突然遇到天气变冷,就很容易着凉,这些都是正常的,第二天让这个骆驼多驮些货物,让它出身汗,就好了。

柴多茂:张先生,你给我说一下给骆驼扎"鼻棍"的情况。

张元生:生骆驼长到三年的时候就成大骆驼了,就要扎"鼻棍"。

柴多茂:现在有了汽车、火车这些运输工具,不用骆驼驮货物了,养骆驼主要是干啥?

张元生:骆驼养上就是卖钱。

柴多茂:你现在家里养着多少头骆驼?

张元生:三四十头。

柴多茂:是雇佣别人放养,还是自己放养?

张元生:我自己放呢,好几个人在一起,我们换班放呢。

柴多茂:总共几个人?

张元生:我们一打里有6个人。

柴多茂:现在你们家里面支持你养骆驼吗?

张元生:儿子、媳妇子说让我卖掉呢,不让我养了,辛苦得很。

柴多茂：你现在多长时间去一回养骆驼的地方？

张元生：现在周末去一回，有时候一个月去一回，看一下，给那些人安顿一下就回来了。

柴多茂：张先生，据你所知，现在民勤县养骆驼的人有多少？

张元生：有几年还禁了一批，不让养了。现在也多呢，但是比以前还是少了。和养牛一样，不用耕地驮运，现在养殖骆驼就是卖肉了。

六、张元生的徒弟和师父曹宗让

骆驼客在赶路
（供图：张元生）

柴多茂：张先生，你是哪一年被评为民勤骆驼客的省级代表性传承人的？

张元生：2015年评的，下面还有两个市级代表性传承人，李大金，韩胜业。

柴多茂：现在省级代表性传承人就你一个人吗？

张元生：嗯，原来还有曹爷（曹宗让），是我的师父，2019年5月去世了。

柴多茂：你有徒弟吗？

张元生：有呢，我的徒弟就是李大金、韩胜业，市级代表性传承人。

柴多茂：张先生，你再说一说曹宗让老先生的情况。

张元生：实际上，骆驼客就是养骆驼的。当时养骆驼的人多呢，曹爷在文化馆唱小曲戏，曹爷和我关系好，他熟悉文化馆非遗保护的情况，他让我做骆驼客的代表性传承人，我还不太重视。在他的坚持下，我就成了骆驼客的代表性传承人，2015 年正式被批准成为省级代表性传承人。

柴多茂：张先生，你和曹爷的师徒关系是怎样的？

张元生：曹爷也放过骆驼，他对这个熟悉着呢。当时也没有搞过什么拜师仪式，他岁数长些，就以师徒名义交往。他忙的时候，就由我代劳传承方面的各种事情。

柴多茂：骆驼客的故事，现在怎么进一步挖掘？

张元生：现在没人用骆驼了，要靠你们这样做个宣传吧。以前拍摄过纪录片好得很。以前也有西北师范大学的老师、学生来拍摄过。

（赵大泰整理）

后　记

　　武威是中国历史文化名城、中国优秀旅游城市，历史底蕴深厚，文化旅游资源丰富，天马文化、五凉文化、西夏文化、佛教文化、民族民俗文化等地域文化各展异彩，在中国文化发展史上留下了浓墨重彩的绚丽篇章。

　　2018年9月，中国社会科学院古代史研究所与武威市委、市政府签署协议，在市凉州文化研究院挂牌设立凉州文化研究基地，在古代史研究所卜宪群、赵笑洁等著名专家学者的推动引领下，连续五次举办凉州文化学术研讨会，广泛开展各个层面的学术交流，旨在从通史的角度打通从先秦到近现代武威的历史文化脉络，形成一系列高水平的学术成果，推动凉州文化的挖掘、研究、传承和弘扬达到一个新的学术高度，凉州文化品牌形象得到全面展现，武威知名度和影响力进一步扩大。

　　2020年10月，中国社会科学院古代史研究所研究员赵现海、近代史研究所副研究员彭春凌、民族文学研究所副研究员朱刚等3名同志到武威市挂职。他们充分发挥专业优势，深入开展实地调研，挖掘武威历史文化资源，撰写了多篇具有学术深度和现实意义的学术论文。赵现海研究员是明史、长城研究的著名专家，对武威历史文化情有独钟。他在武威挂职期间，经常深入武威城乡文化遗址开展考察调研，在武威市委理论学习中心组、武威职业学院等开展学术讲座，主持编撰了《凉州文化研究》之《武威长城文化专辑》，得到业界的一致好评。他为人谦和，学养深厚，每天到单位，从早到晚搞研究、做学问，有一股甘做"冷板凳"的治学精神，令人钦佩敬慕。

　　在此基础上，赵现海及几位挂职干部联合市凉州文化研究院，申报了中国社会科学院国情调研专项项目"西北整体视野下武威历史文化研究、保护与转化利用"课题。这一课题的启动,对武威市文旅产业深度融合发展提供良好的智力支持和学术支撑。其间,课题组先后4次召开推进会,10余次召开小范围的项目座谈会,分析掌握撰稿进度,统一编撰体例、论证成果定位,多次赴凉州区、天祝县、民勤县、古浪县等地采访相关专家,开展学术交流,力争全面、系统、立体地展现武威历史文化的内涵及文化概要。

在项目执行过程中,武威市委、市政府领导高度重视,并听取进展情况;市凉州文化研究院领导全程参与项目推进工作,确保项目进度和质量。

作为国情调研专项项目的子课题——《武威历史文化访谈录》经赵现海、张国才修改审定,现得以正式付梓出版。《武威历史文化访谈录》一书内容丰富,从前辈专家的视角展现武威历史文化内涵,凝聚武威人文精神,提升凉州文化品位,突出了知识性、通俗性、可读性,成为宣传武威的又一张鲜活的文化名片。在此,向为本书的编写、出版付出辛勤劳动的各位领导、专家及院内同志表示真诚的感谢!

2023年2月6日,受访专家、复活西夏泥活字印刷术的孙寿岭先生不幸去世,也以此书深切缅怀孙寿岭先生。

由于本书编写任务紧,工作量大,如有错漏之处,恳请广大读者朋友批评指正。

编者

2023年4月